Musket, Roer & Pistolet
Dutch Muskets and Pistols
Niederländische Musketen und Pistolen

Musket, Roer & Pistolet

17e-eeuws wapenhandwerk in de Lage Landen

Dutch Muskets and Pistols

An illustrated history of seventeenth century gunmaking in the Low Countries

Niederländische Musketen und Pistolen

Waffenschmiedekunst des 17. Jahrhunderts in den Niederlanden

Tekst / Text: J. B. KIST, J. P. PUYPE,
R. B. F. VAN DER SLOOT
Platen / Plates / Abbildungen:
W. F. VAN DER MARK

Holland:
W. Gaade b.v., Den Haag

United Kingdom:
Arms and Armour Press

United States:
George Shumway, Publisher

Austria:
Akademische Druck- u. Verlagsanstalt, Graz

This book was designed and produced by
Arms and Armour Press, Lionel Leventhal Limited, 2-6 Hampstead High Street, London NW3 1PR.
© J. B. Kist, J. P. Puype, R. B. F. van der Sloot, W. F. van der Mark, 1974.
© Lionel Leventhal Limited, 1974.
All rights reserved. No part of this publication may be reproduced, stored in a retrieval system, or transmitted in any form by any means electrical, mechanical or otherwise, without first seeking the written permission of the copyright owners and of the publisher. This book is sold subject to the condition that it shall not, by way of trade or otherwise, be lent, resold, hired out, or otherwise circulated without the publisher's consent in any form of binding or cover other than that in which it is published and without a similar condition including this condition being imposed on the subsequent purchaser.

Musket, Roer & Pistolet

Published by:
Uitgeverij W. Gaade B.V.,
Lange Houtstraat 34,
Den Haag,
Holland.

ISBN 90 6017 418 6

Dutch Muskets and Pistols

Published in U.K. by:
Arms and Armour Press,
Lionel Leventhal Limited,
2-6 Hampstead High Street,
London NW3 1PR.

SBN 85368 200 3

Published in U.S.A. by:
George Shumway, Publisher,
R.D. 7,
York,
Pennysylvania 17402.

ISBN 0 87387 099 9

Niederlandische Musketen und Pistolen

Published by:
Akademische Druck- u. Verlagsanstalt,
POB 598 A-8011,
Graz.

Typesetting by Willmer Brothers Limited, Birkenhead.
Camerawork by Duotech Graphics Limited, London.
Printed by Drukkerij de Lange/van Leer B.V., Deventer.

Inhoud / Contents / Inhalt

Verantwoording / Acknowledgments / Danksagung	6

Glossarium / Glossary / Glossar 7

De geschiedenis van de verzameling in het Tøjhusmuseum / Arne Hoff	8	History of the Tøjhusmuseum collections / Arne Hoff	10	Geschichte der Sammlung des Tøjhusmuseums / Arne Hoff	13
De geschiedenis van de verzamelingen in Livrustkammaren en Skoklosters Slott / Åke Meyerson	9	History of the collections in Livrustkammaren and Skokloster Castle / Åke Meyerson	11	Geschichte der Sammlungen in der Livrustkammaren und im Skoklosters Slott / Åke Meyerson	15

Tekst / The Text / Text 17

Inleiding	19	Introduction	33	Einführung	44
Wapenfabricage	19	The manufacture of firearms	33	Waffenherstellung	44
Vuurwapentypen	20	Types of firearms	33	Feuerwaffentypen	45
Slottypen	21	Types of locks	34	Schlosstypen	46
Gilden	22	Guilds	35	Zünfte	47
Beproevingen en merken	23	Proving and proofmarks	37	Prüfung und Prüfzeichen	49
Vroege radslot-, lontslot- en snaphaanslotwapens	26	Early wheel-lock, matchlock and snaphance-lock firearms	38	Frühe Radschloss-, Luntenschloss- und Schnapphahnschlosswaffen	51
Vroege vuursteenwapens	26	Early flint-locks	39	Frühe Steinschlosswaffen	52
Wapens met versiering in hoog-reliëf	27	Firearms with decorations in high relief	40	Waffen mit erhabenen Reliefverzierungen	53
Ontwikkelingen in het midden van de 17e eeuw	28	Developments in the middle of the seventeenth century	40	Entwicklungen in der Mitte des 17. Jahrhunderts	53
Utrechtse geweermakers	28	Gunmakers in Utrecht	40	Utrechter Büchsenmacher	54
Maastrichtse ivoren pistolen	31	Ivory pistols from Maastricht	42	Maastrichter Elfenbeinpistolen	57
Franse invloed	31	French influence	43	Französischer Einfluss	57

Platen / The Plates / Abbildungen 59

Appendices 141

1. Ordre op de Wapeninghe 1599–1639	143	1. Regulations on armament 1599–1639	145	1. Vorschriftem über die Bewaffnung	146
2. Patenten	148	2. Patents	149	2. Patente	150
3. Benamingen van onderdelen en beslag	152	3. Gun parts and furniture	152	3. Benennung der Teile und des Beschlags	152
4. Slotmechanismen	153	4. Lock mechanisms	153	4. Schlossmechanismen	153
5. Kolfvormen	160	5. Butt shapes	160	5. Kolbenformen	160
6. Proefmerken	162	6. Proof marks	162	6. Prüfzeichen	162
7. Geweermakers en lademakers in steden in de Noordelijke Nederlanden gedurende de 17e eeuw	163	7. Gunmakers and stockmakers in cities of the northern Netherlands during the seventeenth century	163	7. Büchsenmacher und schäfter in nordniederländischen Städten des 17. Jahrhunderts	163

Noten / Notes / Anmerkungen	174
Litteratuurlijst / Select Bibliography / Literaturauswahl	176

Verantwoording / Acknowledgments / Danksagung

Wij betuigen onze dank aan de volgende personen en instellingen:

We are grateful to the following persons and institutions:

Wir bezeugen unseren Dank den folgenden Personen und Institutionen:

Dr. Arne Hoff, Sven Askgaard; Tøjhusmuseet, København.
Dr. Åke Meyerson, Nils Drejholt; Livrustkammaren, Stockholm.
Dr. Åke Meyerson, Lena Rangström, Ulf Leijon; Skoklosters Slott, Bålsta.
Drs. M. P. H. Roessingh; Algemeen Rijksarchief, 's-Gravenhage.
Dr. Simon Hart; Gemeente Archief, Amsterdam.
J. H. van Mosselveld; Gemeente Archief, Bergen op Zoom.
Drs. G. J. W. Steijns; Gemeente Archief, Breda.
F. L. Penningnieuwland; Gemeente Archief, Dordrecht.
Drs. A. M. J. de Haan; Gemeente Archief, 's-Gravenhage.
Drs. E. van Dijk; Gemeente Archief, Groningen.
P. J. v.d. Heijden; Gemeente Archief, 's-Hertogenbosch.
Drs. R. C. J. van Manen; Gemeente Archief, Leiden.
Dr. Mr. H. H. E. Wouters; Stadsarchief, Maastricht.
Dr. J. A. Schimmel, K. Vossen, H. Rehm; Gemeente Archief, Nijmegen.
J. G. Riphaagen; Gemeente Archief, Utrecht.
N. Veldhuis; Gemeente Archief, Vlissingen.
A. Wartena; Gemeente Archief, Zutphen.
W. Helder; Koninklijk Nederlands Leger- en Wapenmuseum 'Generaal Hoefer', Leiden.
H. Hazelhoff Roelfzema; Nederlandsch Historisch Scheepvaart Museum, Amsterdam.
Dr. A. F. E. van Schendel; Rijksmuseum, Amsterdam.

Dank voor het idee van dit boek en voor hulp en steun zijn wij verschuldigd aan:

For the idea of writing this book and for their support we are indebted to:

Wir danken für die Idee dieses Buches und für Hilfe und Unterstützung:

Dr. W. A. Stryker, Wyandotte, Michigan, USA.
H. Visser, Wassenaar, Holland.

Glossarium / Glossary / Glossar

Geweer	Gun	Gewehr
Bus		Flinte
Haak		
Roer		
Snaphaan		
Pistool	Pistol	Pistole
Zinkroer		
Pistoolroer		
Pistolet		
Buks	Rifle	Büchse
Donderbus	Blunderbuss	Donnerbüchse
		Tromblon
Karabijn	Carbine	Karabiner
Bandelier (roer)		
Harquebus (roer, karabijn)	Harquebus	Arkebuse
Musket	Musket	Muskete
Roer	Caliver	Rohr
Windroer	Air-gun	Windbüchse
Doelroer	Target-gun	Zielbüchse
		Scheibenbüchse
Ganzeroer	Swan-gun	Entenflinte
	Duck-gun	
Vogelroer	Fowler	Fogelrohr
Zakpistool	Pocket-pistol	Taschenpistole
Poffert		Puffer
Draailoopgeweer	Turn-over gun	Wendergewehr
Tweeling, Drieling etc.		
Magazijnroer	Magazine rifle	Magazinbüchse
Schroefloopgeweer, pistool	Turn-off gun, pistol	Gewehr, Pistole m. abschraubbarem Lauf
Busmaker	Gunmaker	Büchsenmacher
Bosmaker		
Roermaker		
Geweermaker		
Pistoolmaker		
Haakmaker		
Lademaker	Stockmaker	Schäfter
Lopensmid	Barrelsmith	Laufschmied
Slotmaker	Lockmaker	Schlosser
Vuurslotmaker		
Laadstok	Ramrod	Ladestock
Stamper		
Kretser		
Furket	Musket-rest	Musketengabel
Beslag	Gun furniture	Beschlag
Stellingen		

De geschiedenis van de verzameling in het Tøjhusmuseum / *Arne Hoff*

Het Tøjhusmuseum (Koninklijk Deens Arsenaal Museum) werd in 1838 opgericht, eerst met de naam 'Historische Wapenverzameling'. Het merendeel van de voorwerpen in het nieuwe museum was afkomstig uit de *Kgl. Particulaere Rustkammer*, de 'Koninklijke Particuliere Wapenkamer'; ook wapens uit de *Prøvekammer* (Modelkamer) en een aantal oude wapens uit het Arsenaal werden aan de verzameling toegevoegd. Het totaal aantal voorwerpen bestond uit 687 geweren, 142 pistolen, 227 blanke wapens, 47 stokwapens en 25 andere objecten. Opvallend was dat harnassen geheel ontbraken, wat verklaard wordt door de vernietiging van de koninklijke harnascollectie bij een brand in 1647, toen de hele eerste verdieping en zolder van het Lange Arsenaal een prooi van de vlammen werden.

Zoals duidelijk blijkt uit de inventaris van 1838, was het overgrote deel van de wapens afkomstig uit de Koninklijke Particuliere Wapenkamer, die uit de eerste helft van de 18e eeuw stamt en in het kasteel Christiansborg was ondergebracht. De wapens waren van verschillende herkomst, maar voornamelijk afkomstig uit de vier wapenkamers in het kasteel Rosenborg: te weten de *Gamle Kårdekammer* ('Oude Degenkamer'), de *Kunstgevaerkammer* (de 'Kunstbukskamer') met ongeveer 170 buksen en 25 paar pistolen, de 'Wapenkamer boven de Kroonjuwelenkamer' met 172 geweren, en het 'Groene Kabinet', dat vermoedelijk alleen met edelstenen ingelegde degens bevatte.

De inventaris van de Koninklijke Particuliere Wapenkamer, die in 1775 werd opgesteld door een commissie waarin ook de beroemde geweermaker Valentin Marr zitting had, bevat een gedetailleerde beschrijving van de wapens, aan de hand waarvan men nog bestaande wapens kan identificeren. De beschrijvingen in de oudere inventarissen geven minder aanknopingspunten. De oudste, uit 1696, is alleen in een incomplete, later gedrukte versie bewaard gebleven.

Van de wapens uit de Modelkamer dateren er slechts weinige van vóór 1700. Belangrijker zijn die welke uit de oude voorraad van het Arsenaal afkomstig zijn. Hier vinden wij een reeks radslotbuksen, vermoedelijk de uitrusting van de koninklijke lijfwachten, verder een aantal zware walbussen met lont- en radsloten en ook een aantal ganzenroers, deels van Hollandse oorsprong.

In 1853 verwierf het museum de zeer belangrijke wapenverzameling van de Hertogen van Gottorp, een zijtak van de Deense koninklijke familie. Deze collectie, vermoedelijk gesticht door Adolph, de eerste hertog van Gottorp († 1586), was net als de Koninklijke Particuliere Wapenkamer ontstaan door de samenvoeging van verschillende wapenverzamelingen in de Gottorpse familie. Ze werden uiteindelijk samengebracht door hertog Christian Albrecht (1659-1694). Tijdens zijn regering werden de vuurwapens en harnassen overgebracht naar het fort Tønningen, dat in 1714 door de Deense troepen werd veroverd. De wapens werden naar het centrale arsenaal in Rendsburg overgebracht, vanwaar ze na 150 jaar naar Kopenhagen werden geëvacueerd. De verzameling bestond op dat moment uit 131 geweren, die op enkele uitzouderingen na dateerden van vóór 1673, 40 pistolen, 54 degens en 13 harnassen, waaronder ook een paardeharnas.

Terwijl de degens meest van later datum waren, (het merendeel van de oude hertogelijke zwaarden was al vóór het transport naar Rendsburg verdwenen), waren de harnassen een zeer waardevolle aanwinst voor de verzamelingen van het Tøjhusmuseum. Het is opmerkenswaard dat, terwijl er slechts enkele Nederlandse vuurwapens in de Gottorpse verzameling zijn, de Koninklijke Particuliere Wapenverzameling een overvloed van Nederlandse wapens omvat.

Slechts vier wapens uit de Gottorpse verzameling zijn Nederlands: twee draailoopgeweren door Jan Ceule, één van Cornelis Coster en een bijzonder interessant, met parelmoer ingelegd radslotmusket dat in Haarlem werd vervaardigd. In de Koninklijke Particuliere Wapenverzameling bevinden zich meer dan tachtig Nederlandse vuurwapens, merendeels uit het midden van de 17e eeuw. Een groot deel van deze wapens is zonder twijfel aan de koning geschonken, andere werden misschien door 's konings agenten in de Nederlanden gekocht. Slechts in enkele gevallen is het jaar van aanschaf bekend, zoals van het vuursteengeweer door De la Pierre uit Maastricht, dat door Christiaan V vóór zijn troonsbestijging in 1670 werd gebruikt. In 1645 nam de latere koning Frederik III de uitvinder Peter Kalthoff in dienst. Deze oorspronkelijk uit Solingen afkomstige geweermaker schijnt omstreeks 1640 in Nederland gewerkt te hebben. Kalthoff produceerde een aanzienlijk aantal magazijnbuksen voor de koning, die ze uiteindelijk in een speciale wapenkamer onderbracht, de eerder genoemde Kunstgevaerkammer. Hierin bevond zich ook een aantal magazijnbuksen, die zoveel op het magazijngeweer van de Nederlandse geweermaker Hendrick Baertmans lijken dat ze wel als Nederlands beschouwd moeten worden.

Onder de vuurwapens in de Koninklijke Particuliere Wapenverzameling die verworven zijn door koning Christiaan V, bevindt zich de collectie afkomstig van de familie Bielke, waarbij een twintigtal geweren en pistolen van de Utrechtse geweermaker Jan Knoop. Het merendeel hiervan werd vervaardigd voor de Noorse kanselier Ove Bielke (1611-1674); de vroegste zijn gedateerd 1652. Ook Ove Bielkes broer, generaal Georg Bielke bezat al een geweer van Jan Knoop toen hij al de geweren van Ove Bielke erfde (waarop hij in sommige gevallen zijn naam liet graveren). In zijn latere jaren waren Georg Bielkes financiële omstandigheden zorgelijk, reden waarom hij zijn geweren aan de koning schonk of verkocht. Deze bracht vóór 1693 een deel in zijn eigen verzameling onder, terwijl de overige naar het Arsenaal werden gezonden.

Na 1700 werden nog maar weinig Nederlandse vuurwapens aan de Koninklijke Particuliere Wapenverzameling toegevoegd, als laatste een garnituur bestaand uit een jachtgeweer met een koppel pistolen door Jan de Wijk uit Utrecht, omstreeks 1725.

De geschiedenis van de verzamelingen in Livrustkammaren en Skoklosters Slott / Åke Meyerson

De Zweedse bijdrage aan dit onderwerp is afkomstig uit de verzamelingen van de Koninklijke Wapenkamer en het kasteel Skokloster. De wapens verblijven vrijwel al sinds hun vervaardiging in deze verzamelingen en kunnen vaak betrouwbaar en volledig gedocumenteerd worden ten aanzien van hun oorsprong en oorspronkelijke eigenaars. Wij geven hier een algemene inleiding tot deze verzamelingen, waarin ook de historische museumsituatie waarin ze steeds bewaard zijn, wordt betrokken.

Livrustkammaren (de Koninklijke Wapenkamer, die ook koninklijke garderobe en de stallen omvat), is eigenlijk in 1628 al een soort museum geworden, toen Gustaaf II Adolf er de kostuums onderbracht die hij tijdens de oorlog met Polen in 1627 in de gevechten bij Kleinwerder en Dirschau had gedragen. Deze kostuums werden als herinneringen aan de genoemde gebeurtenissen bewaard en vormden zo de kern van de zeer gevarieerde verzameling van koninklijke relicten die wij nu als de Koninklijke Wapenkamer kennen. Door de jaren heen, en speciaal sinds de 19e eeuw, werd de verzameling aangevuld met voorwerpen (speciaal wapens) van andere herkomst. Het gaat hier om enkele, soms om groepen wapens, die aan de verzameling zijn toegevoegd om hun historische, technische of typologische betekenis. Hiertoe horen ook particuliere wapenverzamelingen, die al een lange eigen geschiedenis hadden voor ze in de periode 1858-1967 in de nationale verzameling werden opgenomen. Voorbeelden hiervan zijn: de Tidö Wapenkamer van de familie Oxenstierna, de Jälunda Wapenkamer van de familie Fleetwood, de Thureholm Wapenmaker van de familie Bielke en de Bergshammar Wapenkamer van de familie Sack.

De hier besproken wapens dateren uit de 17e eeuw, de periode waarin Zweden een grote mogendheid was. De climax van dit tijdperk werd bereikt tijdens de regering van Gustaaf II Adolf, Koningin Christina en Karel X Gustaaf; sommige van de hier behandelde wapens hebben aan hen toebehoord. De wapens uit Skokloster dateren uit dezelfde periode.

In de zes jaren waarin het kasteel Skokloster met zijn verzamelingen nu aan de staat toebehoort, is onze kennis ervan sterk toegenomen. Naast voortdurende intensieve conservering is een gedetailleerde documentatie uitgevoerd. Uit recent onderzoek blijkt, dat de verzamelingen reeds bij de dood van Carl Gustaf Wrangel, de Zweedse admiraal en generaal en de bouwheer van Skokloster, in 1676, als historisch belangrijk werden beschouwd en zo is het sindsdien gebleven.

Het wordt steeds duidelijker dat de verzamelingen in Skokloster in drie delen uiteenvallen, te weten het erfgoed van Wrangel en de Brahe- en Bielke-verzamelingen; dit geldt evenzeer voor de wapens als voor de bibliotheek, de schilderijen, meubels, textiel en de talloze voorwerpen van kunstnijverheid, instrumenten en gereedschappen.

Van de drie wapencollecties is die van Wrangel het grootst; deze verzameling is nog in de 17e eeuw in het kasteel gevormd. De Brahe-collectie kwam in 1702 in het kasteel en de Bielke-verzameling ten slotte in het midden van de 18e eeuw. De hier behandelde wapens zijn afkomstig uit de eerste twee verzamelingen, maar grotendeels uit de Wrangelse Wapenkamer. Deze geven een indruk van een interessant aspect van Carl Gustaf Wrangels activiteiten als wapenverzamelaar: zijn grote belangstelling voor wapens uit de Nederlanden.

Een andere kant van zijn interessen als verzamelaar is te zien in zijn bibliotheek en in de talrijke schilderijen die hij naliet, maar de wapenkamer verschilt in zoverre van zijn andere verzamelingen, dat de collectie tot op heden intact is gebleven en niet in vieren gedeeld werd bij zijn dood. De uitdrukkelijke beschikking in Wrangels testament dat zijn wapenverzameling onverdeeld aan zijn oudste dochter en haar echtgenoot zou toevallen onderstreept nog eens het belang dat hij erzelf aan toekende. Een wapenkamer die overigens niet alleen wapens bevatte maar ook zeldzaamheden als etnografica en exotische dieren, en die zo een voortzetting vormde van de oudere Europese traditie van de *Kunst- und Wunderkammer*.

In 1669 ordende Wrangel zijn wapenverzameling in zijn nieuwe kasteel, dat toen bijna voltooid was. 750 geweren en 300 pistolen werden in een drietal zalen opgehangen. De wapens zijn gearrangeerd volgens een indeling die wij kennen uit een gedetailleerde inventaris uit 1710. Zo is het werk van bepaalde geweermakers bij elkaar gehangen; tien harnassen staan rondom een tafel; degens en pieken in een torenkamer; de grotere etnografische objecten bij elkaar in de eerste zaal. De wapenverzameling is ondergebracht op de bovenverdieping van het gebouw, bij de enorme bibliotheek en een kleine timmermanswerkplaats. De inrichting is eenvoudig, de wanden zijn betimmerd met verticale grenen delen. De wapens hangen in rijen aan gesmede ijzeren nagels. Wrangel liet zijn rustmeester en diens assistent (er waren altijd twee man om zijn favoriete verzameling te onderhouden) alle wapens merken met een nummer op de kolf. De stempels zijn nog altijd aanwezig.

Carl Gustaf Wrangel begon al jong wapens te verzamelen. In 1638—hij was toen 25 jaar oud, maar had al zes jaar in het leger gediend—begon hij een kleine wapenkamer in Skokloster. Na de oorlogen, omstreeks 1650, toen hij besloot een paleis in Stockholm en één in Skokloster te bouwen, bezat hij al een indrukwekkende verzameling, die in dertien kisten uit Duitsland meekwam. Een onlangs gevonden inventaris van dit deel van zijn verzamelingen vermeldt in extenso de vuurwapens en blanke wapens die hij toen bezat, en hoe ze in zijn bezit waren gekomen. Bijna alle wapens werden in zijn opdracht gemaakt of aan hem geschonken. Behalve het beroemde Skokloster-schild door Eliseus Libaerts waren er in 1653 nog weinig voorwerpen afkomstig uit krijgsbuit. Dat soort aanwinsten kwam vooral in de verzameling na de Poolse en Deense oorlogen aan het eind van de jaren vijftig.

History of the Tøjhusmuseum collections / *Arne Hoff*

The Tøjhusmuseum (Royal Danish Arsenal Museum) was established in Copenhagen in 1838, at first under the name 'The Historical Arms Collection'. Although most of its exhibits came from the Kgl. Particulære Rustkammer (Royal Private Armoury) of the Danish kings, the collection also included the arms of the Prøvekammer (Model Chamber) and some old arms that had simply been found in the arsenal. In all, there were 687 guns, 142 pistols, 227 swords and daggers, 47 pole-arms and about 25 mixed objects. But there was a total absence of armour—naturally explained by the complete loss of the royal armour in a fire in 1647, when the attics and the second floor of the Long Arsenal were entirely destroyed by the flames.

As the 1838 inventory of the then new museum clearly indicates, the bulk of the collection came from the Royal Private Armoury that had been created in the first half of the eighteenth century at Christiansborg Castle, garnered from many different sources but mostly from the four armouries at the Rosenborg Castle—the Gamle Kårdekammer (Old Rapier Room); the Kunstgeværkammer (Chamber of Breech-loaders), with about 170 rifles and 25 pairs of pistols; the Armoury above the Regalia Chamber, with 172 guns; and the Green Cabinet, probably containing only swords with precious stones. The inventory of the Royal Private Armoury of 1775, compiled by a commission among whose numbers was the well-known gunmaker Valentin Marr, contains a rather detailed description of the weapons which, in most cases, allows a reliable identification of the objects still existing. Much more difficult is the identification from entries in earlier inventories—of which the oldest, from 1696, is known only in an incomplete version that was printed at a later date.

Of the arms from the Model Chamber, only very few originated prior to 1700. More important, however, are the arms taken from the stock of the arsenal since among them are to be found a series of wheel-lock rifles (probably the equipment of the Royal Bodyguards), a number of heavy wall-pieces with match- or wheel-lock, and also a few swan-guns that are partly of Dutch origin.

In 1853 the museum acquired the very important armoury of the Dukes of Gottorp, who were a branch of the Danish Royal House. This collection—probably founded by Adolph, the first Duke of Gottorp (died 1586) had, in the manner of the Royal Private Armoury, grown from individual armouries in the Gottorp family that were then amalgamated under Duke Christian Albrecht (1659–94). During his reign the firearms and armour were transferred to the fortress of Tønningen, where they remained until the fortress was captured by the Royal Danish troops in 1714. The arms were then removed to the central arsenal in Rendsburg, from where they were eventually taken to Copenhagen over a century later. At this time the collection consisted of 131 guns (almost all of which originated prior to 1673), 40 pistols, 54 swords and 13 suits of armour, including a horse-armour. The swords were mainly rather late pieces—the bulk of the old ducal swords having disappeared before the armoury was transferred to Rendsburg—but the armour made a very valuable contribution to the collections of the Tøjhusmuseum.

It is a curious fact that although there are extremely few Dutch firearms in the Gottorp Armoury there is an abundance of them in the Royal Private Armoury. Only four guns from Gottorp—two wenders by Jan Ceule, one by Cornelis Coster, and one very interesting parade musket with mother-of-pearl inlays—are indisputably Dutch. In the Royal Private Armoury, however, there are more than eighty Dutch firearms of which the majority date from the middle of the seventeenth century. A considerable number of these were no doubt gifts to the King, and others were probably purchased to order by the King's agents in the Netherlands. In only very few cases is the time of purchase known—as, for example, with a flintlock gun by de la Pierre of Maastricht, which must have been made in c.1665 and is stated to have been used by King Christian V before his accession to the throne in 1670.

In 1645 King Frederik III took into his service the inventor Peter Kalthoff, who came of a Solingen gunmaker's family but seems to have worked in the Netherlands in the early forties. Kalthoff produced a considerable number of magazine rifles for the King, who eventually had them arranged in a special armoury—the aforementioned Kunstgevær-Chamber, which also housed a series of snaplock magazine-guns so closely related to the magazine-rifle of the Dutch gunmaker Hendrick Bartmans that they must also be considered Dutch.

Among the firearms in the Royal Private Armoury that were acquired by King Christian V, the armoury of the Bielke family is of special interest in that it comprises about twenty guns and pistols by the Utrecht gunmaker Jan Knoop. Most of these were made for the Norwegian Lord Chief Justice Ove Bielke (1611–74), the earliest probably being two wheel-lock rifles dated 1652. The chancellor's brother, Lieutenant General Georg Bielke, also had a gun by Jan Knoop; and he eventually inherited all of Ove's guns, on many of which he had his own name engraved. In his later years Georg Bielke experienced serious financial difficulties and before 1693 must have sold or presented his guns to the King, who included some of them in his own Gun Chamber and sent others to the arsenal.

After 1700, very few Dutch guns came to the Royal Private Armoury—the latest being one flint-lock fowling gun and a brace of pistols, all by Jean de Wyk of Utrecht, c.1725.

History of the collections in Livrustkammaren and Skokloster Castle / *Åke Meyerson*

The Swedish contribution to this volume comes from the collections of the Royal Armoury and Skokloster Castle, in which the arms have been gathered from contemporary, naturally accumulated armoury collections and can therefore be reliably and often exhaustively documented with regard to origin and ownership as well as other important circumstances surrounding their acquisition and manufacture. This, then, is a general introduction to the collections and to the 'historical museum' environment in which they have been kept for so long.

The Royal Armoury—which also includes the royal wardrobe and stables—is said to have begun its career as a museum in 1628, when Gustav II Adolf entrusted to the wardrobe the costumes he had worn at Kleinwerder and Dirschau in 1627, during the war with Poland. Orders were given for the preservation of the costumes as mementoes of these events, with the result that they came to form the nucleus of royal souvenirs which, as one monarch succeeded another, grew into the large and extremely varied museum collection known today as the Royal Armoury. Over the years, especially from the nineteenth century onwards, the groups of indigenous exhibits have been augmented by objects of a different provenance—mainly weapons. These have taken the form of individual weapons and small groups of private arms added to the collection because of their historical, technical and typological significance or—often of even greater value—complete private armouries with a history of their own prior to their incorporation in the national collections. Thus the Royal Armoury owns four such private armouries: the Tidö Armoury (Oxenstierna), the Jälunda Armoury (Fleetwood), the Thureholm Armoury (Bielke) and the Bergshammar Armoury (Sack), acquired on various occasions between 1858 and 1967.

The weapons illustrated in this book date from the seventeenth century—the period when Sweden ranked as a major power in Europe. This era was at its peak during the reigns of Gustav II Adolf, Queen Christina and Karl X Gustav, and the weapons come from the armouries of these monarchs.

The weapons from Skokloster Castle date from the same period. Since 1967, when Skokloster Castle and its collections were given to the nation, knowledge of the history of the castle and its contents has greatly improved and detailed documentation of the exhibits has been carried out. New discoveries have revealed that these collections were regarded as museum pieces following the death in 1676 of Carl Gustav Wrangel (builder of Skokloster Castle) and were treated as such by generation after generation.

Lines of demarcation are becoming increasingly apparent in this extraordinary abundance of objects, dividing them into three principal groups: the Wrangel Legacy, the Brahe Collections and the Bielke Collections. And this applies to all types of exhibits—the weapons of the armouries, the collections of books, the paintings, furniture, textiles and other handicraft as well as innumerable miscellaneous objects, tools and domestic equipment.

Of the three armouries incorporated in the Skokloster collections—Wrangel, Brahe and Bielke—the first-named is the largest. It was also the one that grew and was accumulated in its entirety within the castle during the seventeenth century. The Brahe armoury did not come to Skokloster until 1702, and the Bielke armoury arrived in the mid-eighteenth century.

The weapons illustrated here come from the first two armouries, mostly from the Wrangel Armoury—and they accordingly shed light on one aspect of Carl Gustav Wrangel's activity as a collector of weapons: his great interest in weapons from the Low Countries. His further interests as a collector are reflected by the valuable library and the many paintings he left; but in one important respect the armoury differs from his other collections. It has remained intact to this day, whereas the rest of Wrangel's legacy was divided into four lots on his death in 1676 and little more than a quarter of it has been kept within the walls of the castle. The express stipulation in Wrangel's will that the armoury should pass undivided to his eldest daughter and her husband bears witness to the importance he attached to his collection of arms, which included not only various kinds of weapons—mostly firearms—but also curiosities, ethnographical objects and exotic animals. In this way, his armoury perpetuated the earlier Continental tradition of the Kunst- und Wunderkammer.

Carl Gustav Wrangel became a dedicated collector of weapons at an early age. By 1638—when he had served for six years in the war in Germany, although still only 25 years old—he had built up a small armoury at Skokloster. After the war years, in about 1650, when he decided to make his Stockholm palace and the new castle being built for him at Skokloster his principal residences, he had an impressive collection of arms to bring home from Germany in 13 crates. A recently discovered inventory enumerates this part of his collection of guns and pistols as well as cutting and thrusting weapons, and an exhaustive description is given of each weapon and of how it was acquired. Practically all of these weapons were made to order or given to him. Apart from the famous Skokloster shield there were as yet few trophies of war in Wrangel's possession, such acquisitions being first made on a large scale during the Polish and Danish wars at the end of the 1650s.

In 1669 Wrangel was able to put his collection of weapons in order and hang his 750 guns and 300 pistols on the walls of the three rooms ready for the purpose in the castle at Skokloster, then nearing completion. He arranged them according to definite principles—known from a detailed inventory of the armoury drawn up in 1710. Thus he had the work of certain gunsmiths hung together in special groups. About ten suits of armour were ranged round a table; swords, pikes and the like were mostly accommodated in a tower room; and the larger ethnographical objects were placed in the first room. The armoury rooms in the top storey of the building—which also housed his large library and a small carpentry workshop—were plainly furnished, with walls of vertical pine panelling; and the weapons were hung in rows on large hand-made nails. Wrangel made his armourer and the armourer's assistant—there were always two people helping to look after his favourite collection—mark each weapon with a number stamped on the butt. The stamps used for this purpose still exist.

Geschichte der Sammlung des Tøjhusmuseums /
Arne Hoff

Das Tøjhusmuseum (Königlich Dänisches Zeughaus-Museum) wurde als Museum im Jahre 1838 gegründet, und zwar zuerst unter dem Namen 'Die Historische Waffensammlung'. Der grösste Teil der Stücke des neuen Museums stammen aus dem 'Kgl. Particulaere Rustkammer' (Königliche Private Rüstkammer) der dänischen Könige. In diese Kollektion wurden ebenfalls die Waffen der 'Prøvekammer' (Kammer der Muster) und verschiedene alte aus dem Zeughaus stammende Waffen eingegliedert. Die gesamte Anzahl der Stücke betrug: 687 Gewehre, 142 Pistolen, 227 Schwerter and Degen, 47 Stangenwaffen und 25 verschiedene Objekte. Auffallend ist las Fehlen jeglicher Rüstungen, welches jedoch seine natürliche Erklärung in dem Verlust der kompletten königlichen Rüstungsbestände während eines Brandes im Jahre 1647 findet, bei dem das gesamte Dachgeschoss und die zweite Etage des Langen Zeughauses durch Flammen zerstört wurden.

Wie das Inventarverzeichnis des neuen Museums im Jahre 1838 deutlich wiedergibt, stammte der grösste Teil der Waffen aus der Königlichen Privaten Waffenkammer. Diese wurde in der ersten Hälfte des XVIII. Jahrhunderts im Schloss Christiansborg aus vielen verschiedenen Quellen zusammengestellt; der grösste Teil stammte jedoch aus den Waffenkammern des Schlosses Rosenborg, z.B. der 'Gamle Kaardekammer' (Alte Rapier-Kammer), der 'Kunstgevaerkammer' (Kammer der Hinterlader) mit ca. 170 Büchsen und 25 Pistolenpaaren, der 'Waffensammlung über der Königl. Schatzkammer' mit 172 Gewehren und dem 'Grünen Kabinett', das wahrscheinlich ausschliesslich Schwerter mit kostbaren Steinen enthielt. Das Inventarverzeichnis der Königlichen Privaten Waffenkammer des Jahres 1775, aufgestellt von Mitgliedern eines Ausschusses, unter welchen sich der wohlbekannte Büchsenmächer Valentin Marr befand, enthält eine sehr in Einzelheiten gehende Beschreibung der Waffen, welche in den meisten Fällen eine verlässliche Identifizierung der noch vorhandenen Stücke möglich macht. Sehr viel schwieriger ist die Identifizierung mit Eintragungen in den älteren Inventarverzeichnissen, wovon das älteste aus dem Jahre 1696 lediglich in einer nicht vollständigen Version, später gedruckt, bekannt ist.

Von den Waffen der 'Prøvekammer' stammen nur einzelne aus der Zeit vor 1700. Wichtiger sind die Waffen, welche dem Vorrat des Zeughauses entnommen wurden. Hier finden wir eine Reihe von Radschlossbüchsen, höchstwahrscheinlich die Ausrüstung der Königlichen Leibwache, weiterhin eine Anzahl schwerer Wallbüchsen mit Lunten- oder Radschloss und außerdem einige Entenflinten, teilweise holländischen Ursprungs.

Im Jahre 1853 erwarb das Museum die sehr bedeutende Waffensammlung der Herzöge von Gottorp, ein Zweig des Dänischen Königlichen Hauses. Diese Kollektion, gegründet wahrscheinlich schon von Adolph, dem ersten der Herzöge von Gottorp (†1586), war ebenfalls, wie die Königliche Private Waffensammlung, aus verschiedenen Sammlungen der Gottorp-Familie entstanden, um in einer Sammlung unter Herzog Christian Albrecht (1659–94) vereint zu werden.

Während seiner Regierung wurden die Feuerwaffen und Rüstungen in das Fort Tönningen transportiert, welches durch die Königlich-Dänischen Truppen im Jahre 1714 erobert wurde. Die Waffen wurden dann ins zentrale Zeughaus in Rendsburg überbracht, von wo aus sie nach ungefähr 150 Jahren nach Kopenhagen evakuiert wurden. Zu dieser Zeit bestand die Kollektion aus 131 Gewehren, grösstenteils aus der Zeit vor 1673, 40 Pistolen, 54 Schwertern und 13 Rüstungen, darunter eine Pferderüstung. Während die Schwerter in der Hauptsache ziemlich alte Stücke waren —der grösste Teil der alten herzöglichen Schwerter verschwand vor dem Transport nach Rendsburg-, bedeuteten die Rüstungen eine sehr wertvolle Bereicherung der Kollektionen des Tøjhusmuseums.

Eine merkwürdige Tatsache ist, dass, während aussergewöhnlich wenige holländische Feuerwaffen in der Gottorper Sammlung vorhanden sind, sich eine außerordentlich große Zahl derselben in der Königlichen Privaten Sammlung befindet. Lediglich 4 Feuerwaffen aus Gottorp sind ohne Zweifel holländischen Ursprungs: zwei Wender von Jan Cenle und eine von Cornelius Coster, wie auch eine besonders interessante Parademuskete mit Perlmutter-Einlagen. Was die Königliche Private Waffensammlung betrifft, so finden wir hier mehr als 80 holländische Feuerwaffen, deren grösster Teil um die Mitte des XVII. Jahrhunderts datiert werden kann. Ein bedeutender Teil dieser Waffen ist ohne Zweifel ein Geschenk für den König gewesen, andere wurden wahrscheinlich durch Vertreter des Königs direkt in den Niederlanden in Auftrag gegeben. Nur in wenigen Fällen ist die Zeit des Ankaufs bekannt, wie z.B. bei einer Steinschlossflinte von De la Pierre, Maastricht, welche ungefähr im Jahre 1665 angefertigt worden sein muss und von der gesagt wird, dass sie von König Christian V. benutzt wurde, bevor er im Jahre 1670 den Thron bestieg.

Im Jahre 1645 stellte König Frederik III. den Erfinder Peter Kalthoff, welcher einer Solinger Büchsenmacherfamilie entstammte, doch in den Niederlanden in den frühen vierziger Jahren gearbeitet zu haben scheint, in seinen Dienst. Kalthoff fertigte eine ansehnliche Anzahl von Magazinbüchsen für den König an, welcher diese möglicherweise in einer besonderen Waffensammlung, der obengenannten Kunstgevaerkammer vereinte. Hier finden wir auch eine Reihe von Schnappschlossmagazingewehren, welche den Magazinbüchsen des holländischen Büchsenmachers Hendrick Bartmans so ähnlich sind, dass diese ebenfalls als holländisch angesehen werden müssen.

Unter den Feuerwaffen der Königlichen Privaten Waffensammlung, erworben von König Christian V., ist die Waffensammlung der Familie Bielke in diesem Zusammenhang von besonderem Interesse, da diese ca. 20 Büchsen und Pistolen des Utrechter Büchsenmachers Jan Knoop umfasst. Die meisten dieser Waffen wurden für den norwegischen Kanzler Ove Bielke (1611–74) angefertigt, wovon die frühesten wahrscheinlich zwei Radschlossbüchsen aus dem Jahre 1652 sind. Der Bruder des Kanzlers, der Generalleutnant Georg Bielke, besass ebenfalls eine von Jan Knoop gefertigte

Büchse; ausser dieser erbte er jedoch alle Gewehre seines Bruders Ove Bielke, auf welche er in vielen Fällen seinen eigenen Namen gravieren liess. In den späteren Jahren Georg Bielkes war dessen wirtschaftliche Lage sehr schlecht, und vor dem Jahre 1693 hat er wahrscheinlich seine Waffen verkauft oder sie dem König zum Geschenk gemacht, welcher einige hiervon seiner eigenen Waffenkammer einverleibte, während wieder andere ins Zeughaus wanderten.

Nach 1700 gelangten nur sehr wenige holländische Gewehre in die Königliche Private Waffensammlung, die letzten waren ein Steinschlossvogelrohr und ein Pistolenpaar, alle von Jan de Wyk aus Utrecht, ungefähr um 1725.

Geschichte der Sammlungen in der Livrustkammaren und im Skoklosters Slott / Åke Meyerson

Der schwedische Beitrag zu dieser Ausstellung kommt aus den Kollektionen der Königlichen Waffenkammer und aus dem Schloss Skokloster. Da die Ausstellungsstücke eben alten, auf natürliche Weise zusammengebrachten Waffenkollektionen entstammen, können dieselben glaubwürdig, oft besonders vollständig in bezug auf ihre Herkunft, ihre Eigentümer sowie auch andere wichtige Umstände, wie ihren Erwerb und ihre Herstellung, dokumentiert werden. Es wird im nachfolgenden Text aus diesem Grunde lediglich eine allgemeine Einführung bezüglich dieser Kollektionen und ebenso der 'Museums'-Umgebung, in welcher sie so lange Zeit bewahrt wurden, gegeben.

Die Königliche Waffenkammer, welche ebenfalls die königliche Garderobe und die Ställe einschliesst, entstand wahrscheinlich im Jahre 1628 als Museum, als Gustav II. Adolf dieser Garderobe seine im Jahre 1627 in Kleinwerder und Dirschau während des Krieges mit Polen getragenen Kleidungsstücke anvertraute. Es wurden Aufträge in bezug auf die Instandhaltung dieser Bekleidungsstücke als Erinnerungsobjekte an diese Ereignisse erteilt. Diese bildeten so den Grundstein königlicher Erinnerungsstücke, welche im Laufe der Zeit zu einer grossen und aussergewöhnlich verschiedenartigen Museumskollektion, uns heute als Königliche Waffenkammer bekannt, heranwuchsen. Über die Jahre hinaus, besonders vom neunzehnten Jahrhundert an, wurden diese Gruppen von Ausstellungsstücken durch Objekte—insbesondere Waffen—verschiedenen Ursprungs bereichert. Diese wurden in Form von Einzelstücken oder kleinen Gruppen privater Waffen der Kollektion wegen ihrer historischen, technischen und typologischen Bedeutung hinzugefügt oder—was oft noch wichtiger ist—zwecks Anfüllung privater Waffensammlungen mit einer eigenen Vorgeschichte, bevor sie in die nationalen Kollektionen aufgenommen wurden. Die Königliche Waffenkammer besitzt auf diese Weise vier private Waffensammlungen dieser Art, nämlich die Tidö Waffensammlung (Oxenstierna), die Jälunda Waffensammlung (Fleetwood), die Thureholm Waffensammlung (Bielke) und die Bergahammar Waffensammlung (Sack), erworben gelegentlich verschiedener Anlässe zwischen 1858 und 1967.

Die hier gezeigten Waffen datieren aus dem siebzehnten Jahrhundert, eine Zeit, in welcher Schweden in Europa eine führende Machtstellung einnahm. Den Klimax dieses Zeitabschnittes bildeten die Regierungsperioden Gustavs II. Adolf, Königin Christinas und Karls X. Gustav, und die Waffen stammen aus den Waffensammlungen dieser Monarchen. Die Waffen aus dem Skokloster Schloss datieren aus der gleichen Periode. Während der sechs Jahre, in denen das Skokloster Schloss und dessen Kollektionen dem Staat angehörten, erweiterte sich in umfangreichem Masse das Wissen über die Vorgeschichte des Schlosses und der Ausstellungsstücke. Zusammen mit der intensiven und fortdauernden Konservierung der Ausstellungsstücke wurde auch eine in alle Einzelheiten gehende Dokumentation ausgeführt. Neue Entdeckungen haben ergeben, dass nach dem Tode Carl Gustav Wrangels im Jahre 1676 diese Kollektionen bereits als Erinnerungsstücke angesehen und auch vorsätzlich als solche von den nachfolgenden Generationen behandelt wurden.

Bei diesem aussergewöhnlichen Überfluss an Objekten lassen sich drei Hauptgruppierungen unterscheiden: das Vermächtnis Wrangels, die Brahe-Kollektionen und die Bielke-Kollektionen. Dies gilt für alle Typen von Ausstellungsstücken, die Waffen der Waffensammlungen, die Bücherkollektionen, die Gemälde, Möbelstücke, Bekleidungsstücke und andere Handarbeiten sowie auch für unzählige andere Objekte, Handwerkszeuge und andere im Hause verwendete Geräte.

Von den drei den Skokloster Kollektionen hinzugefügten Waffensammlungen—die Wrangel-, Brahe- und Bielke-Sammlungen—ist die erstgenannte auch die grösste. Es war ebenfalls diese Sammlung welche in ihrem Ganzen innerhalb des Schlosses während des siebzehnten Jahrhunderts zunahm und ergänzt wurde. Die Brahe-Waffensammlung kam erst im Jahre 1702 ins Schloss Skokloster und die Bielke-Waffensammlung wurde Mitte des achtzehnten Jahrhunderts ins Schloss gebracht. Die hier gezeigten Waffen stammen aus den beiden erstgenannten Waffensammlungen, grösstenteils aus der Wrangel-Sammlung, und werfen so das Licht auf einen Aspekt der Aktivitäten Carl Gustav Wrangels als Waffensammler: sein grosses Interesse an Waffen aus den Niederlanden.

Eine andere Seite seines Interesses als Sammler spiegelt sich wider in der wertvollen Bibliothek und in den vielen Gemälden, die von ihm hinterlassen wurden; in einem wichtigen Punkt unterscheidet sich jedoch die Waffensammlung von den anderen Resultaten seines Sammelns. Sie wurde bis auf den heutigen Tag unversehrt erhalten, im Gegensatz zu den übrigen Vermächtnissen Wrangels, welche nach seinem Tode im Jahre 1676 in vier Teile aufgeteilt wurden, was dazu führte, dass wenig mehr als ein Viertel davon in den Mauern des Schlosses bewahrt werden konnte. Der ausdrückliche Wunsch Wrangels war es in seinem Testament, dass seine Waffensammlung als ganze seinem Schwiegersohn und seiner ältesten Tochter vermacht wurde, und hieraus ist deutlich die Wichtigkeit erkennbar, welche er seiner Sammlung zumass, welche nicht nur Waffen verschiedener Arten umfasste—grösstenteils Feuerwaffen-, sondern ebenfalls Kuriositäten, ethnographische Objekte und exotische Tiere. Auf diese Weise führte seine Waffensammlung die frühere kontinentale Tradition der Kunst- und Wunderkammer fort.

Im Jahre 1669 war es Wrangel möglich, seine Kollektion von Waffen zu ordnen und seine 750 Büchsen und 300 Pistolen an den Wänden von drei hierfür reservierten Sälen in dem seiner Vollendung entgegengehenden Schloss Skokloster aufzuhängen. Er arrangierte diese nach festen Grundsätzen—uns aus einem in Einzelheiten gehenden Inventar der Waffensammlung aus dem Jahre 1710 bekannt. Er hängte so die Arbeiten bestimmter Büchsenmacher in Gruppen zueinander. Ungefähr 10 Rüstungen wurden um einen Tisch herum aufgestellt, Schwerter, Piken usw.

wurden grösstenteils in einem Turmzimmer, die grösseren ethnographischen Objekte im ersten Saal untergebracht. Die mit der Waffensammlung ausgestatteten Säle im oberen Stock des Gebäudes, welche ebenfalls seine grosse Bibliothek und eine kleine Zimmermannswerkstatt beherbergten, wurden schlicht mit Mauern aus vertikalen Tannenpaneelen ausgestattet. Die Waffen wurden in Reihen auf handgemachte Nägel aufgehängt. Wrangel liess seinen Waffenschmied und dessen Lehrling—es halfen Wrangel immer zwei Leute bei der Wartung seiner geliebten Sammlung—jede Waffe mit einer gestanzten Nummer auf dem Kolben versehen. Die hierfür benutzten Stempel sind noch immer in unserem Besitz. Carl Gustav Wrangel war bereits in frühen Jahren ein überzeugter Waffensammler. Im Jahre 1638—obwohl erst 25 Jahre alt, hatte er bereits sechs Jahre am Krieg in Deutschland teilgenommen—besass er bereits eine kleine Waffensammlung in Skokloster. Nach den Kriegsjahren, ungefähr im Jahre 1650, als er beschloss, seine Stockholmer Residenz und das neue für ihn zu bauende Schloss in Skokloster zu seinen Hauptresidenzen zu machen, besass er bereits eine beeindruckende Kollektion von Waffen, welche in 13 Lattenkisten aus Deutschland zu bringen waren. Ein kürzlich entdecktes Inventarverzeichnis dieses Teiles seiner Kollektionen nennt seine Kollektion von Büchsen und Pistolen wie auch Hieb- und Stichwaffen. Es wird hierin eine erschöpfende Beschreibung jeder Waffe gegeben, sowie über den Erwerb derselben. Praktisch alle Waffen wurden für ihn angefertigt oder ihm zum Geschenk gemacht. Abgesehen von dem berühmten Skokloster-Schild, gab es nur wenige Kriegstrophäen im Besitz von Wrangel. Erwerbungen dieser Art wurden zum ersten Mal in grossem Umfange während der polnischen und dänischen Kriege zu Ende der 1650er Jahre gemacht.

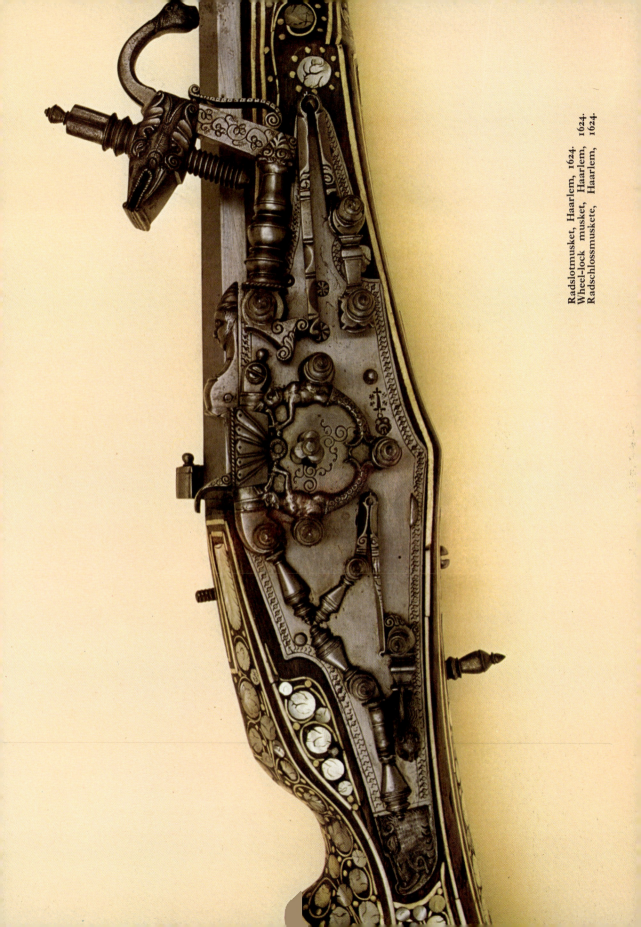

Radslotmusket, Haarlem, 1624.
Wheel-lock musket, Haarlem, 1624.
Radschlossmuskete, Haarlem, 1624.

Lontslotmusket, Amsterdam, 1611.
Matchlock musket, Amsterdam, 1611.
Luntenschlossmuskete, Amsterdam, 1611.

Tekst / The Text / Der Text

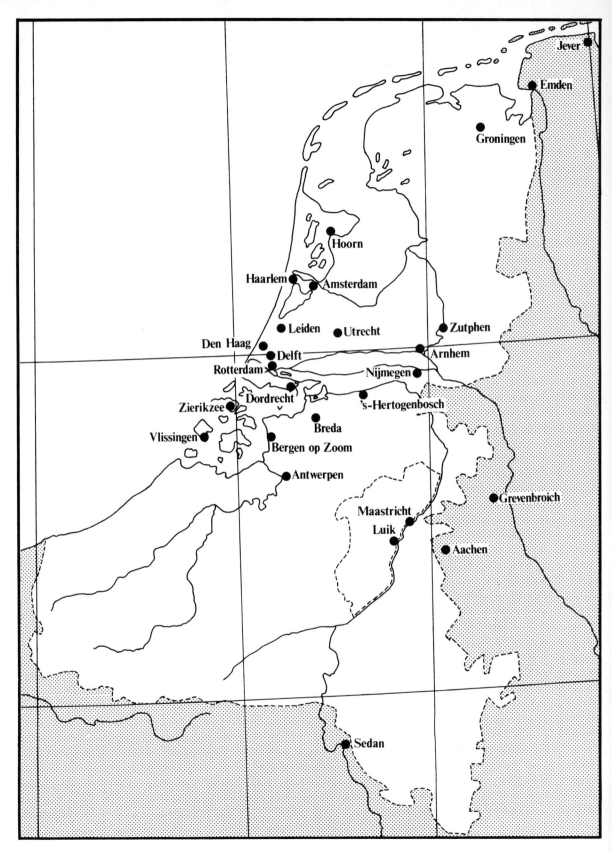

17e-eeuws wapenhandwerk in de Lage Landen

Inleiding

Het volgende betoog is gebaseerd op Nederlandse vuurwapens uit de drie in oorsprong 17e-eeuwse Scandinavische verzamelingen in het Tøjhusmuseum te Kopenhagen, de Livrustkammaren te Stockholm en Skoklosters Slott te Bålsta. Deze beperking garandeert een hoge mate van authenticiteit, aangezien het merendeel van de hier behandelde wapens reeds gedurende de 17e eeuw werd verzameld.

Geografisch is het materiaal beperkt tot wapens afkomstig uit de Nederlanden in de allerruimste zin van het woord.

Na de opstand tegen de Spaanse heerschappij bestonden de Nederlanden uit de volgende gebieden: de Noordelijke Nederlanden (de Republiek), de Generaliteitslanden, het Hertogdom Gelre, het Prinsbisdom Luik, de Spaanse Nederlanden en de Franse Nederlanden. Aan deze laatste gebieden kunnen wij hier noodgedwongen weinig aandacht besteden.

De Nederlanden staan in voortdurend contact met aangrenzende en verderaf gelegen gebieden, zoals Oost-Friesland, het Rijnland, Lotharingen, Engeland en Scandinavië. De Nederlanden zijn in deze periode nooit een politieke eenheid geweest, maar veeleer een soort economische belangengemeenschap. De grote bloei van de Republiek, die mede veroorzaakt werd door de bijzonder gunstige ligging aan kruispunten van handelswegen te land en te water, oefende een grote zuigkracht uit op ondernemers en ambachtslieden, zodat een voortdurende migratie van zuid, oost en noord naar west is waar te nemen.

Wapenfabricage

Bij de ingrijpende reorganisatie van het Staatse leger onder leiding van Prins Maurits, waarbij een vergaande standaardisatie van de bewapening werd doorgevoerd, werd de aanvoer van grote hoeveelheden min of meer gelijke wapens noodzakelijk.[1] Deze aanvoer kwam hoofdzakelijk uit Duitsland. Men importeerde niet alleen complete wapens, maar vooral ook onderdelen zoals sloten, lopen en dergelijke, die dikwijls nog maar ten dele waren afgewerkt. Dit leidde tot een assemblagenijverheid waarbij de onderdelen werden afgewerkt en van houten laden en beslag werden voorzien. De vorm waarin dit gebeurde, was een soort huisindustrie, waarbij kooplieden de onderdelen leverden en de voltooide wapens afnamen en doorverkochten.

De militaire wapenfabricage concentreerde zich in preïndustriële vorm in de steden en is niet los te denken van de stedelijke verordeningen en het gildewezen. In sommige plaatsen, zoals eerst Dordrecht, Rotterdam, Delft en Amsterdam, ontstond een stapelmarkt van wapens in de ruimste betekenis van het woord,[2] niet alleen vuurwapens maar ook degens, pieken, wapenrustingen, bandeliers, trommen, geschut en zelfs vaandels. De combinatie van een groeiende wapenexport en het wegvallen van een deel van de wapenimport als gevolg van de Dertigjarige Oorlog en de daarmee gepaard gaande verwoestingen van produktiecentra in Duitsland (onder andere Suhl, dat in 1634 door de Zweden werd verwoest) deed de wapenassemblage in de Noordelijke Nederlanden uitgroeien tot een regelrechte wapenindustrie.

Naast deze op militair gebruik afgestemde massaproduktie kenden vele Nederlandse steden ook een kleinere produktie voor civiele doeleinden. De welvarende stedelijke burgerij kon zich steeds meer de luxe van betrekkelijk kostbare vuurwapens veroorloven; hierbij moet men behalve aan jachtwapens ook denken aan doelroers en luxueus uitgevoerde militaire vuurwapens voor de Schutterijen.

De grondstoffen voor de vuurwapenproduktie waren op de Nederlandse markt rijkelijk voorhanden.[3] IJzer en staal werden in talrijke kwaliteiten vooral uit Zweden en Siegen aangevoerd. Geel koper (messing) werd uit Limburgs 'kalamijn' (zinkerts) en Zweeds koper gesmolten. Naast Europees notehout werden door de handelscompagnieën aangevoerde tropische houtsoorten, onder meer uit Brazilië en Ceylon, verwerkt. Daarnaast werden ook ivoor, parelmoer, hertshoorn, been, zilver, goud, email en edelstenen hier bij de wapenfabricage toegepast.

Ongelooflijke hoeveelheden militaire wapens werden vooral in de eerste helft van de 17e eeuw naar een aantal Europese landen uitgevoerd. Uit vele voorbeelden noemen wij de volgende: de agent van de Deense Kroon, Paul de Wilm, kocht tussen 1625 en 1627 in Amsterdam alleen al aan vuurwapens 22 400 musketten tegen een gemiddelde prijs van zes gulden, nog afgezien van grote hoeveelheden andere krijgsbehoeften;[4] het Huis Trip bemiddelde omstreeks 1630 bij een leverantie van 50 000 musketten aan Rusland;[5] de Commissaris van de Tsaar van Rusland in Amsterdam, John Hebdon, kon in september en oktober 1658 door verschillende Amsterdamse handelaars 12 500 musketten geleverd krijgen.[6]

Naast deze militaire wapens, de zogenaamde munitiewapens, werden ook veel luxe-wapens voor civiel gebruik uitgevoerd. Het accent van dit boek zal speciaal op dit deel van de produktie liggen, waarbij zal blijken hoezeer de grote internationale faam van sommige

Nederlandse geweermakers gerechtvaardigd was.

De grote toeneming van de aantallen geproduceerde wapens ging niet ten koste van de kwaliteit, omdat de stedelijke overheden in de steden die een aandeel hadden in deze wapenproduktie, overgingen tot het instellen van een kwaliteitscontrole. De uitvoering van deze controle berustte bij de gilden. Vooral in Amsterdam en Utrecht gekeurde wapens genoten een zekere reputatie en voorkeur.

Vuurwapentypen

Over het algemeen kan men zeggen, dat voor militair gebruik bestemde vuurwapens eenvoudiger van uitvoering waren dan die voor civiel gebruik. Bovendien kan men specifieke militaire en civiele wapentypen onderscheiden:

militaire vuurwapens	*civiele vuurwapens*
musketten	musketten
roers	roers
pistolen	pistolen
bandelierroers	jachtgeweren
donderbussen	jachtbuksen
magazijngeweren	doelroers
walbussen	windroers

Het musket was al sinds het midden van de 16e eeuw in het Spaanse leger in gebruik en is waarschijnlijk in de jaren 1560 door de Spanjaarden in de Nederlanden geïntroduceerd. De musketten zoals die sinds de Ordonnantie van 6 februari 1599 in het Staatse leger voor de infanterie waren ingevoerd, waren lontslotgeweren, die zo zwaar waren dat ze bij het afvuren op een afzonderlijk furket gesteund moesten worden. Hun gewicht bedroeg ongeveer 6,5 kg; de zware lopen waren geboord op een kaliber van ca. 18,6 mm.

Het roer was volgens dezelfde Ordonnantie een lichtere uitvoering van het musket en woog iets minder dan 4 kg, terwijl de loop geboord was op een kaliber van ca. 15,9 mm. Dank zij dit geringe gewicht kon het roer uit de hand worden afgevuurd, zonder dat hierbij een furket nodig was.[7] In de loop van de 17e eeuw verdween geleidelijk aan het zware musket om plaats te maken voor het lichtere roer, waarbij de benaming musket op het roer overging.

De Noordnederlandse musketten en roers hebben voor dit gebied eigen vormen. Deze gaan in hun algemeenheid terug op de Spaanse voorbeelden, maar zijn speciaal gebaseerd op de in 1599 bij de troepen gedeponeerde modellen, die door geweermakers uit Dordrecht werden geleverd. De musketten en roers voor civiel gebruik, bij voorbeeld voor de stedelijke schutterijen, volgden het model van de militaire wapens, maar waren over het algemeen van betere kwaliteit en rijkere uitvoering. Musketten en roers van het militaire type zijn gedetailleerd afgebeeld in het exercitiehandboek van Jacob de Gheyn, *Wapenhandelinghe van Roers Mvsqvetten ende Spiessen*,[8] terwijl talrijke afbeeldingen op schutterssukken een goede indruk geven van de wapens voor civiel gebruik.

Het lontslot voor militaire musketten en roers werd tot ongeveer 1675 gehandhaafd, daarna werd het gaandeweg eerst gecombineerd met het vuursteenslot en ten slotte geheel door dit laatste slottype vervangen.

Aangezien ruiters ten minste één hand nodig hadden voor de teugel, konden zij te paard geen gebruik maken van musket of roer. Zij werden daarom met handzamere vuurwapens uitgerust; de kurassiers met pistoletten, waarvoor het voorschrift van 1599 slechts een loop van twee voet voorschrijft, en de harquebusiers met een bandelierroer of karabijn, waarvan de loop niet korter dan drie voet mocht zijn. Het bandelierroer werd, zoals de naam al zegt, aan een bandelier gedragen, waarmee het roer door middel van een musketonhaak was verbonden.

De *Ordre op de Wapeninghe* van 22 oktober 1639 geeft als nadere precisering dat de loop van het pistolet geboord moet zijn voor kogels van 30 in het pond, terwijl de karabijnloop op 16 in het pond geboord moet zijn.[9] Beide typen waren zeer waarschijnlijk voorzien van een radslot. In het laatste kwart van de 17e eeuw werd het radslot in bandelierroers en pistolen verdrongen door het minder gecompliceerde en daardoor goedkopere vuursteenslot.

Een karakteristiek vuurwapen, dat gebruikt werd bij gevechten op korte afstand te land en ter zee, was de donderbus. Kenmerkend voor dit wapen is de loop van zeer groot kaliber, waarmee men een aantal kogels tegelijk kon verschieten. Het oudste in Nederland bewaard gebleven exemplaar is een lontslotdonderbus met zich verwijdende loop in het Westfries Museum te Hoorn. Ook vroege 17e-eeuwse vuursteendonderbussen blijken deze zich verwijdende loop te hebben. Daarnaast komen reeds in het begin van de 17e eeuw donderbussen met lontslot of snaphaanslot voor met betrekkelijk lange, zuiver cylindrische loop (Pl. 17, 18). Naast gesmede ijzeren lopen komen bij donderbussen vaak gegoten of gesoldeerde messingen lopen voor. De naam donderbus, die vermoedelijk in Nederland is ontstaan, werd in het Engels tot blunderbuss verbasterd.

Bij voor civiel gebruik bestemde pistolen werd naast het radslot reeds veel eerder dan bij de militaire pistolen het vuursteenslot toegepast. Ondanks de geringe afmetingen leende het pistool zich door zijn vorm beter dan het geweer tot de toepassing van allerlei vormen van decoratie. De ontwikkeling van stijl en smaak is hierdoor aan het pistool het duidelijkst af te lezen.

Pistolen kocht men in de 17e eeuw voornamelijk voor zelfverdediging; daarnaast werden ze ook wel bij de jacht gebruikt. Voor de jacht werden echter in hoofdzaak geweren gebruikt, waarvan de lopen waren ingericht voor het verschieten van hagel of kogels. Er ontwikkelden zich in de 17e eeuw talrijke gespecialiseerde typen van jachtgeweren aangepast aan de verschillende vormen van de jacht, zoals zware buksen voor de jacht op groot wild; lichte buksen en geweren met lange gladgeboorde lopen van groot kaliber voor het schieten op zittende vogels; kortere geweren met gladde lopen voor het schieten van vogels in de vlucht.

De stedelijke schutterijen oefenden zich in het schijfschieten op de binnen de meeste steden daartoe ingerichte schietbanen, de Stadsdoelen. Hiertoe diende een geweer van merkwaardige vorm, het doelroer (Pl. 22, 23). Het meest opvallende kenmerk van dit wapen was de lade, die aan de onderzijde was voorzien van een vaak fraai versierde steunklos. Opvallend zijn bij deze geweren ook de gecanneleerde lopen, die bij de kamer vierkant zijn en een bijna kapiteelvormige tromp hebben. De oudste voorbeelden van dit type lopen zijn uit Vlaanderen afkomstig. Vermoedelijk bleef men ze naar het oude model later ook in de Noordelijke Nederlanden maken. Sommige van deze doelroers bleven gedurende de hele 17e en 18e eeuw bij de schutterijen in gebruik. Er zijn doelroers bewaard gebleven met lont-, snaphaan-, rad- en vuursteensloten.

Slottypen

Het musketlontslot, dat in de tweede helft van de 16e eeuw in de Nederlanden werd geïntroduceerd door het leger van de hertog van Alva, heeft tegen het einde van de 16e eeuw een herkenbaar Nederlandse vorm gekregen: de langwerpige ijzeren of messingen slotplaat is dikwijls aan beide einden van een dolfijnachtig ornament voorzien; het bovenste gedeelte van de haan heeft de vorm van een slange- of monsterkop. De musketlontsloten volgens het model van 1599 die in de *Wapenhandelinghe* van Jacob de Gheyn (1607) zijn afgebeeld, vertonen dit slottype in vereenvoudigde vorm. Tot omstreeks het midden van de 17e eeuw bleven ze in deze vorm in gebruik (Pl. 1, 12, 13). De slotplaten van de musketlontsloten uit de tweede helft van de 17e eeuw volgen de vormontwikkeling van de vuursteenslotplaten en vertonen evenals deze een overgang van vlakke naar bolle vormen.

Ten aanzien van het radslot kan men stellen dat de in het begin van de 17e eeuw door de Nederlandse geweermakers toegepaste vormen vooral aan Duitse voorbeelden waren ontleend (Pl. 14-16). Mede onder Franse invloed ontstond tegen het midden van de eeuw een karakteristieke Nederlandse radslotvorm (Pl. 91-93). Kenmerken hiervan zijn een in hoofdzaak bolle slotplaat, een meestal buitenliggend rad vastgehouden door een geleider aan de onderzijde, en een bolle stoedel over haan en haanveer, die vanaf de binnenkant van de slotplaat is geschroefd, en ten slotte de balustervormige arm van de haan.

Vergeleken met het lontslot was het radslot weliswaar doelmatiger, maar de gecompliceerde constructie maakte het zeer kostbaar om te vervaardigen en tamelijk kwetsbaar; reparaties aan een radslot konden bovendien uitsluitend door een zeer competente geweermaker worden verricht.

Een bijzonder grote technische vooruitgang was het ontstaan van het snaphaanslot. Hoewel minder kostbaar dan het radslot was het ook onder ongunstige omstandigheden minstens even betrouwbaar. Sommige auteurs hebben het ontstaan van het snaphaanslot in de Nederlanden geplaatst; afgezien van het woord snaphaan zelf, dat misschien van Nederlandse oorsprong is maar zeker oorspronkelijk een andere betekenis had (Van Dale: 'snaphaan' = rover te paard), is er geen aanwijzing voor het bestaan van deze sloten in de Nederlanden vóór omstreeks 1600. In andere landen, zoals Scandinavië en Schotland, zijn aanmerkelijk vroegere voorbeelden aantoonbaar.

Het verschijnen van het snaphaanslot in de Nederlanden in de beginjaren van de 17e eeuw valt, mogelijkerwijs niet toevallig, samen met intensieve contacten van zowel Schotland als Scandinavie met Nederland. Wat Schotland betreft: grote contingenten Schotse troepen dienden in het Staatse leger en lagen in Nederlandse steden in garnizoen. Met Scandinavie bestond in deze periode een intensief handelsverkeer.

Het oudste in Nederland bewaard gebleven snaphaanslot, aangetroffen in de ruïne van Barentsz' en Van Heemskercks *Behouden Huys* (1596) op Nova Zembla, is zeer waarschijnlijk van Scandinavische makelij. Mogelijk geïnspireerd door Schotse en misschien ook Engelse voorbeelden ontstond in het begin van de 17e eeuw het Hollandse snaphaanslot (Pl. 22, 23), met als kenmerken de bolle vormen van de haan, de balustervorm van de voet van het staal en ten slotte het schelpvormige of bolle panscherm.

Tussen 1610 en 1615 ontstond in Frankrijk het vuursteenslot, waardoor het jachtgeweer bijzonder geschikt werd voor het schieten op vliegende vogels. Vrij spoedig na het verschijnen van dit slottype werd de tuimelaar ervan voorzien van een extra inkeping of rust, waardoor de haan in halfgespannen positie kon worden vastgehouden. Het voordeel hiervan was dat men het geladen vuurwapen veilig kon meedragen en het met één handgreep schietklaar kon maken. Pandeksel en staal waren tot één onderdeel gecombineerd, hetgeen het aantal onderdelen van het slot reduceerde en de werking verbeterde.

Wanneer het vuursteenslot voor het eerst in de Nederlanden werd toegepast, is nog niet bekend, mede omdat door de verwarrende terminologie niet duidelijk wordt of van vuursteensloten sprake is. In documenten kan met 'vuurslot' zowel een radslot als een vuursteenslot zijn bedoeld, terwijl het woord snaphaan gedurende de hele 17e eeuw zowel voor wapens met snaphaansloten als voor die met vuursteensloten wordt gebruikt.

De oudst bewaard gebleven vuurwapens met vuursteensloten uit de Nederlanden zijn zeker niet vroeger dan de periode 1630-1640 te dateren. De vroegste Nederlandse voorbeelden, die opvallen door hun massieve slotplaten, zijn afkomstig uit het Maastrichts-Akense grensgebied (Pl. 30-39). Deze sloten onderscheiden zich zowel in- als uitwendig duidelijk van de Franse voorbeelden. Niet lang daarna kan een reeks van gesigneerde vuurwapens uit 's-Hertogenbosch, 's-Gravenhage en Utrecht geplaatst worden. Deze wapens, met signaturen van onder andere Frans Claessen uit 's-Hertogenbosch, Jan Incoer uit 's-Gravenhage en Geert Pauelsen van Stalborch uit Utrecht, vertonen Franse invloed in slanke, platte slotplaten en de vlakke grafische decoratie (Pl. 42-48, 53-55).

Omstreeks het midden van de 17e eeuw komen in de Nederlanden naast platte slotvormen nu ook bolle vormen voor. Van het midden tot het eind van de 17e eeuw houden bolle slotvormen de overhand.

Gilden

In de meeste plaatsen van enige importantie in de Nederlanden was in het begin van de 17e eeuw een aantal in gilden georganiseerde wapenmakers werkzaam. Hoewel ook op het platteland wapenmakers hun beroep uitoefenden, treffen wij hen toch meest binnen de steden, zoals in Amsterdam, Arnhem, Breda, Bergen op Zoom, Coevorden, Delft, Dordrecht, Groningen, 's-Gravenhage, Haarlem, 's-Hertogenbosch, Hoorn, Leiden, Maastricht, Middelburg, Rotterdam, Utrecht, Vlissingen, Zierikzee en Zutphen. Opvallend grote aantallen geweermakers blijken werkzaam te zijn geweest in Amsterdam, Utrecht, Maastricht en 's-Gravenhage, waarbij het aantal in Amsterdam in de 17e eeuw groter blijkt dan dat in de andere drie genoemde steden samen.

Bij de vervaardiging van vuurwapens waren meestal ambachtslieden van twee gilden betrokken, namelijk diegenen die lopen en sloten maakten en die tot het smids- of St. Eloysgilde behoorden, en diegenen die deze ijzeren delen monteerden in de houten laden en die tot het timmermans- of St. Josephsgilde behoorden. De positie in de gilden van de bij de vervaardiging van vuurwapens betrokken personen was niet altijd even duidelijk. Ontevredenheid over het gebrek aan invloed op het bestuur van het gilde en over het afleggen van de meesterproeven ten overstaan van niet in hun vak gespecialiseerde gildemeesters bracht de geweermakers ertoe te streven naar een eigen ambacht binnen het smidsgilde, zodat ze jaarlijks een Overman van het gilde uit hun midden mochten kiezen.[10] In Amsterdam kwam dit pas in 1672 tot stand; in sommige steden nooit.

Om als meester in een gilde te worden opgenomen diende men aan een aantal voorwaarden te voldoen. In de eerste plaats werd het burgerschap van de desbetreffende stad geëist. Hoewel aan het verwerven hiervan vrij hoge kosten waren verbonden, was het toch voor veel dikwijls berooid van elders geïmmigreerde geweermakers aantrekkelijk vanwege de betrekkelijk hoge inkomsten van deze ambachtslieden, zelfs wanneer zij als knecht werkten. Verder moest men een inkomgeld betalen en ook contributie aan het gilde. De belangrijkste voorwaarde was dat men een meesterproef moest afleggen, die voor elk ambacht nauwkeurig omschreven was. Voor geweermakers bestond deze proef meestal uit de vervaardiging van een loop en een slot of alleen een slot. Niettegenstaande enige plaatselijke afwijkingen kenmerken deze meesterproeven zich door een grote mate van overeenkomst, zoals moge blijken uit de volgende voorbeelden.

Bergen op Zoom (1587): De proeve van een busmaker. Een loop van vier voeten met een vierslot zonder iets daaraan te braseeren ofte enige stukken te zeneeren met een spanner daartoe dienende.[11]

Utrecht (1601): Een goet vuyrslot.[12]

Dordrecht (1626): Een boschmaecker zal weten te maken een loop van vier voet buyten ende binnen recht. Die viersloot-maeckers een dobbelsloth, die plaet niet gesaudeerd.[13]

Utrecht (1629): Te maecken een loop van vijft-halve voet wegende in materie tussen drije en de vier ponden, schietende een kogel tusschen dertich ende vertich in het pond, van binnen rondt ende recht.[14]

Utrecht (1636): Item een busmaker een goed vuyrslot.[15]

Leiden (1657): Dat niemand alhier ter stede het ambacht van bossemaker zal mogen exerceren als die tot ene proeve zal hebben gemaeckt een staal vierslot.[16]

Amsterdam (1692): Een goed rond gekandeleerd snaphaanslot met een hele stoedel / en soo als het van de Overluyden aan haar sal werden vertoond.[17]

Maastricht (1708): De proeve der bussemaeckers bestaet in het naemaecken van een snaphaensloot, conform aen het ghene de meesters van het selve lith sullen voorbrenghen, ende dat te maecken met sijn eijghen handt op een meesters winckel.[18]

Utrecht (1711): Een slot met een rad tot een vuurroer dewelke als nu sijn buyten gebruyk en niet meer gemonteerd; in de toekomst een goed fijn snaphaanslott met een stoedel.[19]

Nijmegen (1749): Bussemakersproeff. Een plat gecanseleerd snaphaanslot en een notebome uytgesnede jagtsnaphaanslaade met coperbeslag.[20]

Uit de Amsterdamse Ordonnantie van 1692 blijkt verder nog dat een tijdsduur van zes weken voor het volbrengen van de meesterproef was toegemeten.[17]

Ook over de proef voor lademakers bezitten wij nog enkele gegevens. Het Amsterdamse St. Josephsgilde eiste in 1667 van de buslademakers de volgende proef: 'Het opmaken van een paer pistolen / ende een bandelierroer / byde op de Haagsche wijze / ende een doelroer.'[21]

De Maastrichtse lademakers dienden volgens de raadsresolutie van 1708 aan de navolgende eisen te voldoen:

Ende aengaende de laedemaeckers, dat de selve soo daenich sullen hebben een ordinarisse snaphaen laede te maecken, dat het slot aende selve wel word ingeleijt, met soo veel tusschen de . . . als de spatie van de veren sal . . . oock de stoutel van het selve slot vere ende het ingeleyt oock de laetstock volghens Caliber der snaphaen, . . . en in geendr maniere de schrouve raecken (der) baionet op de hecht, sonder dat den laetstock hogher uytcome als de laede, noch de baionet hoogher als de loop sal uytsteecken, welcken loop sal moeten achter aen . . . ende omtrent de stertschrouve soo wel als . . . wel slueten, den colff achter wel ge . . .[22]

Indien men er niet in slaagde de meesterproef naar behoren te volbrengen, moest men een geheel jaar als knecht blijven leren alvorens men de proef opnieuw mocht doen. Eenmaal meester geworden kon de geweermaker betalende leerjongens in dienst nemen, waarvoor de meester op zijn beurt aan het gilde moest betalen. Wanneer eenmaal aangenomen leerjongens bij hun meester wegliepen, mocht geen andere meester hen als leerjongen aannemen.

Wat de werktijden betreft, blijkt uit een Amsterdamse Ordonnantie van 1641, dat men 's morgens voor vieren en 's avonds na acht uur niet mocht werken. In bijzondere gevallen kon de meester het gilde 'bidden omme oorlof enen nacht twee of drie over te mogen wercken welverstaande / dat die meester gehouden sal wesen voor elke nacht werckens te betalen in de voorsz armenbosse enen stuyver current /'.[23]

Hoewel in sommige steden, zoals Utrecht en Amsterdam, het geweermakersbedrijf door de ingebruikneming van machines al uitgegroeid was boven de pure huisindustrie, kwam het in Amsterdam na 1672 tot een nog forser aanpak. Het stadsbestuur besloot, na een in 1672 opgetreden tekort aan vuurwapens voor de verdediging van de stad, de fabricage zelf ter hand te nemen. Daartoe werd Jan Flock uit Utrecht, een gerenommeerd geweermaker, aangetrokken om de lopen, die de Burgemeesters hem zouden leveren, van laden en koperbeslag te voorzien. De lopensmeden Jean en Pierre Minet uit Charleville en Hendrik van Essen sloten contracten met de stad waarbij ze gebonden werden hun hele produktie van lopen voor musketten, snaphanen, roers, pistolen en karabijns aan de stad te leveren. Daar stond tegenover dat de stad hen werkplaatsen en rosmolens voor het boren en slijpen van lopen ter beschikking stelde. In 1691 stelden de Burgemeesters Ulbertus van den Burg uit Den Haag aan tot 'Stadsmeesterlopensmid'. Tussen Prinsengracht en Kerkstraat aan de Amstel werden voor hem door de architect Steven Vennekool een 'laboratorium met zes forniuzen' (smidsvuren), een woonhuis en acht huisjes voor knechts gebouwd. Ulbertus van den Burg werd als Stadslopensmid opgevolgd door zijn zoon Cornelis. Na zijn dood ging het ambt over op Matthijs Flock, die in 1704 het gereedschap van zijn voorgangers liet verkopen[24] (advertentie *Amsterdamsche Courant*, 16 augustus 1704):

Bestaende in draeybanken en snijbanken, om spillen tot munt- en lakenperssen te snijden en te draeyen noch een draeybank om kleyne stucken te draeyen, elk met haar beitels en verder toebehoren, noch blaesbalken, aembeelden, haken, speerhaken, een boorst-steen, schone schroeven, hamers, tangen, vijlen, lampen, vormen, stokken en alles wat tot het maken van grote uurwerken en kleyne horologies, lopensmeden, koopergieters en harnasmakers behoord: ook allerhande vuurwerkgereedschap, allerley soorten van gemaeckte hulsen.

Beproevingen en merken

Niet alleen zagen de gilden toe op het vakmanschap van de ambachtslieden, ook stelden gilden en stadsbestuur eisen aan de kwaliteit en veiligheid van de geproduceerde vuurwapens. Dit deed men 'tot avancement van de koopmanschap, ende ter voorkominge van alle ongelucken ende schade[25] (de volgorde zal wel niet toevallig zijn). In een aantal Nederlandse steden werden hiertoe maatregelen getroffen en voorschriften uitgevaardigd, die van stad tot stad niet zoveel verschilden. Voor de veiligheid van het vuurwapen was het zaak vooral de loop te beproeven. De reputatie van de stedelijke geweermakers was uiteraard niet gebaat bij te frequent voorkomende ongelukken. Daarnaast werd aandacht besteed aan de kwaliteit van slot, lade en beslag.

Hoewel het beproeven van lopen in Amsterdam al sinds de 16e eeuw gebruikelijk was, dateert het vroegste ons bekende reglement voor de keuring van vuurwapens uit 1603; het is afkomstig uit Dordrecht. Uit het hieronder volgende document blijkt dat de keurmeesters alvorens het stedelijk stempel als bewijs van deugdelijkheid in het wapen te slaan, dit eerst 'visiteerden en keurden', dus niet werkelijk beproefden.

Alsoo mijn E. Heeren Schouth Burgemeesters ende regierders deeser Stad dordrecht op tversouck by den Deeckens ende gemeyne gildebroeders vande smeden ende Boschmaeckers Gilde aende selve gedaen, Belieft hadde te ordonneren dat van nu voort aen alle de wercken van roers loopen ende slooten die zyluyden smeden ende op maecken zullen / behoorlycke souden werden geteyckent met deser Stede wapen, omme also te beeter te bekennen die wercken die die alhier gemaeckt werden ende daermee wech te nemen alle opspraecken ende misverstanden. Hebben die vanden Gilden voornt onder t believen van myn heren gemaeckt ende geconcipieert Zeekere Ordonnantie zulcx ende inder vougen als hier volgt.

Te weten dat by tvoorn gilt genomen ende gecosen zullen worden drie personen ende de gemaeckte wercken teyckenen ende Stadswapen daer op stellen sullen twelcke bewaert sal worden in een Kistken daervan de twee elcx een sleutel ende de derde het ijser bewaeren sall twelck gemaeckt sal zijn In dusdanige Forme (tekening).

Ende soo wanner yemandt vande Gildebroeders eenige loopen vueroers ofte musquetten vuersloten ofte Lontsloten ofte eenige ander nieuws werck totte roers behoirende tot een half dosijn toe, ende daerenboven gesmeet ende opgemaeckt sal hebben, dat alsdan de selve keurmeesteren gehouden sullen zijn tot allen tyden des versocht zijnde, te comen ten huyse vande gene die tselve werck gemaeckt zal hebben, omme aldaer gevisiteert gekeurt ende alsdan met tvoorsz. teycken geteyckent te werden maer indien yemant eenich werck begeerde gekeurt ende getyckent te hebben, wesende beneden thalff dosyn dat deselve alsdan gehouden sal zijn tselve werck te brengen ter plaetse ende tot de keurmeester daer het merck yser is berustende ende de andere keurmeesters alsdan aldaer ontbieden, mits dat nijemandt en sall vermogen enich werck ongemerckt zijnde vuyt zijne huyse te laeten gaen op te verbeurts van ses gulden van yder stuck werc tsy groot of te kleijn ende dat ten behoeve van het gemeene gilt vande Smeden voor d'eene helft ende de armen d ander helft:

Ende sullen de selve keurmeesters met haer drien voor haer salaris hebben van een musketloop een halve stuyver van de loop van een roer mitsgaders een vuerslot een oortgen ende van een Lontslot mitsgaeders van een vierket eene duijt het welck sy met haer dryen gelyckelyck sullen delen.

Item sullen alle jaeren vande voorsz drie keurmeesters twee der selver afgaen ende wederom andere twee in haere plaetse gecoosen werden ende de derde die gemeene gildebroeders daer toe sullen nomineren sal gehouden syn twee jaren te dienen welcke actie ende kiesinge geschieden sal op ten Eesten Junij.

Ende oft gebeurde datter eenige questien oft misverstanden int keuren en teyckenen van de voorsz Wercken geviel ofte ontstonden dat deselve gedecideert sullen worden bij de gemeyne gildebroeders vande Bossmaekers.

Actum In de vergaderinge van den Outraedt den IX juny anno 1603.[26]

Uit de Amsterdamse Ordonnantie 'op het wercken en proeven van t' geschut' van 21 oktober 1604 blijkt wel dat men de lopen beproefde en er daarna het stadswapen in sloeg. Maar hoe deze beproeving in zijn werk ging, wordt nog niet duidelijk. Wel wordt een aantal interessante bijzonderheden gemeld: In artikel I wordt vermeld, dat er zes gezworen proefmeesters zijn; in artikel XXIV wordt voorgeschreven dat bij het beproeven van musketten en roers 'het alderbeste korlkruyt' mag worden gebruikt; artikel XXV ten slotte luidt: 'de proef-meesters sullen naerstig toesien datter geen schuyten noch schepen in de weg en sijn om alle schade ende ongeluck te verhoeden'.[27]

In 1624 bleek het in Amsterdam nodig om de Ordonnantie van 1604 te vernieuwen en uit te breiden met de bepaling dat geen musketten of roers in de stad verkocht mochten worden tenzij ze door de Stadsconstapels (ook genoemd Stadsbusschieters of Stadsproefmeesters) waren beproefd en met het stadsmerk waren getekend. Hoe de proef werd uitgevoerd, blijkt uit een notariële akte van 7 september 1638; één van de Amsterdamse Proefmeesters verklaart hierin onder ede aan een inwoner van Rotterdam, hoe hij bij het keuren van musketlopen te werk gaat.

Op huyden den sevenden September 1638 compareerde etc. ter presentie etc. Jan symonsz Lootsman out omtrent 36 jaaren deser Stede proefmeester vant Canon—Musquetten ende roers Ende heeft bij waere woorden in plaetse ende onder presentatie van eede ten versoecke van d'Eersame Abraham Woutersz woonende tot Rotterdam verclaert ende geattesteert hoe waer is dat int proeven van Lopen van Musquetten hier ter stede niet anders geobserveert wert dan dat de Koogel ende het cruyt daermede de lopen werden geproeft even swaar weecht moetende de lopen soo suyver geboort sijn dat de koogel van twaalf van int pont can loopen tot achter aende schroef ende om te weten of de coogel tot achter aen de schroef can loopen soo heeft hij getuijge ende sijn medeproefmeesters een ijsere stamper aent eynde vande welcke is een bol op de dicte vande . . . vande koogel van twaelf int pont welcke stampers sij inde loopen steeken of mallen omde proeve wel optenemen synde de bol Aende ysere stamper naer advenant cleynder alsde koegel van twaelf int pont in sijn selven is.

Gedaen binnen Amsterdamme ter presentie van Egbert Symonszen ende Jilles Hendrick als getuygen.[28]

Ook 25 jaar later is de bovengenoemde stamper nog in gebruik bij het beproeven van lopen, zoals blijkt uit de Resolutie van de Heren XVII van de Verenigde Oostindische Compagnie van 7 april 1663:

De Camer van Amsterdam
sal aen resp. Cameren een bolstamper senden.

Dat door de Camer van Amsterdam aende respective Cameren sal werden gesonden een bol stamper aen een sijde van de welcke sal sijn een bol van 12 en aen d'andere sijde van 18 in een pont.[29]

De Ordonnantie van 31 januari 1695 bepaalde dat uit Amsterdam noch in Amsterdam zelf gemaakte noch ook van elders aangevoerde lopen mochten worden geëxporteerd zonder eerst gekeurd te zijn; alleen de Oost- en Westindische Compagnie waren hiervan vrijgesteld.[30]

Zeer uitvoerige omschrijvingen van de taak van de Utrechtse proefmeester treffen wij aan in de *Instructies voor deser Stads Constapel* van 1628, gewijzigd in 1659 en 1667.

Instructie voor deser Stads Constapel of Proefmeester der loopen &c. den 1 October MDCXXVIII, geamplieert den 11 April MDCLIX.

I
In den eersten, sal hij scherpe toesigt neemen over het buskruyd, en geen loopen mogen laden om te probeeren dan met goed versch buskruyd, droog en goed op der Heeren Staten proeve, en alsulcks bevonden hebbende, niet uyt sijn handen te laten gaan voor het proberen van de loopen.

II
Het kruyd gevisiteerd en goedgevonden hebbende, sal hij de loopen selver moeten laden, met zoo veel kruyds, als elcke kogel ofte loot, dat daer op gaat, groot of kleyn naar advenant swaar weegt; en zal den kogel, die daar op klemmen en sluyten moet met een yseren stamper daar op setten na behooren.

III
Dese Proefmeester sal niet vermogen, eenige soorten van loopen, die van buyten hier gebracht worden, te probeeren veel min deselve met deser Stads wapen te teekenen, ten zy alhier de Laeden tot deselve gemaakt zijn, op poene van cassatie, of suspensie van zijnen dienst.

IV
Hy en sal geen loopen mogen lade, die hy bevind van binnen al te vet met olie gesmeert te zijn, sulcks dat de kracht van het kruyd benomen word, maar sal deselve fflerst weder doen uytwissen.

V
De loopen aldus met goede ordre geladen zynde, sal den Proefmeester gehouden wesen die te gaan probeeren, ter plaetse daer toe geordonneert, en nergens anders, op poene van suspensie, ofte privatie diensts, naar gelegentheyd van saken.

VI
Sal ook, om ongelukken en schade te verhoeden, de loopen nederleggen, ende alsoo het vuur daar in steecken, sonder deselve over eynd te setten, om geprobeert te worden, op verbeurte van eene gulden op yder loop.

VII
Dese Proefmeester sal gehouden wesen, soo dikwijls als hy daartoe versocht word, daatelyck te koomen probeeren, sonder de verkoopers door vertoeven te verkorten; ende sullen in het probeeren praesent mogen wesen, ten eynde voorsz, die van het Loopsmeden, of Laedemakersgild.

VIII
De loopen geprobeert zynde, sal hy deselve wel moeten besichtigen, of die in het probeeren geene scheuren, ofte quade fauten gekreegen hebben; en die hy bevind goed gebleven te zijn, sal hy met deser Stads Wapen, en twee letteren van zynen naam teeckenen, eer hy van daarsal moogen scheyden, op de verbeurte van tien stuyvers op yder loop.

IX
Eyndelyk sal dese Constapel, ofte Proefmeester, voor het probeeren en teeckenen van yder loop, het zy van musquetten, roers, pistoolen, groot of kleyn, niet meer genieten, nogte mogen eysschen, dan een halve stuyver van het stuk. Aldus gedaan en provisioneel gearresteert by de Vroedschap der Stad Utrecht, op den 11 april 1659.

Nader Instructie voor den selven den 17 juny, MDCLXVII.

IX
Sal ook, om ongelucken ende schade te verhoeden, de loopen nederleggen, ende de plaatse sulcx approprieeren, dat deselvige achter tegen een balck, ofte ysere staaf sluyten, ende deselve boven overvangen met ysere bouten, ofte staven, op dat de loopen niet terug, ofte omhoog komen te springen, ende alsoo het vuur daar te steecken, sonder deselver over eynd te setten, om geprobeert te worden, op de verbeurte van eene gulden op yder loop.

X
Dat den voornoemden Constapel, de loopen, na dat deselve de proeve, conform het voorschreve articul, hebben uytgestaan, zal hebben, in voegen naarvolgende boven op de loopen te teeckenen ofte te ycken, alse alderhande soorten van loopen, die in deese Stad ofte Vrijheid van dien gemaakt zyn, met het Wapen deser Stad, gekroont met fleurons, de musquet-loopen, die elders van buyten ingebragt worden, met het selve Wappen, voorsien met een kroon met simpele peerlen, dog dat op de loopen van de vuurroers, pistoolen, carabijns, snaphaanen, ende alle andere diergelyke kleynder ofte fyne werken, in andere steden ofte plaatse gemaakt zijnde, sal moeten geslaagen worden het meergemelde wapen

alleen, sonder kroon, in voegen ende op poene breeder by het selve articule vermeld. Ende is vorders by ampliatie van deselve instructie verstaan, dat de Constapel gehouden sal syn de loopen te probeeren met de steertschroeven, die tot yder loop gemaakt zyn, ende daarinne zullen blijven; sullende de loopen by het doen van de proeve moeten aangesteecken worden door het laatgad, daar de pan aangeleyt word.[31]

Een stedelijke beproeving van vuurwapens bestond niet alleen in Dordrecht, Amsterdam en Utrecht, maar ook in tal van andere steden. Voorschriften zijn ons bekend uit Nijmegen en Vlissingen, terwijl alleen proefmerken bekend zijn uit de volgende steden: Bergen op Zoom, 's-Hertogenbosch, Haarlem, Hoorn, Maastricht en Middelburg. Aangenomen moet worden dat talrijke andere Nederlandse steden een stedelijke beproeving van vuurwapens kenden.

Vroege radslot-, lontslot- en snaphaanslotwapens
Het belang van Amsterdam als markt voor fraai uitgevoerde wapens op het eind van de 16e en begin 17e eeuw wordt onder meer geillustreerd door de in veel landen voorkomende vuurwapens met Amsterdams keurmerk. Het betreft hier vooral musketten van allerlei uitvoering. De vroegste voorbeelden zijn betrekkelijk luxueus uitgevoerde radslotmusketten van een type dat ook wel voor de Nederlandse schutterijen werd gemaakt. De sloten van deze wapens zijn soms uit Duitsland geïmporteerd, soms in Holland gemaakt, waarbij de Duitse slotvorm ongewijzigd werd overgenomen. De lopen dragen naast andere merken Amsterdamse keurmerken, wat niet hoeft te betekenen dat ze geheel in Amsterdam gemaakt zijn; waarschijnlijk zijn ze half-voltooid geïmporteerd en in Amsterdam afgewerkt en beproefd. Op de kamer van de loop werd dikwijls een geelkoperen vizierkoker aangebracht, die meestal versierd was met een Turkenkop met tulband. De kolf heeft een karakteristieke vorm, die geschikt is om het wapen tegen de borst te steunen, aan de bovenzijde bevindt zich een diepe uitgesneden groef voor de duim. Vrijwel alle bewaard gebleven exemplaren van dit type musketten hebben een zeer rijke versiering op de lade, bestaande uit inlegwerk van gegraveerd hertshoorn, parelmoer en messingdraad. Behalve in Amsterdam zijn dergelijke wapens ook wel in andere steden vervaardigd, zoals blijkt uit een radslotmusket met het stedelijk merk van Haarlem (Pl. 9, 10).

In de Livrustkammaren in Stockholm bevindt zich een aantal radslotmusketten (waarvan wij er hier één afbeelden), die in 1621 buitgemaakt zijn bij de inname van de stad Mitau in Koerland (Letland).[32] De afgebeelde musket is blijkens de datering op de lade in 1596 vervaardigd, op de loop komt onder andere het stedelijke merk van Amsterdam voor (Pl. 6–8).

Een tweede groep bestaat uit lontslotmusketten, die in vorm en constructie het model van het militaire musket van 1599 volgen. Hoewel slot en loop van grote eenvoud zijn, leefde men zich uit in de versiering van de lade. Kenmerkend voor de bij de schutterijen gebruikte lontslotmusketten is de versiering met onder andere grote gegraveerde parelmoeren plakken (Pl. 12–16). Een 1611 gedateerd exemplaar in de Livrustkammaren toont hoe ver de verfijning bij de decoratie van dit soort wapens soms ging. Het naar voorbeelden van gravures door Virgil Solis uitgevoerde inlegwerk van gegraveerd been doet niet onder voor de beste buitenlandse stukken. Geleidelijk raakten de luxueus uitgevoerde musketten bij de schutterijen in onbruik.

Omstreeks 1625 werden uit Holland veel wapens met snaphaansloten geëxporteerd, zowel pistolen als geweren. Overblijfselen van deze export zijn nog te vinden in het Dogenpaleis in Venetië en in de verzamelingen van Kremlin en Hermitage in de Sovjet-Unie.[33] Opvallend is hierbij dat zeker de vroegste Nederlandse snaphaansloten nog een slotplaat hebben die direct afgeleid lijkt van het radslot zoals dat rond het begin van de 17e eeuw in de Nederlanden gemaakt werd. Iets later krijgen de snaphaansloten de langgerekte slotplaat met rechte onderkant die aan Engelse en Schotse voorbeelden ontleend kan zijn (Pl. 22, 23). Deze laatste vorm van het Hollandse snaphaanslot had weer invloed op de ontwikkeling van het vuursteenslot in Frankrijk.

Vroege vuursteenwapens
Het staat tegenwoordig wel vast, dat het vuursteenslot in Frankrijk is uitgevonden, en wel omstreeks 1610. De eerste vuursteengeweren werden vervaardigd voor het Franse Hof. Lodewijk XIII had een actieve belangstelling voor vuurwapens, die zich onder meer manifesteerde in het aanleggen van een verzameling, het Cabinet d'Armes, dat, zij het verspreid, nagenoeg geheel bewaard is gebleven.[34]

Na een aanvankelijk experimenteel stadium was het vuursteenslot omstreeks 1625 in de noordelijke delen van Frankrijk ingeburgerd. De vroegste toepassing ervan in de Nederlanden vinden we in het Limburgs-Rijnlands gebied omstreeks 1635. Het gaat om pistolen met ovale kolfkappen en kantige lopen (Pl. 30–34) en om jachtgeweren met ronde lopen; beide zijn zeer lang en hebben vrijwel platte sloten met dikke slotplaten, die door hun afgeschuinde kanten een zeer massieve indruk maken; een opmerkelijk detail is de diepe uitholling aan de bovenzijde van de slotplaat tussen haan en pan. De hanen zijn nog zeer weinig gebogen en de batterijveren bevinden zich dikwijls aan de binnenzijde van de slotplaat. De sloten zijn meestal zeer sober van uitvoering; wellicht hebben de geweermakers de spaarzame decoratie van deze wapens zelf uitgevoerd. Hoewel enkele van deze wapens merken dragen, is de identificatie hiervan nog niet ver gevorderd. Opmerkelijk is het voorkomen van een langwerpig ingestempeld merk op de loop van één van deze pistolen (Støckel 2260–2262)[35], dat verder in de gehele 17e eeuw op in Maastricht gemaakte lopen werd gebruikt.

Het enige gesigneerde wapen in deze groep is een geweer op de loop gemerkt *Mattheus Nutten in Ach* (Aken) (Pl. 35, 36); aan de onderzijde van de loop is een merk in de vorm van een Franse lelie ingeslagen, dat veel overeenkomst vertoont met het zilvermerk van de steden Roermond en Charleville.

In Skokloster bevindt zich een tot deze groep behorend garnituur dat bestaat uit een geweer met twee pistolen, alle met één loop en twee sloten (Pl. 37–39). De lopen van deze wapens zijn aan de onderzijde gemerkt met een stempel in de vorm van een kan, dat wij later ook bij een zeer belangrijke groep geweren zullen tegenkomen. Behalve in Vlissingen, waar men als proefmerk een kan in vuurwapens sloeg, werd het merk met de kan ook in St. Quentin (Noord-Frankrijk) en Jever (Oost-Friesland) gebruikt. Ook een van de vroegst bekende draailoopgeweren (wenders) is met het merk met de kan gestempeld (Pl. 40, 41). Hoewel het idee van het draailoopgeweer al omstreeks 1620 in Frankrijk werd toegepast, blijkt het systeem vooral in de Nederlanden snel populair te zijn geworden. Tijdens de Engelse Burgeroorlog werden grote aantallen draailooppistolen uit Nederland naar Engeland geëxporteerd.

Omstreeks 1645 is in de Nederlanden een andere groep vuurwapens met vuursteensloten aanwijsbaar, die veel sterker verwantschap met de Franse voorbeelden vertonen dan de eerder genoemde Limburgs-Rijnlandse groep. De exemplaren die we hier tonen, zijn afkomstig uit 's-Hertogenbosch, 's-Gravenhage en Utrecht. Vooral de sloten laten zich goed vergelijken met de Franse voorbeelden, zoals de sloten van P. Thomas uit Parijs, omstreeks 1640;[36] de frappante overeenkomst in versiering van de slotplaten moet wel toegeschreven worden aan het beschikbaar komen van Franse modellenboeken voor vuurwapengraveurs. Opvallend is de veelvuldige toepassing van ebbehout voor de lade, waarbij aangetekend kan worden dat deze kostbare houtsoort voornamelijk door de VOC vanuit Ceylon naar Nederland werd gebracht. Fraai contrasterend met het ebbehout zijn de bij deze groep toegepaste zilveren kolfkappen; deze in mallen geperste zilveren kappen, die bij de bevestiging aan de pistolen met zand werden gevuld, hebben de vorm van een gehelmd hoofd of van een combinatie van een mensenhoofd en een hondekop. De laadstokdop en de laadstokpijpjes, en het beslag aan de voorijde van de lade zijn van zilver met ingeperste motieven.

Een van de pistolen uit 's-Hertogenbosch is op de slotplaat gemerkt met de initialen F.C., die waarschijnlijk staan voor Frans Claessen (Pl. 53–55).[37] Uit een register van 1648 van het smidsgilde van 's-Hertogenbosch blijkt dat alle meesters er hun eigen merk hadden; Frans Claessen komt in het register niet meer voor, zodat men kan aannemen, dat hij in 1648 reeds gestorven was.[38]

Een fraaie vuursteenbuks door Jan Incoer uit 's-Gravenhage bevond zich reeds in 1651 in de verzameling van Carl Gustaf Wrangel, die hem als volgt beschreef: 'Ein gezoges Holländr. Karbinher mit bräsilies Holtz gefasset und einem Flinten shloss' (Pl. 42–44).[39] Jan Incoer wordt in 1641 vermeld als hoofdman van het St. Eloysgilde van 's-Gravenhage, waaruit men kan concluderen dat hij reeds enige jaren daarvóór in dit gilde werkzaam was. In 1652 werd hij tot deken van het gilde gekozen, welke functie hij tot 1654 bekleedde.[40]

Eveneens reeds in 1651 beschreven in de verzameling van Carl Gustaf Wrangel was een vuursteengeweer van Gerrit Paulusz. van Stalbergen of zoals hij zelf spelde, Goert Pauelsen van Stalboerch (Pl. 45–48). Van deze geweermaker is bekend dat hij in 1650 aan een Amsterdamse koopman 150 snaphanen en 10 paar pistolen verkocht.[41]

Wapens met versiering in hoog-reliëf
Bij de vermelding hierboven van een groep wapens gemerkt met een kan hebben wij verwezen naar een andere belangrijke groep vuurwapens, die hier thans behandeld zal worden. Het gaat hier om geweren en pistolen uit de periode 1640–1650 (Pl. 60–84) die een decoratieve behandeling in hoog-reliëf gemeen hebben; dit hoog-reliëf bevindt zich op de sloten, de lopen en het beslag. De met gestoken reliëf versierde wapens laten zich ruwweg in drie groepen indelen:[42] ten eerste, de gestoken ornamenten zijn in de lengterichting aan weerszijden van de loop aangebracht en worden soms herhaald op slot en beslag (Pl. 60–63); enkele geweren van deze groep zijn bovendien versierd met een plastisch gevormd aapje aan de voorzijde van de batterij; ten tweede, de gestoken ornamenten zijn uitgevoerd in minder hoog reliëf en op de loop gegroepeerd in cartouches (Pl. 78–80); ten derde, het gestoken ornament is vrij laag uitgevoerd en bestaat meestal uit talrijke

kleine figuren (Pl. 81-84). Er bestaat grote overeenkomst tussen deze vuurwapens en een groep gestoken ijzeren degengevesten uit dezelfde periode.

De sloten van de wapens in alle drie genoemde groepen hebben gemeen dat de batterijveren aan de binnenzijde van de slotplaat zijn aangebracht om een zo groot mogelijk versierbaar oppervlak te krijgen; een consequentie hiervan is dat er geen plaats voor signaturen overbleef.

De onderlinge verschillen in uitvoering maken het onwaarschijnlijk dat ze alle uit een en hetzelfde produktiecentrum afkomstig zijn. De derde groep, die ook het laatst te dateren is, omvat een aantal wapens die gemerkt zijn 'à Sedan,' waardoor hun Franse origine wel vaststaat. In de tweede groep komt een aantal wapens voor met decoraties die vrijwel gelijk zijn aan ontwerpen in het modellenboek van François Marcou (Pl. 53-55), dat, hoewel het pas in 1657 werd gepubliceerd, voornamelijk wapens uit een eerdere periode toont.[43] Andere wapens in deze groep zijn versierd naar prenten van Crispijn de Passe II (1597-1670) (Pl. 64, 65). Ook het ornament biedt dus weinig houvast bij het lokaliseren van deze wapens; hooguit kan men zeggen dat de twee laatst genoemde groepen waarschijnlijk uit de Franse Nederlanden afkomstig zijn.

Ontwikkelingen in het midden van de 17e eeuw

Ondertussen was omstreeks het midden van de 17e eeuw ook in het Limburgs-Rijnlandse gebied de Franse mode bij de geweermakers doorgedrongen. Dit blijkt bij voorbeeld uit een vuursteendraailooppistool door De la Pierre uit Maastricht (Pl. 85-87). Ook hier vertoont het slot grote overeenkomst met de sloten door P. Thomas uit Parijs.[44] Opmerkelijk is het fraaie maar onpraktische vergulde en geëmailleerde beslag. Dit werd in deze periode trouwens vaker werd toegepast, zoals blijkt uit het radslotpistool met Maastrichtse merken (Pl. 88-90), maar in Zweden door Jürgen Dargeman uitgevoerd emailwerk, dat bij het kroningszadel van Karel X Gustaaf van Zweden behoorde.

Uit de talrijke bewaard gebleven fraaie radslot- en vuursteenwapens blijkt dat de vervaardiging van luxe vuurwapens in Utrecht sedert het midden van de 17e eeuw een grote vlucht had genomen. Naast de technische eisen die de klanten van de geweermakers stelden — zuiver schietende lopen en perfect werkende sloten — verlangde men nu ook een kunstzinnige afwerking. Hierdoor werden de geweermakers verplicht de hulp in te roepen van allerlei andere vaklieden, zoals beeldsnijders voor de versierde laden, zilversmeden voor het beslag en de versiering van lopen, geelgieters voor de uit geel koper gegoten en geciseleerde delen van het beslag en graveurs voor graveerwerk en gekalligrafeerde signaturen op lopen, sloten en beslag. Hoe arbeidsintensief de geweermakerij was, blijkt wel wanneer wij nagaan hoe bij voorbeeld een geweerslot tot stand kwam.

Allereerst smeedde de geweermaker de slotplaat en de onderdelen van het slot uit staal, om ze daarna passend te vijlen en af te werken. Hierna konden de te versieren delen door de graveur worden behandeld; vervolgens moesten de gegraveerde en afgewerkte onderdelen worden gehard. De hierbij toegepaste procédés waren met recht het geheim van de smid. In het algemeen gebruikte men voor harding het cementeringsproces, waarbij de te harden onderdelen met een pap van ramshoorn, ossehoef, gemalen glas, zout, azijn en roet werden ingesmeerd en van de lucht afgesloten verhit. Het gevolg van deze behandeling was dat koolstof in het oppervlak van het staal kon doordringen, waardoor de hardheid afhankelijk van de tijdsduur van de behandeling toenam.[45] Na het harden dienden de onooglijk geworden onderdelen gepolijst en eventueel geblauwd te worden, om vervolgens te worden gemonteerd.

In Utrecht waren zeer kundige geweergraveurs werkzaam. Helaas zijn ons van hen geen namen bekend, wel kent men een enkel merk van een dergelijke graveur. Op een aantal sloten van de beroemde Utrechtse geweermaker Jan Knoop komt namelijk los van de gegraveerde voorstelling een klein gegraveerd hertje voor.

Utrechtse geweermakers

Van enkele Utrechtse geweermakers, die na ca. 1650 een rol hebben gespeeld bij de vervaardiging van luxe vuurwapens, zijn ons persoonlijke gegevens bekend; van een iets groter aantal bleef werk bewaard. Het is opvallend hoe weinig wapens van enige kwaliteit in Nederland zelf bewaard zijn gebleven. Om belangrijk werk van 17e-eeuwse Nederlandse geweermakers te zien kunnen wij slechts in een aantal buitenlandse verzamelingen terecht, waarin deze wapens dikwijls reeds in de 17e eeuw aanwezig waren.

Een goed voorbeeld vormt het werk van Jan Knoop, van wie in Nederland slechts enkele wapens bewaard bleven.[46] Een groot aantal van zijn vuurwapens van de allerhoogste kwaliteit kwam reeds omstreeks het midden van de 17e eeuw op bestelling in Scandinavië terecht. Jan Knoop wordt voor het eerst vermeld als lademaker in 1642, bij de aankoop van een huis aan de zuidzijde van de Viesteech in Utrecht. In 1664 blijken Jan Knoop en zijn tweede vrouw Antonia van Dieren eigenaars te zijn van een huis aan de noordzijde van dezelfde steeg, waar 'de Gecroonde France Pistolen' uithingen.[47] Het is niet zonder betekenis dat een gerenommeerd geweermaker als Jan Knoop op zijn uithangbord Franse pistolen aanprijst. Erg lang heeft hij geen plezier gehad van dit huis, omdat hij het na juridische moeilijkheden in 1665 aan de geweermaker Abraham Jansen moest afstaan. Uit documenten blijkt dat Jan Knoop en zijn vrouw in 1678 nog in leven waren. Hij was een veelzijdig geweermaker, zoals blijkt uit de grote verscheidenheid van vuurwapentypen die hij heeft vervaardigd. Er zijn van hem een lontslotmusket, radslotpistolen, radslotbuksen, radslotgeweren, vuursteenpistolen en vuursteengeweren bekend. Hij bleef gedurende zijn hele loopbaan radslotpistolen maken, waarmee hij één van de laatste makers van dat vuurwapentype is. Dikwijls treffen wij bij zijn radslotpistolen een interessant rudiment aan van een vroegere (Franse) constructie (Pl. 99-102).[48] De schroefplaat, die op zichzelf een modern element aan het wapen is, heeft dan namelijk een vorm die ontleend is aan de zijplaten van Franse radslotpistolen. Bij deze pistolen is die vorm constructief noodzakelijk om de doorlopende spil van het rad te dragen; deze functie is bij de schroefplaten van Jan Knoop echter geheel verdwenen. De laden zijn uitgevoerd in ebbehout, soms met gesneden ornamenten, waarbij dikwijls op de kolfhals een cherubijnekopje is aangebracht. Lade en snijwerk zijn wellicht het werk van Jan Knoop zelf, die immers steeds als lademaker vermeld wordt. De lopen zijn steeds van voortreffelijke kwaliteit, maar van zeer verschillende herkomst; naast Duitse lopen gebruikte hij ook Italiaanse. Het graveerwerk op de sloten en het beslag is zeker niet van Jan Knoop zelf.

Een aantal van de radsloten en vuursteensloten heeft een gegraveerde decoratie die duidelijk door een en dezelfde graveur is uitgevoerd; dit blijkt niet alleen uit de stijl van het graveerwerk maar ook uit het feit dat al deze sloten zijn gemerkt met een klein gegraveerd hertje, hetgeen vermoedelijk een toespeling is op de naam van de graveur (Pl. 99-106).

Ook de gekalligrafeerde signaturen van deze en andere geweermakers, die omstreeks het midden van de eeuw in de mode komen, zijn vermoedelijk door de graveurs en niet door de geweermakers zelf uitgevoerd. De sloten van een reeks radslotbuksen die Jan Knoop voor Ove Bielke maakte, zijn door ten minste één andere graveur versierd (Pl. 128-148). Twee van deze buksen zijn op de loop gedateerd: 15 april 1652 (Pl. 128, 129). Hoewel radslotbuksen uit deze groep te oordelen naar hun slotvorm en versiering ogenschijnlijk ouder zijn, geeft ons dit onvoldoende houvast, omdat hij dikwijls lopen en sloten van elders verwerkte. Zo zijn een drietal radsloten, waaronder de twee 1652 gedateerde, aan de binnenzijde gemerkt met een slotenmakersstempel M Z (Støckel 4092) en het stedelijk proefmerk van Hoorn. Onder een aantal met zilver geïncrusteerde lopen staat het merk A I (Støckel 1883) ingeslagen, dat misschien toebehoorde aan de reeds genoemde geweermaker Abraham Jansen uit Utrecht. Ook onder een drietal door Jan Knoop gesigneerde vuursteengeweren van O. Bielke staat dit merk A I ingeslagen.

De door Jan Knoop gesigneerde vuursteengeweren zijn in veel opzichten bijzonder interessant; ze zijn in de periode 1655-1660 ontstaan en vertonen een aantal meer of minder revolutionaire nieuwigheden (Pl. 173-188). Opvallend is vooral een nieuwe vorm van het vizier, namelijk het ringvizier, dat met een band om loop en lade heen geschoven zit; verder een volledig in de vorm van een zilveren cherubijnekopje en een trekkerbeugel met aan voor- en achterzijde gevorkte krop, waarvan de voorste vork gevuld is met een opengezaagd ornament. Aan de binnenzijde van de sloten valt een volledig ontwikkelde stoedel op (Pl. 173-177) van het type zoals dit buiten Nederland voor het eerst voorkomt op een geweer door Le Couvreux uit Parijs, dat omstreeks 1660 gedateerd wordt.[49]

Met deze nieuwigheden heeft Jan Knoop zich in de voorste gelederen van de Europese geweermakers van zijn tijd geschaard. Tot ca.1650 hadden de vuursteensloten in de Nederlanden meestal een platte slotplaat, kort daarna ontstaat een voorkeur voor slotplaten met bolle vormen. De overgangsfase tussen deze beide vormen wordt hier duidelijk geïllustreerd door het garnituur door Jan Knoop bestaande uit twee jachtgeweren waarvan het ene geweerslot nog plat is terwijl het andere reeds helemaal bol is.

Hoe modern de vuursteengeweren van Jan Knoop waren, blijkt bij vergelijking met een vuursteengeweergarnituur uit ca.1660, eveneens met een plat en een bol slot, door de toonaangevende Parijse geweermakers Thuraine en Le Hollandois (= Adriaan Reynier volgens Boeheim) (Pl. 189-193). Deze Le Hollandois heeft samen met Thuraine de Franse geweermakerskunst onder Lodewijk XIV nieuwe impulsen gegeven. Het hier afgebeelde geweer door de beide Parijse makers heeft bij voorbeeld nog een schroefplaat van de in Frankrijk toen nog gebruikelijke, aan het radslot ontleende archaïsche vorm. Het slot is nog niet van een stoedel voorzien.

Ook andere Utrechtse geweermakers in de periode rond 1655 tot 1660 blijken de bovengenoemde nieuwigheden in hun vuursteengeweren toe te passen, zoals Edvardt Abrahamsz de Moor, van wie slechts drie geweren bekend zijn. Twee daarvan vormen een garnituur dat op bestelling voor Carl Gustaf Wrangel is gemaakt, zoals blijkt uit zijn wapen op de schroefplaten (Pl. 194-204). Opmerkelijk is hier weer dat de ene slotplaat plat is en de andere bol. Ook hier weer een volledig ontwikkelde stoedel in beide sloten. Het ringvizier is hier een fase verder ontwikkeld dan bij Jan Knoop; het sluit nu alleen om de loop. Ook de trekkerbeugel vertoont een verdere ontwikkeling: de gevorkte einden van de beugelkrop zijn nu geheel gesloten en hebben gewelfde vormen gekregen. Het graveerwerk en de gesneden notehouten laden van dit garnituur zijn door zeker even kundige Utrechtse meesters uitgevoerd als bij de vuurwapens van Jan Knoop.

Een Utrechtse geweermaker van wie naast een aantal wapens wèl enige persoonlijke gegevens bekend zijn, is Jan Ceule. Deze geweermaker werd in 1660 eigenaar van een huis aan de zuidzijde van de Viesteech te Utrecht. In 1668 kwam hij in het bezit van het huis aan de noordzijde van de Viesteech waar 'de twee fransche pistolen' uithangen, vermoedelijk hetzelfde huis dat eerst in bezit was van Jan Knoop.[50] Verder weten wij dat Jan Ceule op 1 november 1669 is overleden. Aan de hand van een tweetal door hem vervaardigde vuurwapens kunnen wij stellen dat hij kort na 1650 werkzaam moet zijn geweest. Een door hem vervaardigd radslotpistool in Skokloster vertoont de kenmerken van radsloten rond 1650 (Pl. 91-93), waarbij de van binnen uit geschroefde haanstoedel nog niet de voor het Hollandse radslot karakteristieke niervorm heeft; bovendien heeft de van geel koper in reliëf gegoten kolfkap een profiel dat rond 1650 ook in Frankrijk voorkomt. Een praktische voorziening aan het radslot die ook bij radslotpistolen van Jan Knoop voorkomt, is het gaatje onder het rad waardoor men kon zien of de slagveer gespannen was.

Het is interessant om aan de hand van twee vuursteengeweren van Jan Ceule de ontwikkeling in de periode van 1650 tot 1660 te volgen. Bij het eerste geweer is het slot nog geheel plat, de loop is rond, de trekkerbeugel nog bijzonder eenvoudig, de kolf heeft nog de holle rug (Pl. 111, 112). Het tweede geweer heeft een hol slot, de loop is kantig, de trekkerbeugel heeft de massieve krop van omstreeks 1660, terwijl de kolf een vorm uit die periode heeft (Pl. 222-225). Kort voor zijn dood in 1669 moet Jan Ceule het vuursteenpistool hebben gemaakt dat het monogram van Koning Christiaan V van Denemarken (1670-1699) draagt. Het toont in vorm veel overeenkomst met gelijktijdige Franse vuursteenpistolen.

Een andere en wellicht belangrijkere Utrechtse geweermaker was Cornelis Coster. Hij werd op 4 juni 1668 eigenaar van een huis aan de Elisabethstraat, waarop hij in 1688 een hypotheek nam. Zijn naam wordt ook genoemd in een Vroedschapsresolutie van 20 maart 1687 in verband met een conflict over een partij lopen uit Essen (?) ('een groote quantiteyt Essische lopen') die hij buiten de stad Utrecht had laten beproeven en merken.[51] Verdere persoonlijke gegevens over hem ontbreken. Hij moet reeds lang voor 1668 werkzaam zijn geweest, aangezien zich in het Tøjhusmuseum een magazijnbuks bevindt die gesigneerd is *Cornelius Coster Utrecht Anno 1652* (Pl. 26, 27). Dit geweer heeft nog een plat slot en een kolfvorm zoals we reeds bij het kort na 1650 gedateerde geweer van Jan Ceule zagen. De gegraveerde versiering op het slot is duidelijk op Franse voorbeeldenboeken gebaseerd. Een bijzonder interessant achterlaadgeweer door Coster in het Tøjhusmuseum moet op grond van vorm en decoratie ook in het begin van de jaren vijftig gedateerd worden (Pl. 113, 114). Een geweer dat omstreeks 1688 gedateerd kan worden, bevindt zich eveneens in het Tøjhusmuseum (Pl. 252, 253). Het is een voor die tijd zeker in de Nederlanden zeer modern geweer, dat alle stijlkenmerken vertoont van gelijktijdige vuurwapens door beroemde Parijse geweermakers zoals Piraube. Het is een duidelijk voorbeeld van wat Lenk de klassieke Lodewijk XIV-stijl heeft genoemd:[52] als kenmerken noemt hij onder meer dat de onderkant van de slotplaat vlak voor de haan opwaarts en achter de haan weer omlaag buigt; de voorzijde van het staal is gedecoreerd met een wratachtig uitsteeksel; de loop is verdeeld in een aantal secties die door reliëfbanden gescheiden zijn en van achtkantig naar rond verlopen.

Een al even inventieve Utrechtse geweermaker was Jan Flock, die waarschijnlijk afkomstig was uit Solingen. Uit bewaard gebleven vuurwapens en documenten blijkt dat hij van ca. 1650 tot na 1673 moet hebben gewerkt. Zijn werk omvat onder andere drieloopsdraailoopgeweren en pistolen met vuursteensloten, zelfspannende radslotwapens en pistolen met afschroefbare lopen (Pl. 151-177). Hoewel de gegraveerde versieringen op veel van deze wapens wat provinciaal aandoen, munten de vormgeving en de technische afwerking van deze wapens uit door een hoge mate van originaliteit. De overwegend platte vuursteensloten aan de draailoopgeweren en pistolen hebben vernuftige mechanische voorzieningen, waardoor bij het draaien van de lopen automatisch de haan wordt gespannen en de pan gesloten. Ter vergelijking wijzen op een vierloopswendergeweer door Arnold David uit Luik, dat in dezelfde periode is ontstaan (Pl. 149, 150). Bij de zelfspannende radsloten wordt de slagveer gespannen wanneer de haan boven de pan wordt gebracht. Dit systeem werd ook toegepast door de Maastrichtse geweermaker Sievaert Kitsen (Pl. 169-172). Beide groepen wapens kunnen gedateerd worden in de periode 1650-1660. Het vuursteenpistool met afschroefbare loop, dat overeenkomst vertoont met soortgelijke pistolen uit Engeland, onder andere door Harman Barne te Londen, kan men in de tweede helft van deze periode dateren.

In Skokloster en het Tøjhusmuseum bevindt zich ook een aantal wapens door de Utrechtse geweermaker Peter Meesen, die alle in de periode omstreeks 1655-1660 te dateren zijn. Misschien het vroegste hiervan is het vuursteendraailoopgeweer uit Skokloster (Pl. 121, 122). Dit geweer doet in bepaalde opzichten ouderwets aan, onder andere in de vorm van de kolf. Het slot is interessant als overgangsvorm van het platte naar het bolle slot. Ook het dubbelloopsvuursteenpistool in het Tøjhusmuseum heeft dit overgangsslot, ditmaal gecombineerd met een ouderwets aandoende trekkerbeugel (Pl. 125-127). De technische uitvoering van deze wapens getuigt van inventiviteit. Peter Meesen heeft het probleem van het afvuren van twee lopen met één slot opgelost door een dubbele pan, waarvan het bovenste deel verschuifbaar is.

Geen vuurwapen in de eigenlijke zin van het woord is het windroer in Skokloster (Pl. 123, 124). Hiermee werd de kogel niet weggeschoten door de gasdruk van het ontbrandende kruit, maar door de druk van door een veer samengeperste lucht.[53]

Het feit dat luchtdrukwapens in de 17e eeuw een grote populariteit genoten, hangt samen met de interesse voor de natuurwetenschappen en de lust tot experimenteren. Een praktisch voordeel van luchtdrukwapens was dat zij vrijwel geluidloos waren; hierdoor waren zij bijzonder geschikt voor personen die een aanslag wilden plegen. Zo werden in 1655 in Engeland plannen voor een aanslag op Cromwell ontdekt die uitgevoerd had moeten worden met een windroer uit Utrecht, dat 150 passen ver kon schieten. Utrecht blijkt wat betreft de vervaardiging van windroers een zekere reputatie te hebben gehad.

Van Caspar van Dinckel, die in 1667 in Utrecht *Stadsconstapel ofte Stadsproefmeester* werd,[54] bevindt zich in Livrustkammaren en Skokloster een tweetal pistolen uit ca.1695 (Pl. 115-120), waarvan het ene een nog geheel plat vuursteenslot vertoont, terwijl het andere de eerder genoemde overgangsvorm heeft. Beide pistolen hebben de in Utrecht in deze periode populaire in reliëf gegoten geelkoperen kolfkappen. De voorstellingen op deze kolfkappen zijn meestal gevechtsscènes met ruiters en fabeldieren.

Maastrichtse ivoren pistolen
Een wel bijzonder spectaculaire groep pistolen is vermoedelijk omstreeks 1660 in Maastricht ontstaan. Al deze pistolen hebben gemeen dat zij een geheel uit ivoor gesneden lade bezitten, waarvan de kolf de vorm van een kop heeft (Pl. 226-231, 235-243).[55] Deze koppen zijn in drie groepen te verdelen: 'Romeinse' koppen met lauwerkrans; mannenkoppen met snor en antiquiserende helm; en koppen met tulband of Poolse muts. De uitvoering van alle groepen is zo verwant dat ze zeer waarschijnlijk uit één atelier stammen. Aangezien de meeste van deze pistolen zijn voorzien van sloten gemaakt door Maastrichtse geweermakers zoals Johan Louroux, Jacob Kosters en Leonard Cleuter, kan men ook dit ivoorsnijatelier in Maastricht plaatsen. Weliswaar is een kleine groep van deze ivoren pistolen door Akense geweermakers gesigneerd, maar het merendeel is toch uit Maastricht afkomstig. De periode waarin ze zijn vervaardigd, is betrekkelijk kort geweest en moet op grond van de toegepaste sloten en beslag gesteld worden op weinige jaren omstreeks 1660. De veronderstelling dat de uit Dieppe afkomstige ivoorsnijder Jean Mansel, die van 1687 tot ca.1700 in Maastricht heeft gewerkt, ook de maker van de ivoren laden is geweest, wordt hierdoor onwaarschijnlijk.

Franse invloed
Een vuursteenpistool en een vuursteengeweer door Rutger Nuwenhusen uit Utrecht, beide uit ca.1660 (Pl. 242-245), tonen in hun decoratie duidelijk elementen uit de gravures van Jean Berain uit 1659; toch komt de toegepaste vereenvoudiging van de Berain-ornamenten hier eerder het wapen ten goede.[56] Een twintig jaar later werd invloed van de Franse stijl van geweermaken overheersend in de Nederlanden. De ornamentgravures van Simonin uit 1685, die zelfs ook in Nederland werden uitgegeven, hebben daarbij een grote rol gespeeld.[57] Als voorbeeld van deze stijlontwikkeling kan het pistool van Pieter Starbus uit Amsterdam dienen. Starbus was afkomstig uit Pommeren en heeft maar van 1684 tot 1687 in Amsterdam gewerkt, waar hij onder meer een garnituur voor de Deense koning maakte. Op het hier afgebeelde pistool zijn zowel de gravering van de slotplaat als de vorm van de schroefplaat ontleend aan Simonins voorbeeldenboek uit 1685 (Pl. 246, 247). Het pistool zal dus gemaakt zijn tussen 1685 en 1687. In 1687 ging Starbus naar Zweden, waar hij voor koning Karel XI werkte.

Uit het voorgaande overzicht van Nederlandse vuurwapens uit het midden van de 17e eeuw blijkt niet alleen iets van hun kwaliteit, maar ook van de hoge mate van zelfstandigheid waarmee de Nederlandse geweermakers te werk gingen, ook als ze elementen aan werk van Franse geweermakers ontleenden. Soms is het bijzonder moeilijk om uit te maken of bepaalde kenmerken van een vuurwapen van Franse of van Nederlandse origine zijn. Sommige ontwikkelingen komen tegelijk in Frankrijk en in Nederland voor, andere zijn duidelijk het eerst in de Nederlanden aanwijsbaar. Speciaal in de jaren vijftig en zestig van de 17e eeuw kan men vaststellen dat de beïnvloeding wederzijds is.

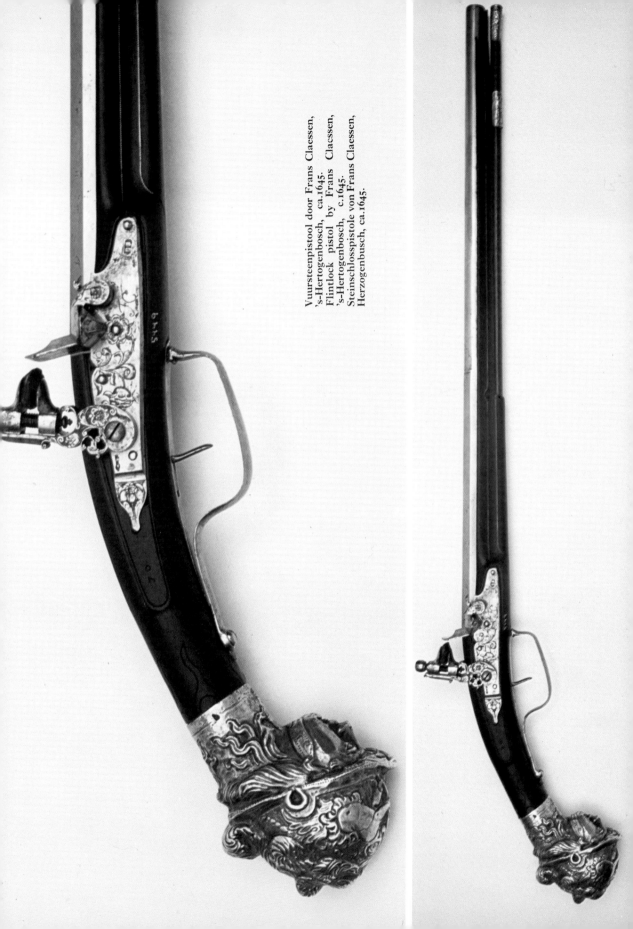

Vuursteenpistool door Frans Claessen, 's-Hertogenbosch, ca.1645.
Flintlock pistol by Frans Claessen, 's-Hertogenbosch, c.1645.
Steinschlosspistole von Frans Claessen, Herzogenbusch, ca.1645.

Geweer met halfspannerslot, ca. 1640.
Gun with half-cock lock, c. 1640.
Flinte mit Halbspannschloss, ca. 1640.

17th century gunmaking in the Low Countries

Introduction
After the revolt that started in 1567 against Spanish domination, the Low Countries comprised the following territories: the Northern Netherlands (the Republic of the United Netherlands), the countries of the Generality (Brabant), the dukedom of Gueldres, the principality of Liège and the Spanish and French Netherlands.

The Low Countries remained in continuous contact with both neighbouring and more distant countries like Ostfriesland, the Rhineland, Lorraine, England and Scandinavia.

The territory never became a political unity, but in some respects it was a community of mutual economic interests. The prosperity of the Dutch Republic—resulting from its very favourable situation at the crossroads of trade—proved a great attraction to entrepreneurs and craftsmen, leading to a continuous migration from south, east and north.

The manufacture of firearms
From 1590 to 1600, Prince Maurits of Orange instigated a far-reaching reorganisation of the army of the Dutch Republic, and his standardisation of armament necessitated a large supply of more or less standardised weapons.[1] At first, this supply came mainly from Germany. Besides complete arms, parts like locks, stocks and barrels were also imported. These parts were often incompletely finished, which led to a form of industry whereby the parts were finished and fitted with stocks and furniture upon receipt. It was a kind of home-manufacture—merchants supplying the parts and materials and then buying the finished weapons and re-selling them.

Firearms manufacture for military purposes was concentrated in the cities and was organised in accordance with the municipal and guilds ordinances. In some cities—such as Dordrecht, Rotterdam, Delft and Amsterdam—a staple market in arms came into existence. Not only firearms were involved but also swords, pikes, armour, bandoleers, drums, ordnance and even flags.[2]

The growing export of arms and the disappearance of a part of the import as a consequence of the Thirty Years War and the attendant destruction of production centres in Germany (Suhl was destroyed by the Swedish army in 1634) brought about the rise of arms manufacture in the Northern Netherlands.

Apart from production for military purposes, in many Dutch cities there was a smaller production of firearms for civilians. And prosperous citizens increasingly permitted themselves the indulgence of relatively costly firearms. Next to hunting-guns, there were target-guns and more luxurious semi-military firearms for the city militias. The raw materials for firearms production were abundantly available on the Dutch market.[3] Iron and steel were imported in various qualities, principally from Sweden and from Siegen, in Germany, and in many cities brass was made from Swedish copper and calamine from Limburg. In addition to walnut, tropical wood came from Brazil and Ceylon. And ivory, mother-of-pearl, bone, silver, gold, enamel and precious stones were used in the manufacture of firearms.

Incredible quantities of military firearms were exported to several European countries. For example, between 1625 and 1627 the agent of the Danish Crown, Paul de Wilm, bought 22,400 muskets in Amsterdam at an average price of six guilders;[4] in c.1630 the Amsterdam merchant house of Trip mediated in the supply of 50,000 muskets for Russia;[5] and between September and October 1658 the commissary of the Czar of Russia in Amsterdam, John Hebdon, was able to buy 12,500 muskets from different Amsterdam dealers.[6]

There was also a large export of luxury weapons for civilian use, and in this book the emphasis is on the civilian side of production—showing the extent to which the international reputation of some seventeenth-century gunmakers in the Netherlands was deserved. The great increase in the numbers of firearms produced did not diminish their quality, for municipal authorities instituted measures for quality-control—the execution of which rested with the guilds. Indeed, quality control in Amsterdam and Utrecht was maintained at such a high level that guns proved in these cities enjoyed a special reputation.

Types of firearms
Military and civilian requirements coincided up to a point—as is shown below—but firearms for military use were generally of cruder construction than their counterparts for civilian purposes.

Military firearms	*Civilian firearms*
Muskets	Muskets
Calivers	Calivers
Pistols	Pistols
Carbines	Hunting guns
Blunderbusses	Hunting rifles
Magazine-rifles	Target guns
	Air-guns

The musket had been in use in the Spanish Army since the middle of the sixteenth century, and it was

33

probably introduced into the Netherlands by the Spaniards in c.1560. Under a Regulation of 6th February 1599 muskets were issued to the army of the Dutch Republic, and these were matchlock guns of such weight that they had to be supported by a rest when fired. They weighed approximately 6,5 kilogrammes, and their heavy barrels were drilled to a calibre of approximately 18,6 millimetres.

According to the same Regulation, the caliver was a lighter version of the musket. It weighed somewhat less than 4 kilogrammes, the barrel drilled to a calibre of approximately 15,9 millimetres, and it could therefore be fired without a support.[7] During the seventeenth century the musket was gradually replaced by the caliver, which lost its own name and became known as a musket.

Muskets and calivers in the Northern Netherlands had their own specific forms, generally based on Spanish examples but more particularly conforming with the Regulation of 1599. Model muskets supplied by Dordrecht gunmakers were sent to the troops. Muskets and calivers for civilian use—such as those for the city militias—followed the pattern of the military arms. They were, however, more ornate and generally of better quality.

Military pattern muskets and calivers are illustrated in detail in Jacob de Gheyn's drill manual *The Exercise of Armes*,[8] and numerous paintings of groups of city militias indicate the weapons that were in use. Military muskets were fitted with matchlocks until c.1675, after which matchlocks were gradually supplanted by flintlocks.

As muskets and calivers could not be used on horseback, a more manageable firearm was needed for the cavalry. Cuirassiers were equipped with pistols, for which the Regulation of 1599 required a 2-foot-long barrel; and harquebusiers were equipped with a carbine having a barrel of no less than 3 feet in length. The carbine (bandelierroer in Dutch) was worn on a bandoleer connected with a hook.

The Regulation of 22nd October 1639 states the calibre of the pistol and the carbine more precisely.[9] Both arms were probably fitted with a wheel-lock. In the last quarter of the seventeenth century, the wheel-lock in carbines and pistols was replaced by the less complicated and cheaper flintlock.

A characteristic gun used for combat at close range both on land and sea was the blunderbuss. This was a gun of large calibre capable of being loaded with a number of bullets at once (Plates 17, 18). The earliest specimen of this type still in existence is a matchlock blunderbuss c.1575 in the Westfries Museum at Hoorn. Typical of the earlier seventeenth-century blunderbusses is the tapering barrel. Another type of seventeenth-century blunderbuss, often fitted with matchlock or snaphance-lock, has a long cylindrical barrel. Besides wrought-iron barrels, blunderbusses could have cast brass or soldered brass barrels. The English word 'blunderbuss' probably derived from the Dutch word 'donderbus' at the end of the sixteenth century.

Pistols for civilian use were fitted with flintlocks at a much earlier date than military pistols. In spite of its small dimensions, the pistol was much better suited to the application of different forms of decoration than the larger guns, the surfaces of which had to be smooth for easy handling. The development of style and fashion is therefore more evident in pistols.

In the seventeenth century pistols were bought by civilians mostly for self-defence, although they were also used for hunting. And during that century several specialised types of hunting-gun were developed to the needs of different hunting methods. There were heavy rifles, light rifles, guns and shotguns with long smooth barrels of large calibre for shooting sitting birds; and there were shorter guns with smooth barrels for shooting birds in flight.

The city militias practised target-shooting at special firing ranges ('stadsdoelen') within their city. They used a gun of typical form—the target-gun (Plates 22, 23). Such guns had elaborately decorated stocks fitted with heavy support blocks; and they had beautiful fluted barrels of a traditional type originally made in Flanders. At a later date these barrels were also made in the Northern Netherlands. Many of the target-guns remained in use with the city militias throughout the seventeenth and eighteenth century. As long as the target-shooting tradition survived the guns underwent little change. Even in the eighteenth century target-guns were made with matchlocks, snaphance-locks, wheel-locks and flintlocks.

Types of locks

The matchlock musket was introduced into the Netherlands in the second half of the sixteenth century by the army of the Duke of Alba, and towards the end of the sixteenth century it took on a distinct Dutch shape: the rectangular iron or brass lockplate often had dolphin-shaped ornaments on both ends, and the upper-part of the cock would be in the shape of the head of a snake or monster. The muskets made in accordance with the Regulation of 1599, as illustrated in Jacob de Gheyn's *The Exercise of Armes* (1607), have this type of lock in a simplified form; and they remained in use until well after the middle of the seventeenth century (Plates 1, 12, 13). The matchlock musket of the second half of the seventeenth century followed the development of the flintlock in shape—a transition from flat to convex form.

As for the wheel-lock, Dutch gunmakers mainly followed German examples at the beginning of the seventeenth century (Plates 14-16). But in the 1640s French influence increased. From these combined influences a characteristic Dutch wheel-lock shape emerged towards the middle of the seventeenth century, its features being a convex lockplate, an exterior wheel held by a single support on the lower side, and a bulbous bridle over cock and cock-spring screwed from the inside of the lockplate, and the typical baluster-shape of the neck of the cock (Plates 91-93). The wheel-lock was relatively efficient in comparison with the matchlock, but its complicated construction made it expensive and vulnerable: repairs could be made only by highly competent craftsmen.

The emergence of the snaphance-lock therefore meant a great advance. Less costly than the wheel-lock, it was —even under adverse circumstances—at least as reliable. Some authors have attributed its invention to the Netherlands; but apart from the word itself ('snaphaan', or brigand), there is little evidence of the existence of this type of lock in the Netherlands before 1600. In Scandinavia, Scotland and England, however, much earlier examples are known. The appearance of the snaphance-lock in the Low Countries coincided—probably not by chance—with strong contacts between the Netherlands and Scotland, England and Scandinavia. Large contingents of Scottish and English troops served in the army of the Dutch Republic and were garrisoned in Dutch cities; and intensive trade relations existed between Scandinavia and the Netherlands.

The earliest dated snaphance-lock still in existence in the Netherlands was found in the remains of a house built by a Dutch expedition on the Russian island of Novaya Zemlya (1596). It is most probably of Scandinavian manufacture.

Doubtless inspired by Scottish and English examples, a Dutch type of snaphance-lock emerged at the beginning of the seventeenth century (Plates 22, 23), its characteristics being the baluster-shaped necks of cock and steel and the convex or shell-shaped fence on the side of the pan.

The flintlock, developed in France between 1610 and 1615, made guns much more suitable for the shooting of birds in flight. It was soon fitted with a half-cock arrangement that made it possible for a loaded gun to be carried safely and prepared for shooting with one movement. Pan-cover and steel were combined in a single unit, thus improving the functioning of the lock and reducing the number of parts.

At what date the flintlock was first introduced into the Low Countries is not known exactly because of the confusing terminology in contemporary documents. The word 'vuurslot' (fire-lock) was used indiscriminately for both wheel-lock and flintlock, and the word 'snaphaan' (snaphance) was used throughout the seventeenth century for guns with snaphance-locks as well as flintlocks.

The earliest guns with flintlocks that can be attributed to the Low Countries with certainty do not antedate the period from 1630 to 1640. They were made in the Maastricht-Aachen region. Their most outstanding feature is the massiveness of their locks, which differ in both mechanism and shape from contemporary metropolitan French examples (Plates 30-39).

Not much later in date is a series of signed firearms from 's-Hertogenbosch, The Hague and Utrecht. They carry the signatures of Frans Claessen of 's-Hertogenbosch, Jan Incoer of The Hague and Geert Pauelsen van Stalborch of Utrecht (Plates 42-48, 53-55). French influence is apparent in the slender flat lockplates and graphic decoration of these guns.

At about the middle of the seventeenth century both flat and convex lockplates were made in the Low Countries, but in the second half of the century convex shapes became more popular.

Guilds

Considerable numbers of gunmakers were working in most cities of any importance in the Netherlands at the beginning of the seventeenth century, and they were organised into guilds. There were some working in rural areas, of course, but the majority lived in cities like Amsterdam, Arnhem, Breda, Bergen op Zoom, Coevorden, Delft, Dordrecht, Groningen, 's-Gravenhage (The Hague), Haarlem, 's-Hertogenbosch, Hoorn, Leiden, Maastricht, Middelburg, Rotterdam, Utrecht, Vlissingen (Flushing), Zierikzee and Zutphen. Particularly large numbers of gunmakers worked in Amsterdam, Utrecht, Maastricht and The Hague; and in Amsterdam alone there were more than in the three other cities together.

Craftsmen from two guilds were employed in the manufacture of firearms. Those making barrels and locks belonged to the smiths' or St. Eloy's Guild, and those who fitted these iron parts into wooden stocks belonged to the carpenters' or St. Joseph's Guild. The position of gunmakers and stockmakers in the guilds was not always very clear. They tended to be dissatisfied with their lack of influence and they resented the fact that they had to submit their 'masterpieces' (test pieces) to guild-masters who were not specialists in the gunmaker's craft. Consequently, they aspired to establish their own craft-guild within the smiths' guild so as to be represented in the executive body of that guild.[10] This was achieved in Amsterdam in 1672, but in some cities the gunmakers never reached their goal.

To become a master in a guild one had to meet certain requirements—citizenship of the city in question being one of them. Despite the high costs involved in acquiring citizenship, it nevertheless remained attractive to immigrant gunmakers thanks to their relatively high income even when they worked as apprentices. Once accepted as a master, an entry-fee was due. The most important requirement then was the delivery of a masterpiece, which was meticulously defined for each craft. The masterpiece for gunmakers consisted of a gun-barrel and a gun-lock, or just a gun-lock. Although there were some local differences, the masterpieces required by most city guilds showed a high degree of conformity with each other, as is evident from the following regulations:

Bergen op Zoom (1587): Masterpiece for gunmakers: a four-foot barrel with a firelock, made without brazing, and a spanner.[11]
Utrecht (1601): Masterpiece for gunmakers: a good firelock.[12]
Dordrecht (1626): Masterpiece for gunmakers: a four-foot barrel, straight inside and outside. Masterpiece for lockmakers: a double lock, the lockplate not brazed.[13]
Utrecht (1629): Masterpiece for gunmakers: a five-and-a-half-foot barrel, weighing between three and four pounds, shooting a ball between thirty and forty to the pound, straight and round inside.[14]
Utrecht (1636): Masterpiece for gunmakers: a good firelock.[15]
Leiden (1657): Masterpiece for gunmakers: a steel firelock.[16]
Amsterdam (1692): Masterpiece for gunmakers: a well-grooved flintlock with a whole bridle, as will be shown to the gunmaker by the executive of the guild.[17]
Maastricht (1708): Masterpiece for gunmakers: copying a flintlock, in conformity with the one that will be shown to be made with his own hand in a gunmaker's workshop.[18]
Utrecht (1711): Masterpiece for gunmakers: a wheel-lock, now no longer in use, and in the future a good fine flintlock with a bridle.[19]
Nijmegen (1749): Masterpiece for gunmakers: a flat grooved flintlock and a carved walnut hunting-gun stock with brass mounts.[20]

The 1692 Regulation from Amsterdam states further that a period of six weeks was allowed for the completion of the masterpiece. Regulations concerning masterpieces for stockmakers are less numerous:

Amsterdam (1667): To furnish a brace of pistols and a carbine, both in the way as practised in The Hague, and a target-gun.[21]
Maastricht (1708): To make a stock for an ordinary flintlock gun, leaving enough room for springs and bridle; also a ramrod according to the calibre of the gun, fitted in such a way that it does not touch the bayonet, the ramrod not protruding further than the barrel, which must fit well into the stock.[22]

On failing the test, another whole year had to be spent as apprentice before a second chance was given. But once a master, the gunmaker could take into his service apprentices of his own, who had to pay their way. An apprentice who ran away from his master could not be taken into service by another master.

Regarding working-hours, an Amsterdam regulation of 1641 states: 'No one will be allowed to work before 4 a.m. and after 8 p.m.' On special occasions a master could obtain his guild's permission to work late for two or three nights—provided that he paid a penny to the poor for each night's overtime.[23]

The introduction of horse-driven machinery in Utrecht and Amsterdam marked the growth of the gunmaker's trade from its state of pure home-industry. A further step was taken in Amsterdam after 1672. To prevent a shortage of firearms for the defence of the city, a municipal manufactory was established. The burgomasters of Amsterdam commissioned Jan Flock, a well-known gunmaker from Utrecht, to fit stocks and brass mounts to the barrels they would provide. Barrelsmiths Hendrik van Essen and Jean and Pierre Minet from Charleville entered into a contract to deliver their whole production of barrels for muskets, flintlocks, calivers, pistols and carbines to the city. In turn, the city provided them with workshops and horse-mills for boring and grinding barrels.

In 1691 the burgomasters appointed Lubertus van den Burg from The Hague as city-master barrelsmith, for whom the architect Steven Vennekool built a factory on the River Amstel, between Prinsengracht and Kerkstraat. It included a 'laboratory' with six fires, a house for the master and eight houses for the apprentices. Lubertus van den Burg was succeeded by his son Cornelis, after whose death Matthijs Flock was appointed. In 1704 Flock publicly sold his predecessor's tools[24] (advertisement in the *Amsterdamsche Courant* of 16th August 1704) 'consisting of lathes, chopping benches to cut spindles for coin and cloth presses; a small lathe with gouges and other parts; bellows, anvils, bickerns, clean screws, hammers, tongs, files, lamps, moulds; everything to do with making large clocks and small watches, barrel-smithing, coppercasting, armourers, pyrotechnical tools, all sorts of finished cartridges.'

Proving and proofmarks

In addition to the requirements of craftsmanship put forward by the guilds, the cities established their own standards of quality and safety for finished firearms—'for the advancement of commerce and to prevent all mishaps and damage.'[25] This was a natural sequence of events. The safety of guns was dependent upon the quality of their barrels, and therefore barrels had to be proved: for the reputation of a city's gunmakers would not be enhanced by frequent accidents.

The quality of stock, lock and furniture was also subject to certain regulations. Although the proving of barrels had been practised in Amsterdam since the sixteenth century, the earliest known regulation concerning the proving of firearms dates from 1603. The following document gives evidence that the proof-masters of the city of Dordrecht inspected barrels, locks and mounts of guns before putting the city proof-mark on them; but there is no mention of an actual proving of barrels:

The government of the city of Dordrecht decrees at the request of the Guild of Smiths and Gunmakers that all gun-barrels and locks which they make or will make must be properly marked with the coat of arms of this city so as better to recognise the works made here and to prevent all scandal and misunderstanding. The Guild will choose three persons who will mark the works with the city's coat of arms. The stamp will be kept in a box of which two will have a key each while the third will keep the iron, and whoever of the Guild-brothers will have any barrels, guns or muskets, fire-locks or matchlocks or any other new work belonging to guns numbering more than half a dozen all wrought and furnished, then the same proof-masters will be held to come to the house of the one who made the work to view and mark it with the aforementioned stamp. But if somebody wishes any work to be viewed and marked numbering less than half a dozen, then he will have to bring his work to the proof-master who keeps the stamp and summon the other proof-masters.

Nobody will be allowed to let any work go out of his house without being marked, at a fine of six guilders for each piece, be it large or small. The proof-masters will be paid for a musket-barrel a penny, for the barrel of a caliver or a firelock a farthing and for a matchlock and for a musket-rest a doit, which they will divide equally into three.

Each year two proof-masters will resign and two others will be elected in their place. The third will be nominated by the common Guild-brothers for two years which action and election shall happen on the first of June. Any dispute or misunderstanding will be decided by the common Guild-brothers of the gunmakers. 9 June 1603.[26]

The Amsterdam regulation 'on working and proving ordnance' of 21st October 1604 mentions the proving of barrels before they were marked with the city-stamp. How the proving was done is not clear. Article I of the regulation mentions six sworn proof-masters. Article XXIV stipulates that only the best grained gunpowder must be used in proving muskets and calivers. Article XXV directs the proof-masters to see that no ships or boats are in the way to prevent damage and accident.[27]

In 1624, the regulation of 1604 was modified to prevent muskets and calivers being sold in the city without having been proved and marked by the city proofmasters ('stadsproefmeester', 'stadsconstapel', 'stadsbusschieter'). How the proving was carried out is explained in a document of 7th September 1638 in which one of the Amsterdam proof-masters made a declaration under oath:

Jan Symonsz Lootsman, 36 years old, proofmaster in this city of cannon muskets and calivers, has declared and testified under oath at the request of the honourable Abraham Woutersz, living in Rotterdam, how in proving barrels of muskets in this city nothing else is observed than that ball and gunpowder are of the same weight and that the barrels are bored so truly that a ball of twelve in the pound can run freely to the breech-plug and to know that the ball can run to the breech-plug the witness and his colleagues utilise an iron ramrod at the end of which a sphere is fixed of the thickness of a ball of twelve in the pound. These ramrods they put in the barrels to test them.[28]

This special ramrod was still used by proof-masters twenty-five years later. It is mentioned in a resolution of the board of directors of the United East-India Company dated 7th April 1663:

The Chamber of Amsterdam will send to the respective chambers a ramrod on one side of which will be a sphere of twelve in the pound and on the other side one of eighteen in the pound.[29]

The Amsterdam regulation of 31st January 1695 laid down that no imported barrels or barrels made in Amsterdam could be exported without first being proved; only the East-India and West-India companies were exempt.[30]

Very elaborate descriptions of the task of the Utrecht proof-master can be found in the *Instructions for the proof-master of this city* of 1628, modified in 1659 and 1667:

I
He will thoroughly inspect the gunpowder and charge no

barrels for proving other than with good, fresh and dry gunpowder, not letting them out of his hands before proving.

II
Having inspected and approved the gunpowder, he will charge the barrels himself with so much gunpowder as each bullet weighs; he must settle the bullet, which must close tightly, with an iron ramrod.

III
He will not be allowed to prove barrels brought from elsewhere or sign them with this city's coat of arms unless their stocks are made here.

IV
He will not charge barrels which he finds to be too greasy inside, because this will take away the power of the gunpowder.

V
Having thus charged the barrels in good order, the proof-master will be held to prove them in the place ordained and nowhere else.

VI
To prevent accidents and damage, he will lay down the barrels and put fire in them without putting them upright for proving.

VII
The proof-master will be held as often as he is requested to come immediately for proving without delaying the sellers. Members of the Barrelsmiths or Stockmakers Guild will be allowed to be present at the proving.

VIII
The barrels being proved, he will view them to see if any tears or bad faults have occurred. Those he finds to have remained well, he will mark with the coat of arms of this city and two letters of his name before he will be allowed to depart.

IX
The proof-master will enjoy for the proving and marking of each barrel, be it of muskets, calivers, pistols, large or small, not more than a halfpenny each.
11th April 1659.

Additional instruction in the same clause, 17th June 1667:

IX
To prevent accidents and damage he will lay down the barrels in such a way that they are supported from behind by a beam or iron bar and covered from above with iron bolts or bars so as to prevent them from jumping up or back.

X
The proof-master will mark the barrels, after having withstood the proving, as follows: all kinds of barrels made in this city with the coat of arms of this city crowned with fleurons; musket-barrels brought from elsewhere with the same coat of arms with a crown with simple pearls; but on barrels of wheel-lock guns, pistols, carbines, flintlock guns and all other such smaller or fine works made in other cities will be stamped the aforementioned coat of arms without crown.

The proof-master must prove the barrels with their breech-plugs made for each barrel and remaining therein, firing the barrels for proving in the touch-hole where the pan is fitted.[31]

Municipal proving of firearms certainly existed in Dordrecht, Amsterdam and Utrecht; regulations concerning the proving of firearms are known from Nijmegen and Flushing; and proof-marks are recorded from Bergen op Zoom, Haarlem, 's-Hertogenbosch, Hoorn, Maastricht and Middelburg. It may therefore be assumed that many other Dutch cities also knew municipal proving of firearms.

Early wheel-lock, matchlock and snaphance-lock firearms

The importance of Amsterdam as a market for firearms of quality at the end of the sixteenth and the beginning of the seventeenth century is illustrated by the number of guns with the Amsterdam proof-mark now to be found in many countries. This refers especially to muskets. The earliest examples are wheel-lock muskets of elaborate workmanship, often made for city militias in the Netherlands. The locks of these weapons were sometimes imported from Germany and sometimes made in the Netherlands, in which case the German models were copied without modifications. Besides the Amsterdam proof-marks, some barrels carry other marks. This could mean that they were imported half-finished and were then finished and proved in Amsterdam. These barrels were often fitted with brass tube-sights decorated with a turbaned head. Stocks were of a characteristic shape suitable for supporting the gun against the breast, their upperside having a deep thumb-groove. Nearly all of the remaining examples of this type of musket have stocks with inlays of engraved bone, mother-of-pearl and brass. Such weapons were also made in other cities, as is evident from a wheel-lock musket with the city-mark of Haarlem (Plates 9, 10). Livrustkammaren, in Stockholm, possesses a number of wheel-lock muskets captured in 1621 at Mitau in Kurland.[32] The musket illustrated in Plates 6–8 is dated '1596' on the stock, and its barrel carries the Amsterdam proof-mark. A second group consists of matchlock muskets following the model of the military musket of 1599 in construction and shape. Locks and barrels are of great simplicity, but the decoration on the stocks is often very elaborate. Typical for the matchlock muskets that were used by city militias is a decoration with large engraved mother-of-pearl plaques (Plates 12–16). A musket in Livrustkammaren, dated 1611, shows the extreme refinement of decoration on this kind of weapon. The inlays of engraved bone, inspired by the works of Virgil Solis, can stand up to any comparison. Gradually, the city militias exchanged these luxurious firearms for more simple ones.

In c.1625 many guns and pistols with snaphance-locks were exported from Holland. Survivals from these exports can be found today in the Ducal Palace in Venice and in the collections of the Kremlin and Hermitage in the Soviet Union.[33] Dutch snaphance-guns in these collections have lockplates that seem to be derived directly from the wheel-locks that were made in c.1600 in the Netherlands. A few years later, Dutch snaphance-locks had elongated lockplates with straight undersides that could have derived from Scottish and English examples (Plates 22, 23). This last form of Dutch snaphance-lock exerted influence on the development of the flintlock in France.

Early flintlocks

It seems well established that the flintlock originated in France in c.1610; and the first flintlock guns were made for the French Court. Louis XIII took an active interest in firearms, as is evident from his collection—the 'Cabinet d'Armes'—most of the guns from which are still in existence but dispersed.[34]

After a preliminary experimental period, the flintlock had been widely adopted in the northern parts of France by 1625. Its earliest application in the Netherlands occurred in c.1635 in the Limburg-Rhineland region. Here pistols were made with oval butt-caps and angular barrels, and hunting guns had round barrels; both were very long and had nearly flat lockplates of massive appearance (Plates 30–34). A remarkable detail of these lockplates is a deep recess on the upperside, between cock and pan. The cocks are very straight, and the steel-springs are often on the inside of the lockplate. The locks are very sober in execution. Perhaps the sparing decoration was carried out by the gunmakers themselves. Although some of these weapons are stamped with marks, identification is still difficult. A barrel of one of the pistols in this group carries a mark (Støckel 2260–2262)[35] that remained in use in Maastricht throughout the seventeenth century.

The only signed weapon in this group is a gun inscribed on the barrel 'Mattheus Nutten in Ach' (Aachen). The underside of the barrel is stamped with a fleur-de-lis resembling the silver-mark of the cities of Roermond and Charleville (Plates 35, 36).

In Skokloster, a garniture of a gun and two pistols belonging to the same group is conspicuous for having two locks to each barrel (Plates 37–39). The barrels are stamped on their underside with a mark in the form of a jug—a mark also found on a very important group of guns dealt with on page 40. The jug-shaped mark was used as a city proof-mark not only in Flushing but also in St. Quentin (Northern France) and Jever (Ostfriesland). One of the earliest known turn-over guns (wenders) is also stamped with the jug-mark (Plates 40, 41). The idea of the turn-over gun originated in France in c.1620, and the system soon became very popular in the Netherlands. Large numbers of turn-over pistols were exported to England during the civil war.

Another group of firearms of the Netherlands c.1645 shows a much closer relationship to French examples than the Limburg-Rhineland group already mentioned. The examples shown in this group were made in 's-Hertogenbosch, The Hague and Utrecht. The locks, in particular, closely resemble those made by the Paris gunmakers of c.1640.[36] This striking resemblance must be attributable to the fact that model-books for firearms engravers became available in this period.

Dutch gunmakers liked to use ebony—brought to Holland from Ceylon by the East India Company—for their gunstocks. Ebony contrasted pleasingly with the silver butt-caps favoured by some gunmakers in 's-Hertogenbosch. These butt-caps were stamped in moulds in the shape of a helmeted head or combinations of human and animal heads, and when fitted to the pistol they were filled with sand. The ramrod-tip and the ramrod-pipes of these pistols were also executed in stamped silver.

One of the lockplates is signed with the initials 'F.C.', which probably stand for Frans Claessen (Plates 53–55).[37] It is known from a register of the smiths' guild in 's-Hertogenbosch, dated 1648, that all masters had their own mark. Frans Claessen is not mentioned in the register, so it can be presumed that he died before 1648.[38]

An elegant ebony-stocked flintlock rifle by Jan Incoer of the Hague was described by Carl Gustaf Wrangel in 1651 as: 'Ein gezoges Holländr. Karbinher mit bräsilies Holtz gefasset und einem Flinten shloss' (Plates 42–44).[39] ('A Dutch rifled carbine with Brazilian wood stock and a flintlock'). Jan Incoer was mentioned in 1641 as being head of the St. Eloy's guild in The Hague, and presumably he had been working as a gunmaker for some years before that date. In 1652 he was elected Dean of the Guild, which function he held until 1654.[40]

A gun by Gerrit Paulusz van Stalbergen—or, as he spelled the name himself, Goert Pauelsen van Stalboerch—is also described in Carl Gustaf Wrangel's 1651 inventory (Plates 45–48). This gunmaker is known to have sold 150 flintlocks and 10 pairs of pistols to an Amsterdam merchant in 1650.[41]

Firearms with decorations in high relief

A group of guns and pistols made in the period from 1640 to 1650 with decorations in high relief can perhaps be attributed to the periphery of the Low Countries because some of them are stamped with the jug-mark previously mentioned (Plates 60–84). These weapons can be divided into three groups:[42] first, with the chiselled ornaments arranged lengthwise on both sides of the barrel and sometimes repeated on lock and furniture (Plates 60–63); second, with the ornaments chiselled in less high relief and arranged in cartouches on the barrel (Plates 78–80); third, with the ornament chiselled in relatively low relief and consisting of numerous small figures (Plates 81–84). There is a great similarity between these firearms and a group of chiselled iron sword-hilts from the same period. The locks of the firearms in all three groups have in common their interior steel-springs—which left a larger surface available for decoration. There are no signatures on these lockplates. The differences in execution in the three groups make it improbable that all were made in the same production centre. The third group, which can be dated to c.1650, comprises a number of weapons marked 'à Sedan', which proves their French origin. In the second group, a number of guns have decorations very similar to designs in the model-book by François Marcou (Plates 53–55).[43] Other weapons in this group have decorations based on engravings by Crispijn de Passe II (1597–1670) (Plates 64, 65). These sources of ornament provide little help, however, in localising the guns. At most, one could say that the second group could have been made in the French Netherlands.

Developments in the middle of the seventeenth century

By about the middle of the seventeenth century, French fashions of gunmaking had penetrated into the Limburg-Rhineland region. This is evident from a flintlock turnover pistol by de la Pierre from Maastricht (Plates 85–87). It shows the same close resemblance to work of Parisian gunmakers like P. Thomas as could be seen, for example, in the carbine by Jan Incoer.[44] Worthy of note are the beautiful but impractical gilt and enamelled brass mounts. This type of decoration was also applied by Jürgen Dargeman of Stockholm to a wheel-lock pistol with Maastricht marks belonging to the coronation-saddle of King Karl X Gustaf of Sweden (Plates 88–90).

Gunmakers in Utrecht

Numerous existing well-executed wheel-lock and flint-lock guns prove that the manufacture of luxury firearms flourished in Utrecht from the middle of the seventeenth century. Gunmakers' clients wanted not only straight-shooting barrels and perfectly functioning locks but also artistic finish. This forced the gunmakers to solicit help from other craftsmen—woodcarvers for decorating stocks, silversmiths for silver furniture, brass-founders for brass furniture, and engravers for decoration and calligraphed signatures on barrels, mounts and locks. The gunmakers' trade thus gave work to many hands, as is evident from the following description of how a flint-lock was made.

First the gunmaker forged the lockplate and the other parts of the lock in steel, afterwards filing them to a good fit. The parts to be decorated could then be taken to the engraver. Engraved and finished parts had next to be hardened, the processes used being literally the secret of the smith. Generally, some kind of cementing process was used for hardening steel parts of guns: a mixture of oxhoof, rams-horn, ground glass, salt, vinegar and soot was put over the parts to be hardened and then they were heated for a period of time in a closed container, thus allowing carbon to penetrate the surface of the steel.[45] After hardening, the unsightly parts had to be polished and were sometimes blued or browned before being assembled.

Personal particulars exist about some of the gun-makers who were involved in the manufacture of high quality firearms in Utrecht after c.1650; and signed work from a larger group of gunmakers is held. But remarkably few firearms from the seventeenth century remain in the Netherlands. To see guns of seventeenth-century Dutch manufacture, one must turn to a number of foreign collections.

The work of Jan Knoop is a case in point.[46] A great number of his high quality firearms ended up in Scandinavia, and only a few of his products are still in Holland. Jan Knoop was first mentioned as a stock-maker in 1642, when he bought a house on the south side of the Viesteech in Utrecht. In 1664 he and his second wife, Antonia van Dieren, were owners of a house on the north side of the same alley, outside which hung a signboard with the inscription 'crowned French pistols'.[47] It is highly significant that a well-known gunmaker like Jan Knoop saw nothing wrong in recommending French pistols. He did not enjoy possession of the house for long, however, because after some legal difficulties it was transferred to another gunmaker, Abraham Jansen, in 1665. Documents prove that Jan

Knoop and his wife were still alive in 1678.

Knoop was a many-sided craftsman, as is evident from the great variety of firearms he produced. Existing are a matchlock musket, wheel-lock pistols, wheel-lock rifles, wheel-lock guns, flintlock pistols and flintlock guns signed by him. Throughout his career he was making wheel-lock pistols, thus remaining one of the last manufacturers of pistols of that type. And many of his wheel-lock pistols show an interesting rudiment of earlier French constructions (Plates 99-102):[48] the sideplate (in itself a modern element) has a shape derived from sideplates of French wheel-lock pistols, where it was a necessary constructional part needed to support the spindle of the wheel. But this function does not appear in Jan Knoop's sideplates. The stocks of the wheel-lock pistols are of ebony, sometimes with carved ornaments—and both stocks and carving were probably executed by Knoop himself. Barrels are always of superior quality; he often utilised German or Italian ones. The engraving on locks and furniture is certainly not of Jan Knoop's hand, however. A number of wheel-locks and flintlocks have an engraved decoration that was clearly executed by a single engraver. This is evident not only from the style of the engraving but also because these locks are marked with a small engraved stag—probably an allusion to the name of the engraver (Plates 99-106). Signatures, in a style of calligraphy that became fashionable in about the middle of the century, were probably executed by engravers and not by gunmakers themselves (which may account for the often curious misspellings of the names of gunmakers and cities).

The locks for a series of wheel-lock rifles made by Jan Knoop for the Norwegian Chancellor Ove Bielke may have been decorated by several engravers (Plates 128-148). Two of these rifles are dated on the barrel 'April 15th 1652' (Plates 128, 129). Although some of them seem of a somewhat earlier date, judging by the shape of their locks, this whole group can be dated to between 1650 and 1655. Three of these wheel-locks are marked on the inside with a lockmaker's stamp 'M Z' (Støckel 4092) and the proof-mark of the city of Hoorn; and a number of the silver-encrusted barrels used in these guns by Knoop are marked 'A I' (Støckel 1883), perhaps referring to Abraham Jansen. The barrels of three flintlock guns made by Knoop for Ove Bielke carry the same mark.

These flintlock guns are highly interesting in many respects. They were made in the period 1655 to 1660 and show a number of more or less revolutionary novelties (Plates 173-188): a new type of backsight in the shape of a silver ring encircling stock and barrel; a thumb-plate in the shape of a silver cherub's head; a trigger-guard forked in front and back, the front fork filled with an open-work ornament; and a fully-developed bridle over the tumbler of the flintlock (Plates 173-177) such as appears on a gun by the Paris gunmaker Le Couvreux dated c.1660.[49] With these innovations, Jan Knoop placed himself in the vanguard of the European gunmakers of that time.

Until c.1650, flintlocks in the Netherlands had flat lockplates. Shortly afterwards convex shapes became fashionable. This transition is clearly illustrated by a garniture of flintlock guns made by Jan Knoop: in one gun the lock is flat, and in the other it is convex. How advanced his flintlock guns were becomes evident when they are compared with a garniture of flintlock guns made in c.1660 by Thuraine and Le Hollandois (Plates 189-193). The gun from Paris illustrated here has no fully-developed sideplate or bridle.

Other gunmakers in Utrecht in the period from 1655 to 1660 seem to have worked in the same modern fashion —like Edvardt Abrahamsz de Moor, for example, of whom only three signed guns are known. Two of these form a garniture made to order for Carl Gustaf Wrangel, whose coat of arms is on the sideplates (Plates 194-204). In this case, again, one lock is flat and the other convex. Both locks have fully-developed bridles over the tumbler; but ringsights now encircle only the barrel, and trigger-guards have become massive. Engraving and wood-carving on this garniture is of the same high level as on the guns by Jan Knoop.

Another Utrecht gunmaker of whom there exists some personal data is Jan Ceule. In 1660 he owned a house on the south side of the Viesteech in Utrecht; in 1668 he came into possession of the house with 'the two French Pistols', presumably the one formerly owned by Jan Knoop;[50] and he died on 1st November 1669. Some of his guns can be dated to c.1650. A pair of wheel-lock pistols at Skokloster (Plates 91-93) in the characteristic Dutch fashion of c.1650 has cast brass butt-caps with a decoration in high relief such as was favoured in Utrecht at that time. A round hole in the lockplate permits the firer to see if the main spring is engaged.

It is possible to follow the development of Jan Ceule as a gunmaker during the period 1650 to 1660 by virtue of two guns. The first one has an entirely flat lock, a round barrel and a very simple trigger-guard, and it can be dated to just after 1650 (Plates 111, 112). The second gun has a convex lock and an angular barrel, and its trigger-guard has the massive shape that was fashionable in c.1660 (Plates 222-225). Jan Ceule must have made the flintlock pistol with the cypher of King Christian V of Denmark (1670–99) shortly before his death in 1669. It shows a great similarity to contemporary French flintlock pistols.

Another, perhaps more important, Utrecht gunmaker was Cornelis Coster. He became the owner of a house on the Elisabethstraat on 4th June 1668, and in 1688 he took out a mortgage on this house. His name is also mentioned in a resolution of the Utrecht city council of 20th March 1687 concerning a conflict about a quantity of barrels from Essen that Coster had proved and marked outside Utrecht.[51] He must have been working for a considerable time before 1668, as is witnessed by a magazine-rifle in the Tøjhusmuseum signed 'Cornelius Coster Utrecht Anno 1652' (Plates 26, 27). This gun has a flat lock, and its stock is shaped after the fashion of c.1650. The engraved decoration on the lockplate is derived from French model books. A breech-loading gun by Coster in the Tøjhusmuseum can also be dated to the early fifties of the seventeenth century on the basis of its shape and decoration (Plates 113, 114).

The Tøjhusmuseum possesses another gun by Coster datable to c.1688 (Plates 252, 253). It has very modern features for a Dutch gun of that period, resembling comtemporary Parisian work—a clear example of what Lenk called 'the classical Louis XIV style':[52] 'the lower side of the lockplate turns upwards just before the cock and downwards just after the cock: the front of the steel is decorated with a wart-like protrusion; the barrels have chambers divided into an 8-, a 16- and a 32-sided portion and also a round sector bordered by rings.'

A very inventive Utrecht gunmaker was Jan Flock, probably a native of Solingen, who seems to have worked from c.1650 until after 1673. His production comprised three-barrelled turn-over guns and pistols with flintlocks, self-cocking wheel-lock guns and pistols, and turn-off pistols (Plates 151–177). The engraved decorations on some of the guns may look somewhat provincial, but in design and technical finish these arms are highly original. The flat flintlocks on Jan Flock's turn-over guns and pistols have ingenious devices that cock the locks and close the pans when the barrels are turned. An interesting comparison is a four-barrelled turn-over gun by Arnold David of Liège of much simpler design (Plates 149, 150). The self-winding wheel-locks are engaged automatically when the cock is brought over the pan. This system was also applied by Sievaert Kitsen (Plates 169–172). Jan Flock's turn-over guns can be attributed to the period from 1650 to 1660.

A turn-off pistol with a flintlock—also by Jan Flock—resembles some English pistols of that type, like the ones made by Harman Barne in London. It can probably be dated to just after 1660.

Skokloster Castle and the Tøjhusmuseum possess a number of firearms by Peter Meesen, all of which are datable to the period c.1655 to 1660. A flintlock turn-over gun has certain old-fashioned features and a transitional half flat, half convex lock (Plates 121, 122). A double-barrelled flintlock in the Tøjhusmuseum combines this lock with a rather archaic trigger-guard (Plates 125–127). Peter Meesen solved the problem of firing two barrels with one lock by fitting a double pan, the upper part of which is movable. Not a firearm in the true sense of the word is an air-gun at Skokloster (Plates 123, 124). It fired bullets with air compressed by a spring.[53] Air-guns enjoyed a certain popularity in the seventeenth century, perhaps because of the general interest in physics and the empirical attitudes of the age. A practical advantage was their silence—making them eminently suitable murder weapons. Indeed, in 1655 a plot to take Cromwell's life was discovered in which an air-gun from Utrecht—capable of killing at a distance of 150 paces—was to have been used. Utrecht seems to have enjoyed a reputation for the manufacture of air-guns.

Caspar van Dinckel, who was appointed proof-master of the city of Utrecht in 1667, was the maker of two pistols in Livrustkammaren and Skokloster that can be dated to c.1655 (Plates 115–120).[54] One has an entirely flat flintlock, and the other has the transitional shape already mentioned. Both pistols have the heavy cast brass butt-caps at that time.

Ivory pistols from Maastricht

A highly spectacular group of pistols originates from Maastricht (Plates 226–231, 235–243).[55] They have carved ivory stocks, with butts shaped like a head. These stocks can be divided into three sub-groups: those with laurelled 'Roman' heads; those with mustachioed heads wearing classical helmets; and those with heads wearing turbans or Polish caps. It can be presumed that they were all made in one workshop.

Many of these ivory-stocked pistols have locks signed by gunmakers from Maastricht like Johan Louroux Jacob Kosters and Leonard Cleuter, so it may be assumed that the ivory-carver also worked in Maastricht. The period of manufacture of these pistols must have been relatively short and may be limited to a few years around 1660. The supposition that the ivory stocks were carved by Jean Mansel of Dieppe is therefore untenable, because Mansel worked in Maastricht between 1687 and 1700.

French influence

A flintlock pistol and a flintlock gun by Rutger Nuwenhusen of Utrecht, both c.1660, show decorative elements derived from engravings by Jean Berain published in 1659 (Plates 242–245). The effect is enhanced by Nuwenhusen's simplification of Berain's ornaments.[56] Twenty years later, the influence of the French fashion of gunmaking became preponderant in the Netherlands. The ornament models published in 1685 by Claude Simonin were widely followed and were eventually published in a pirated edition in Holland.[57]

A pistol made by Pieter Starbus in Amsterdam serves as an example of this Frenchified style (Plates 246, 247). Starbus was a native of Pommern who worked only between 1684 and 1687 in Amsterdam, where he made a garniture for the King of Denmark. The pistol illustrated here has a lockplate and a sideplate entirely derived from Simonin's model book, so it was presumably made between 1685 and 1687. In 1687 Starbus left Amsterdam for Sweden, where he went to work for King Karl XI.

It is often very difficult to decide whether certain characteristics of a gun are of Dutch or foreign origin. Some developments started in France, others started in the Netherlands; for France and the Netherlands mutually influenced each other, especially in the fifties and sixties of the seventeenth century. But the foregoing survey of Dutch gunmaking in about the middle of the seventeenth century does give some idea of the independence of the Dutch gunmakers even when they derived elements of design from foreign examples.

Waffenschmiedekunst des 17. Jahrhunderts in den Niederlanden

Einführung

Die folgende Darlegung basiert auf dem Material dreier skandinavischer Sammlungen, nämlich dem des Tøjhus-Museums in Kopenhagen, dem der Livrustkammaren in Stockholm und der Kollektion des Skoklosters Slott in Bålsta. Die Beschränkung auf diese drei Sammlungen hat den Vorteil von besonderer Authentizität, da der grösste Teil der hier behandelten Waffen bereits während des 17. Jahrhunderts dort gesammelt wurde.

Geographisch beschränkt sich das Material auf Waffen, die aus den Niederlanden im weitesten Sinne des Wortes stammen.

Nach dem Aufstand gegen die spanische Herrschaft umfasste das Gebiet der Niederlande, deren Grenzen sich am Ende des 16. Jahrhunderts den Kriegsgeschehen zufolge herauskristallisiert hatten, die folgenden Gebiete: die Nördlichen Niederlande (die Republik), die Generalitätsländer, das Herzogtum Gelre, das Fürstentum Lüttich und die Spanischen und die Französischen Niederlande. Dem letzten Gebiet können wir hier gezwungenermassen wenig Aufmerksamkeit schenken.

Waffenherstellung

Die Niederlande standen in fortwährendem Kontakt mit angrenzenden und weiter entfernten Gebieten wie Ostfriesland, dem Rheinland, Lothringen, England und Skandinavien. Das Gebiet stellte in dieser Periode nie eine politische Einheit dar, sondern war eher in manchen Hinsichten eine wirtschaftliche Interessengemeinschaft. Das grosse Wachstum der Nördlichen Niederlande, welches mit dadurch verursacht wurde, dass dieses Gebiet eine besonders günstige Lage an Kreuzpunkten von Handelswegen zu Land und zu Wasser einnahm, übte eine grosse Anziehungskraft auf Unternehmer und Handwerksleute aus, so dass eine dauernde Wanderung von Süd, Ost und Nord nach West spürbar wurde.

Bei der einschneidenden Reorganisation des Staatsheeres unter der Führung von Prinz Moritz von Oranien, welche auch eine weitgehende Standardisierung der Bewaffnung bewirkte, wurde die Zufuhr grosser Mengen mehr oder weniger gleichartiger Waffen notwendig.[1] Diese Zufuhr kam grösstenteils aus Deutschland, wobei nicht nur vollständige Waffen, sondern auch Ersatzteile, wie beispielsweise Schlösser, Läufe und dergleichen, welche oftmals nur zu einem Teil fertiggearbeitet waren, geliefert wurden. Die Zusammensetzung geschah in einer Art Montageindustrie, bei welcher die Unterteile zusammengesetzt und mit Läufen und Beschlägen versehen wurden. Die Form, in der dies geschah, war eine Art Hausindustrie, wobei Kaufleute die Unterteile lieferten und die fertiggestellten Waffen abnahmen und weiterverkauften.

Die militärische Waffenherstellung konzentrierte sich in vorindustrieller Form in den Städten und ist frei von den städtischen Verordnungen und dem Zunftwesen nicht denkbar. In einigen Städten, wie beispielsweise zuerst in Dordrecht, Rotterdam, Delft und Amsterdam, entstand ein Sammelmarkt für Waffen, Waffen im weitesten Sinne des Wortes.[2] Es handelte sich hier nicht nur um Feuerwaffen, sondern auch um Degen, Piken, Waffenrüstungen, Bandeliere, Trommeln, Geschütze und sogar Fahnen.

Die Tatsache des wachsenden Waffenexports und des Wegfallens eines Teiles des Waffenimports zufolge des Dreissigjährigen Krieges und der damit zusammenhängenden Verwüstungen von Herstellungszentren in Deutschland (u.a. Suhl verwüstet durch die Schweden im Jahre 1634) liessen die Waffenmontage in den Nördlichen Niederlanden zu einer regelrechten Waffenindustrie anwachsen.

Neben dieser auf den militärischen Gebrauch abgestimmten Massenherstellung sog. Munitionswaffen kannten viele niederländische Städte auch eine kleinere Produktion für den zivilen Markt. Die sich materiell gutstehenden städtischen Bürger konnten sich in stets umfangreicherem Masse den Luxus kostbarer Feuerwaffen erlauben; z.B. Jagdwaffen und Büchsen; auch gab es luxuriös ausgeführte militärische Feuerwaffen für die Bürgerwehren.

Die Grundstoffe für die Feuerwaffenherstellung waren auf dem niederländischen Markt ausreichend vorhanden.[3] Eisen und Stahl wurden in verschiedenartigsten Qualitäten vor allem aus Schweden und Siegen (Deutschland) eingeführt. Messing wurde aus limburgischem Zinkerz und schwedischem Kupfer geschmolzen. Neben europäischem Nussbaum wurden auch durch die Handelskompanien eingeführte tropische Holzarten, u.a. aus Brasilien und Ceylon, verarbeitet. Auch Elfenbein, Perlmutter, Hirschhorn, Bein, Silber, Gold Emaille und Edelsteine fanden bei der Waffenherstellung Anwendung.

Unvorstellbare Mengen militärischer Waffen wurden vor allem in der ersten Hälfte des 17. Jahrhunderts nach verschiedenen europäischen Ländern ausgeführt. Aus vielen Beispielen sind folgende genannt: der Vertreter der dänischen Krone, Paul de Wilm, kaufte zwischen 1625 und 1627 allein in Amsterdam an Feuerwaffen 22.400 Musketen zu einem durchschnittlichen Preis von sechs Gulden, abgesehen von den grossen Mengen anderer Kriegsbedürfnisse;[4] das Haus Trip trat etwa im Jahre 1630 bei einer Lieferung von 50.000 Musketen an Russland als Vermittler auf;[5] der Kommissar des Zaren von Russland in Amsterdam, John Hebdon, konnte im September und Oktober des Jahres 1658 durch verschiedene Amsterdamer Händler 12.500 Musketen geliefert bekommen.[6]

Neben den Munitionswaffen wurde auch eine grosse Anzahl Luxuswaffen für private Zwecke ausgeführt. Der Schwerpunkt dieses Buches wird besonders auf diesem Teil der Produktion liegen, wobei nachgewiesen werden wird, wie sehr die grosse internationale Bedeutung einiger holländischer Büchsenmacher gerechtfertigt war.

Die grosse Zunahme in der Anzahl der herzustellenden Waffen ging nicht auf Kosten der Qualität, da die städtischen Behörden, welche ebenfalls einen Anteil an der Waffenproduktion hatten, eine Qualitätskontrolle durchführten. Die Ausübung dieser Kontrolle lag bei den Zünften. Besonders in Amsterdam und Utrecht geprüfte Waffen kamen in den Genuss eines guten Rufes und hatten Vorzug.

Feuerwaffentypen

Im allgemeinen kann man sagen, dass die für militärischen Gebrauch bestimmten Feuerwaffen in der Ausführung einfacher als diejenigen für den privaten Gebrauch waren. Ausserdem kann man spezifisch militärische und private Waffentypen unterscheiden:

Militärische Feuerwaffen	*Private Feuerwaffen*
Musketen	Musketen
Rohre bzw. Flinten	Rohre bzw. Flinten
Pistolen	Pistolen
Karabiner	Jagdgewehre
Donnerbüchsen	Jagdbüchsen
Magazingewehre	Zielbüchsen
Wallbüchsen	Luftgewehre

Die Muskete war bereits seit Mitte des 16. Jahrhunderts im spanischen Heer in Gebrauch und wurde wahrscheinlich in den 1560er Jahren von den Spaniern in den Niederlanden eingeführt. Die Musketen, die seit der Ordonnanz des 6. Februar 1599 im Staatsheer für die Infanterie eingeführt wurden, waren Luntenschlossgewehre, die so schwer waren, dass sie beim Abfeuern auf eine Musketengabel gestützt werden mussten. Ihr Gewicht betrug ungefähr 6,5 kg; die schweren Läufe waren auf ein Kaliber von ca.18,6 mm gebohrt.

Das Rohr war entsprechend der gleichen Verordnung eine leichtere Ausführung der Muskete und wog etwas weniger als 4 kg, während der Lauf auf ein Kaliber von ca.15,9 mm gebohrt war. Aufgrund des geringen Gewichtes konnte das Rohr aus der Hand abgefeuert werden und benötigte also keine Gabel.[7]

Im Laufe des 17. Jahrhunderts verschwand langsam die schwere Muskete und machte Platz für das leichtere Rohr, wobei die Benennung Muskete auf das Rohr überging.

Die nordniederländischen Musketen und Rohre hatten für dieses Gebiet eigene Formen, welche im Allgemeinen auf spanische Vorbilder zurückgingen. Sie basierten jedoch speziell auf den im Jahre 1599 bei den Truppen deponierten Modellen, welche durch Büchsenmacher aus Dordrecht geliefert worden waren.

Die für den privaten Gebrauch bestimmten Musketen und Rohre, wie z.B. für die städtischen Bürgerwehren, folgten dem Muster der militärischen Waffen, waren jedoch im allgemeinen von besserer Qualität und reicherer Ausführung.

Musketen und Rohre des militärischen Typs sind in allen Einzelheiten in dem Drillhandbuch des Jacob de Gheyn, *Wapenhandelinghe van Roers Mvsqvetten ende Spiessen* (Haag, 1607),[8] abgebildet, während zahlreiche Abbildungen auf Schützenstücken einen guten Eindruck der Waffen für den privaten Gebrauch geben.

Das Luntenschloss für militärische Musketen und Rohre wurde etwa bis zum Jahre 1675 genutzt, danach kombinierte man es allmählig mit dem Steinschloss und noch später wurde es ganz durch den letztgenannten Schlosstyp ersetzt. Angesichts der Tatsache, dass Reiter wenigstens eine Hand für den Zaum benötigten, konnten Sie zu Pferd keinen Gebrauch von einer Muskete oder einem Rohr machen und wurden so mit einer handlicheren Feuerwaffe ausgerüstet. Kürassiere trugen Pistolen ('pistoletten'), für welche die Vorschrift aus dem Jahre 1599 lediglich einen Lauf von 2 Fuss vorschreibt, und die Arkebusiere eine Arkebuse oder einen Karabiner. Der Lauf des Karabiners durfte nicht kürzer als 3 Fuss sein. Er wurde an einem Bandelier getragen, daher der holländische Name 'bandelierroer'. Die Waffe wurde mittels eines Karabinerhakens mit dem Bandelier verbunden (vgl. Karabiner).

Die *Ordre op de Wapeninghe* vom 22. Oktober 1639 gibt als nähere Präzisierung an, dass der Lauf der Pistole für Kugeln zu 30, der Karabinerlauf zu 16 aufs Pfund gebohrt sein muss.[9] Beide in dieser Verordnung erwähnten Waffentypen waren höchstwahrscheinlich mit dem Radschloss ausgestattet. Im letzten Viertel des 17. Jahrhunderts verschwand das Radschloss bei Arkebusen und Pistolen, um durch das weniger komplizierte und somit billigere Steinschloss ersetzt zu werden. Eine charakteristische Feuerwaffe, die bei Gefechten mit kurzem Abstand zu Land und zur See gebraucht wurde, war die *Donnerbüchse* oder das *Tromblon*. Kennzeichnend für diese Waffe ist der Lauf mit sehr grossem Kaliber, durch den eine Anzahl Kugeln gleichzeitig verschossen werden konnte. Das bekanntlich älteste in den Niederlanden bewahrt gebliebene Exemplar ist eine Luntenschlossdonnerbüchse mit einem sich erweiternden Lauf (in dem Westfries Museum in Hoorn). Auch frühe Steinschlossdonnerbüchsen des 17. Jahrhunderts scheinen diesen sich erweiternden Lauf gehabt zu haben. Daneben kommen bereits zu Beginn desselben Jahrhunderts Donnerbüchsen mit Lunten- oder Schnapphahnschloss mit verhältnismässig langem, rein zylindrischem Lauf vor (Abb. 17, 18). Neben schmiedeeisernen Läufen kommen bei Donnerbüchsen oftmals solche aus gegossenem oder gelötetem Messing vor. Der Name Donnerbüchse (donderbus), der wahrscheinlich in den Niederlanden entstanden ist, wurde u.a. in blunderbuss verenglischt.

Bei für den privaten Gebrauch bestimmten Pistolen wurde neben dem Radschloss bereits viel früher als bei den militärischen Pistolen das Steinschloss angewandt. Trotz der kleinen Abmessungen war die Pistole durch ihre Form besser als das Gewehr zu Anwendung allerlei Dekorationsformen geeignet. Die Entwicklung von Stil und Geschmack ist hierdurch bei der Pistole am deutlichsten abzulesen.

Pistolen kaufte man im 17. Jahrhundert in der Hauptsache zum Zwecke der Selbstverteidigung, daneben wurden sie auch viel bei der Jagd verwendet. Für die Jagd wurden jedoch hauptsächlich Gewehre gebraucht, deren Läufe zum Verschiessen von Schrot oder Kugeln eingerichtet waren. Im 17. Jahrhundert entwickelten sich zahlreiche Typen von Jagdgewehren, die den verschiedenen Arten der Jagd angepasst waren, wie z.B. schwere Büchsen für die Jagd auf Grosswild, leichtere Büchsen und Gewehre mit langen, glattgebohrten Läufen von grossem Kaliber für das Schiessen auf sitzende Vögel, kürzere Gewehre mit glatten Läufen für das Schiessen auf Vögel im Flug.

Die städtischen Bürgerwehren übten sich im Scheibenschiessen auf den in den meisten Städten zu diesem Zwecke eingerichteten Schiessbahnen, in den Niederlanden bekannt als 'stadsdoelen'. Zu diesem Zwecke diente ein Gewehr merkwürdiger Form, die Ziel- oder Scheibenbüchse (Abb. 22, 23). Das am meisten auffallende Merkmal dieser Waffe war der Schaft, welcher an der Unterseite von einem schmuckvoll dekorierten Stützklotz versehen war. Auffallend bei diesen Gewehren sind auch die längsgerillten Läufe, die an der Kammer vierkantig sind und eine fast kapitellförmige Mündung haben. Die ältesten Beispiele dieses Lauftyps stammen aus Flandern. Vermutlich wurden diese Läufe später nach dem alten Muster auch in den Nördlichen Niederlanden angefertigt. Einige dieser Zielbüchsen blieben auch im 17. und im 18. Jahrhundert bei den Bürgerwehren in Gebrauch.

Schlosstypen

Das Musketenluntenschloss, das in der 2. Hälfte des 16. Jahrhunderts in den Niederlanden durch die Arme des Herzogs von Alva eingeführt wurde, bekam zu Ende des 16. Jahrhunderts eine erkennbar niederländische Form (Abb. 1, 12, 13): die längliche eiserne oder messingne Schlossplatte ist oft an beiden Enden mit einem delphinartigen Ornament versehen; der oberste Teil des Hahnes hat die Form eines Schlangenkopfes oder den Kopf eines Ungeheuers. Die Musketenluntenschlösser nach dem Muster des Jahres 1599, die in die *Wapenhandelinghe* des Jacob de Gheyn (1607) abgebildet sind, werden in einer vereinfachten Form gezeigt. Sie blieben bis ungefähr Mitte des 17. Jahrhunderts in dieser Form in Gebrauch. Die Schlossplatten der Musketenluntenschlösser aus der 2. Hälfte des 17. Jahrhunderts folgen der Formentwicklung der Steinschlossplatten, was einen Übergang von flachen zu gewölbten Formen bedeutet.

Angesichts des Radschlosses kann man behaupten, dass die zu Beginn des 17. Jahrhunderts durch die niederländischen Büchsenmacher angewandten Formen vor allem deutschen Vorbildern entnommen waren (Abb. 14–16). Ebenfalls durch französischen Einfluss entstand ungefähr in der Mitte des Jahrhunderts eine charakteristische niederländiche Radschlossform (Abb. 91–93).

Merkmale hiervon sind in der Hauptsache die gewölbte Schlossplatte, ein meistens aussenliegendes Rad, festgehalten durch einen halben Studel oder Umgangsnute an der Unterseite, und ein gewölbter Studel über Hahn und Hahnfeder; letztere war von der Innenseite aus gegen die Schlossplatte festgeschraubt. Schliesslich muss der balusterförmige Arm des Hahnes erwähnt werden.

Verglichen mit dem Luntenschloss war das Radschloss zwar zweckmässiger, durch die komplizierte Konstruktion jedoch sehr kostbar anzufertigen und ziemlich verwundbar; Reparaturen an einem Radschloss konnten obendrein ausschliesslich durch einen sehr fachkundigen Büchsenmacher ausgeführt werden. Ein besonders grosser technischer Fortschritt bedeutete das Entstehen des Schnapphahnschlosses. Obwohl weniger kostbar als das Radschloss, war es auch unter ungünstigen Umständen wenigstens ebenso zuverlässig. Einige Autoren haben die Niederlande als das Gebiet angegeben in dem das Schnapphahnschloss entstanden sein soll; abgesehen von dem Wort Schnapphahn (im holländischen 'snaphaan'), selbst möglicherweise niederländischen Ursprungs, hatte der Begriff ursprünglich jedoch sicher eine andere Bedeutung (snaphaan = Räuber zu Pferd). Es gibt keine Andeutung für die Existenz dieser Schlösser in den Niederlanden vor etwa 1600. In anderen Ländern, wie z.B. Skandinavien und Schottland sind Vorbilder bedeutend früheren Datums nachweisbar.

Das Erscheinen des Schnapphahnschlosses in den Niederlanden in den ersten Jahren des 17. Jahrhunderts fällt möglicherweise nicht zufällig mit den damals herrschenden intensiven Kontakten sowohl zwischen Schottland als auch Skandinavien und den Niederlanden zusammen.

Grosse Kontingente schottischer Truppen dienten in dem Staatsheer und lagen in niederländischen Städten in Garnison. Mit Skandinavien gab es in dieser Periode einen intensiven Handelsverkehr. Das älteste in den Niederlanden bewahrt gebliebene Schnapphahnschloss, gefunden in der Ruine von Barentsz und von Heemskerck's *Behouden Huys* (1596) auf Novaja Zemlja, ist sehr wahrscheinlich skandinavischer Herkunft. Möglicherweise inspiriert durch schottische und vielleicht auch englische Vorbilder, entstand zu Beginn des 17. Jahrhunderts das holländische Schnapphahnschloss (Abb. 22, 23). Die Merkmale sind die gewölbten Formen des Hahnes, der balusterförmige Fuss des Stahles und schliesslich der muschelförmige oder nur gewölbte Pfannenschirm.

Zwischen 1610 und 1615 entstand in Frankreich das Steinschloss, wodurch sich das Jagdgewehr im besonderen für das Schiessen auf fliegende Vögel zu eignen begann. Sehr bald nach dem Erscheinen dieses Schlosstyps wurde die Nuss von einer extra Rast versehen, wodurch der Hahn in halbgespannter Position festgehalten werden konnte. Der Vorteil hiervon war, dass man die geladene Feuerwaffe sicher mittragen und sie mit einem Handgriff schiessbereit machen konnte. Pfannendeckel und Stahl waren nun zu einem Teil kombiniert, wodurch die Anzahl der Unterteile des Schlosses verkleinert und die Wirkung verbessert wurde.

Wann das Steinschloss zum ersten Mal in den Niederlanden angewandt wurde ist mit dadurch nicht bekannt, weil durch die verwirrende Terminologie nicht deutlich wurde, ob von Steinschlössern die Rede war. In Dokumenten kann mit dem Ausdruck 'Feuerschloss' sowohl ein Radschloss als auch ein Steinschloss gemeint sein, während das Wort 'snaphaan' durch das ganze 17. Jahrhundert hindurch sowohl für Waffen mit Schnapphahnschlössern als auch mit Steinschlössern gebraucht wurde.

Die ältesten bewahrt gebliebenen Feuerwaffen mit Steinschlössern aus den Niederlanden sind sicher nicht früher als in die Periode 1630–1640 zu datieren. Die frühesten niederländischen Vorbilder, welche durch ihre massiven Schlossplatten auffallen, sind aus dem Grenzgebiet Maastricht-Aachen herkömmlich (Abb. 30–39). Diese Schlösser unterscheiden sich sowohl in- als auch auswendig deutlich von französischen Vorbildern.

Nicht lange nach dieser Periode kann eine Reihe von signierten Feuerwaffen aus Herzogenbusch, Den Haag und Utrecht datiert werden. Diese Waffen mit Signaturen von Frans Claessen aus Herzogenbusch, Jan Incoer aus Den Haag und Geert Pauelsen van Stalborch aus Utrecht u.a. zeigen französischen Einfluss in schlanken, flachen Schlossplatten mit der flachen graphischen Verzierung (Abb. 42–48, 53–55).

Um die Mitte des 17. Jahrhunderts kommen in den Niederlanden neben flachen Schlossformen jetzt auch gewölbte Schlossformen vor. Von der Mitte des 17. Jahrhunderts bis zum Ende desselben sind die gewölbten Formen in der Überzahl.

Zünfte

In den meisten Städten von Bedeutung in den Niederlanden waren zu Beginn des 17. Jahrhunderts eine Reihe von Zünften organisierter Büchsenmacher tätig. Obwohl auch auf dem Lande der Beruf des Büchsenmachers ausgeübt wurde, trifft man doch die meisten in den Städten wie Amsterdam, Arnheim, Breda, Bergen op Zoom, Coevorden, Delft, Dordrecht, Groningen, Den Haag, Haarlem, Herzogenbusch, Hoorn, Leiden, Maastricht, Middelburg, Rotterdam, Utrecht, Vlissingen, Zierikzee und Zutphen an.

Eine auffallend grosse Anzahl von Büchsenmachern ist, wie wir jetzt wissen, in Amsterdam, Utrecht, Maastricht und Den Haag beschäftigt gewesen. Ihre Anzahl war im 17. Jahrhundert in Amsterdam grösser als in den drei anderen genannten Städten zusammen.

Bei der Herstellung von Feuerwaffen waren meistens Handwerksleute zweier Zünfte tätig, nämlich diejenigen, die die Läufe und die Schlösser anfertigten und der Schmiede- oder St. Eloyszunft angehörten, und diejenigen, die die eisernen Teile montierten und die hölzernen Schäfte anfertigten und der Zimmermanns- oder St. Josephszunft angehörten. Die Positionen in den Zünften der bei der Herstellung von Feuerwaffen betroffenen Personen war nicht immer ganz deutlich. Unzufriedenheit über den Mangel an Einfluss bei den

Entscheidungen des Vorstandes der Zunft und über das Ablegen von Meisterprüfungen von nicht in ihrem Fach spezialisierten Zunftmeistern liess die Büchsenmacher danach streben, ein eigenes Gewerbe innerhalb der Schmiedezunft zu formen, so dass sie in der Lage waren, jährlich einen Obmann der Zunft aus ihrer Mitte zu wählen.[10] In Amsterdam geschah dies erst im Jahre 1672; in einigen Städten jedoch nie.

Um als Meister in eine Zunft aufgenommen zu werden, musste man verschiedene Voraussetzungen erfüllen. Erstens wurde die Bürgerschaft der betreffenden Stadt verlangt. Obwohl ihr Erwerb mit hohen Kosten verbunden war, war die Bürgerschaft doch für viele mittellos aus anderen Städten zugereiste Büchsenmacher wegen der hohen Einkünfte dieser Handwerksleute in diesen Städten besonders reizvoll, auch wenn die Büchsenmacher nur als Gesellen arbeiten mussten; ferner musste ein Einstandsgeld bezahlt werden und der Beitrag zur Zunft. Die wichtigste Voraussetzung jedoch war die Fertigung eines Meisterstückes, das für jedes Handwerk genau beschrieben war. Für die Büchsenmachergesellen bestand diese Arbeit meistens in der Herstellung eines Laufes und eines Schlosses oder nur eines Schlosses. Abgesehen von örtlichen Abweichungen kennzeichneten sich diese Meisterstücke durch ein grosses Mass an Übereinstimmung, wie aus den nachstehenden Beispielen zu sehen ist.

Bergen op Zoom (1587): Das Meisterstück eines Büchsenmachers. Ein Lauf von vier Fuss mit einem Feuerschloss, ohne etwas daran zu löten.[11]

Utrecht (1601): Ein gutes Feuerschloss.[12]

Dordrecht (1602): Ein Büchsenmacher muss einen Lauf von vier Fuss Länge, der von innen gut gerade ist, fertigen können. Die Feuerschlossmacher einen Doppelschloss, die Schlossplatte nicht gelötet.[13]

Utrecht (1629): Zu fertigen einen Lauf von fünfeinhalb Fuss, das Material mit einem Gewicht zwischen drei und vier Pfund, eine Kugel zwischen dreissig und vierzig aufs Pfund schiessend, von innen rund und gerade.[14]

Utrecht (1636): Der Büchsenmacher: ein gutes Feuerschloss.[15]

Leiden (1657): Dass niemand hier in der Stadt das Handwerk eines Büchsenmachers ausüben darf, sofern er nicht als Meisterstück ein stählernes Feuerschloss angefertigt hat.[16]

Amsterdam (1692): Ein wohl rund kanneliertes Schnapphahnschloss mit ganzem Studel, wie es auch den Obmännern zur Beurteilung gezeigt werden soll.[17]

Maastricht (1708): Das Meisterstück der Büchsenmacher besteht aus dem Nachfertigen eines vom Meister gelieferten Flintenschlosses.

Er muss dieses Schloss eigenhändig in der Werkstatt des Meisters anfertigen. Die Schäfter müssen einen normalen Flintenschaft derart anfertigen, dass das dazugehörige Schloss genau hineinpasst, jedoch mit Aussparungen für die Federn, den Studel, die Schlossfeder sowie für den Ladestock. Letzgenannter, desselben Kalibers wie die Flinte, darf in keiner Weise die Bajonettschrauben an der Seite berühren. Der Ladestock darf nicht länger als der Schaft sein; der Lauf muss von hinten und um die Schlossschrauben genau schliessen und der Kolben muss gut geformt sein.[18]

Utrecht (1711): Ein Schloss mit Rad für ein Feuerrohr wie es jetzt ausser Gebrauch ist und nicht mehr montiert wird; in der Zukunft ein gutes feines Schnapphahnschloss mit einem Studel.[19]

Nimwegen (1749): Büchsenmachermeisterstück: ein flaches, kanneliertes Schnapphahnschloss und ein geschnitzter Jagdschnapphahnschaft aus Nussbaum mit Kupferbeschlag.[20]

Aus der Amsterdamer Verordnung des Jahres 1692 ist weiter ersichtlich, dass für ein solches Meisterstück eine Zeitdauer von 6 Wochen berechnet war.

Auch über das Meisterstück für Schäfter haben wir noch einige Unterlagen. Die Amsterdamer St. Josephszunft forderte von den Büchsenschäftern die folgende Arbeit: 'Die Montierung eines Pistolenpaares und eines Karabiners, beide nach Haagener Art, sowie einer Zielbüchse.'[21]

Die Maastrichter Schäfter mussten laut Ratsbeschluss des Jahres 1708 den nachfolgenden Forderungen entsprechen:[22] Gelang es nicht, das Meisterstück zur Zufriedenheit herzustellen, musste man ein ganzes Jahr lang weiter Geselle bleiben, bevor man es erneut anfertigen durfte.

Einmal Meister geworden, durfte der Büchsenmacher Lehrlinge in Dienst nehmen, die für ihre Lehre bezahlen mussten. Der Meister musste dafür der Zunft einen Beitrag leisten. Falls ein angenommener Lehrling die Lehre aufgab, durfte ihn kein anderer Meister als Lehrling wieder einstellen. Was die Arbeitszeiten anging, so ist aus der Amsterdamer Verordnung ersichtlich, dass morgens vor 4 und abends nach 8 Uhr nicht mehr gearbeitet werden durfte. In besonderen Fällen war es dem Meister möglich, von der Zunft Erlaubnis zu bekommen, dass er eine, zwei oder drei Nächte Überstunden machen dürfe, und zwar musste er dann für jede Nacht ein bestimmtes Entgelt in die Armenkasse entrichten.[23]

Obwohl in einigen Städten, u.a. in Amsterdam und Utrecht, das Büchsenmacherhandwerk durch den Gebrauch von Maschinen schon lange keine reine Hausindustrie mehr war, beschloss man in Amsterdam nach 1672 eine noch intensivere Herstellung. Der Stadtrat beschloss, nach einem im Jahre 1672 aufgetretenen Mangel an Feuerwaffen, für die Verteidigung der Stadt die Fertigung der Waffen selbst in die Hand zu nehmen. Zu diesem Zweck wurde Jan Flock aus Utrecht, ein renommierter Büchsenmacher, engagiert, und man beauftragte ihn, die von den Bürgermeistern angelieferten Läufe mit Schäften und Kupferbeschlag zu versehen. Die Laufschmiede Jean und Pierre Minet aus Charleville und Hendrik van Essen schlossen Kontrakte mit der Stadt, die sie dazu verpflichteten, ihre ganze Produktion von Läufen für Musketen, Schnapphähne, Flinten, Pistolen und Karabiner der Stadt zu liefern. Die Stadt stellte ihnen dafür Werkstätten und von Pferden getriebene Mühlen, sog. Rossmühlen, für das Bohren und Schleifen von Läufen zur Verfügung.

Im Jahre 1691 stellten die Bürgermeister einen Lubertus van den Burg aus Den Haag als Laufschmiedemeister der Stadt ein. Zwischen der Prinsengracht und der Kerkstrasse an der Amstel wurden für ihn von dem Architekten Steven Vennekool eine Werkstatt mit sechs Ofen (Schmiedefeuern), ein Wohnhaus und acht kleinere Häuser für Gesellen gebaut.

Lubertus van den Burg wurde als Laufschmied der Stadt durch seinen Sohn Cornelis abgelöst. Der Nachfolger nach dessen Tode war Matthijs Flock, der 1704 die Handwerkzeuge seiner Vorgänger verkaufen liess[24] (Anzeige im *Amsterdamsche Courant* vom 16. August 1704):

Bestehend aus Drechsel- und Drehbänken um Wellen für Münz- und Tuchpressen zu schneiden und zu drehen, sowie eine Drehbank für kleinere Stücke, jede mit den Dazugehörigen Meisseln und weiterem Zubehör; sodann Blasebälge, Ambosse, Haken, Speerhaken, schöne Schrauben, Hämmer, Zangen, Feilen, Lampen, Formen, Stöcke und allen zum Anfertigen von grossen und kleinen Uhrwerken benötigten Utensilien, auch benutzt von Laufschmieden, Kupferschmieden und Plattnern; auch verschiedene Werkzeuge für den Feuerwerker und allerlei Sorten gemachter Hülsen.

Prüfung und die Prüfzeichen

Neben den von den Zünften an das fachmännische Können der Handwerksleute gestellten Anforderungen wurden solche von den Zünften und der Stadtverwaltung an die Qualität und die Sicherheit der gefertigten Feuerwaffen gestellt. Dies zwecks 'Förderung des Kaufmannsstandes und aus Gründen der Vorbeugung von Unglücken und Schäden'.[25] Die Reihenfolge wird wohl nicht zufällig sein. In einigen niederländischen Städten wurden zu diesem Zwecke Massnahmen ergriffen und Vorschriften herausgegeben, welche von Stadt zu Stadt wenig unterschiedlich waren. Zur Sicherheit der Feuerwaffe war es erforderlich, dass man besonders den Lauf überprüfte. Logischerweise kamen dem Ruf der städtischen Büchsenmacher allzuhäufig vorkommende Unglücksfälle nicht zugute. Ausserdem legte man Wert auf die Qualität des Schlosses, des Schaftes und des Beschlags.

Obwohl das Prüfen von Läufen in Amsterdam bereits seit dem 16. Jahrhundert gebräuchlich war, datiert die früheste uns bekannte Vorschrift für die Prüfung von Feuerwaffen aus dem Jahre 1603; sie stammt aus Dordrecht. Aus dem unten folgenden Dokument ist ersichtlich, dass die Prüfer vor dem Schlagen des städtischen Stempels, der als Beweis der Tauglichkeit der Waffe galt, diese erst 'beschauten und überprüften', also nicht wirklich prüften.

Ratsbeschluss der Stadt Dordrecht vom 9. Juni 1603: Der Schulze, Bürgermeister und die Stadtverwalter dieser Stadt Dordrecht verordnen auf Bitte der Vorstandsmitglieder und der gemeinen [einfachen] Brüder der Schmiede- und Büchsenmacherzunft, dass zukünftig alle Rohre, Läufe und Schlösser, geschmiedet und von Letztgenannten zusammengesetzt, auf ordentlicher Weise gezeichnet und mit dem Wappen dieser Stadt versehen werden sollten. Man soll so die in dieser Stadt angefertigten Stücke als solche erkennen können und Bemerkungen und Missverstande umgehen. Durch die zuvor genannte Zunft werden drei Personen angewiesen, die mit der Zeichnung der angefertigten Stücke mit dem Wappen der Stadt beauftragt sind. Der hierzu erforderliche eiserne Stempel wird in einem Kistchen aufbewahrt, zu welcher zwei dieser Personen je einen Schlüssel haben und welches von der dritten Person bewahrt wird.

Der Stempel hat folgende Form (es folgt eine Zeichnung). Hat einer der Zunftbrüder wenigstens ein halbes Dutzend Läufe, Feuerrohre oder Musketen, Feuer- oder Luntenschlösser oder andere, neuere zu den Feuerwaffen zählende Teile geschmiedet und montiert, müssen die Prüfer auf Anfrage zu jeder Zeit die Stücke beim Hersteller überprüfen und mit dem vorgenannten Zeichen versehen. Will jemand weniger als ein halbes Dutzend überprüft und gezeichnet haben, muss er sich zu dem Prüfer begeben und die anderen Prüfer bitten dort ebenfalls anwesend zu sein. Es ist Niemandem erlaubt nicht mit einem Wappen versehene Stücke abzugeben. Hierauf steht eine Strafe von sechs Gulden pro Stück, wovon die erste Hälfte in die Zunftkasse der Schmiedemeister geht und die andere Hälfte in die Armenkasse. Als Besoldung erhalten die Prüfer für jeden Musketenlauf einen halben Stüber, für den Lauf eines Rohres und für ein Feuerschloss einen Heller und für ein Luntenschloss und für eine Musketengabel einen Deut, welche Beträge sie unter sich Dreien verteilen müssen. Jedes Jahr werden zwei der drei Prüfer abtreten und durch zwei neugewählte Nachfolger ersetzt: der Dritte wird alle zwei Jahre am 1. Juni durch die gemeinen Zunftbrüder neu ernannt. Ueber Fragen und Missverstände betreffende das Ueberprüfen und

Zeichnen der Stücke wird durch die gemeinen Zunftbrüder der Büchsenmacher entschieden.[26]

Der Amsterdamer Verordnung 'betreffende das Funktionieren und das Ueberprüfen des Geschützes' vom 21. Oktober 1604 ist zu entnehmen, dass man die Läufe überprüfte und anschliessend das Wappen der Stadt schlug. Wie jedoch diese Überprüfung verlief, ist nicht deutlich. Wohl werden einige interessante Einzelheiten gemeldet; in Artikel I wird erwähnt, dass die Anzahl der vereideten Prüfer sechs beträgt; in Artikel XXIV wird vorgeschrieben, dass bei der Überprüfung der Musketen und der Rohre 'das allerbeste Kornkraut' verwendet werden musste; Artikel XXV besagt schliesslich, dass 'die Prüfer während der Ueberprüfung darauf zu achten haben, dass sich weder Boote noch Schiffe in der Umgebung befinden, damit aller Schaden und alle Unglücke verhütet werden'.[27]

Im Jahre 1624 wurde es in Amsterdam erforderlich, die Verordnung des Jahres 1604 zu erneuern und durch die Bestimmung zu erweitern, dass in der Stadt lediglich von Konstablern (auch Stadtbüchsenschiesser oder Stadtprüfer genannt) geprüfte und mit dem Zeichen der Stadt versehene Musketen und Rohre verkauft werden durften. Wie die Prüfung vor sich ging, ist einer notariellen Akte vom 7. September 1638 zu entnehmen, in der der Amsterdamer Prüfer den Vorgang des Prüfens von Musketenläufen erklärt:

Heute, am 7. September 1638, erschien vor mir [Notar in Amsterdam] Jan Symonsz Lootsman, alt ca. 36 Jahre, Stadtprüfer von Kanonen und Musketen sowie Rohren, und erklärt auf Ersuchen von Abraham Woutersz in [von] Rotterdam unter Eides Statt, dass es der Wahrheit entspricht, dass beim Prüfen von Musketenläufen in dieser Stadt nichts anderes getan wird als (1) darauf zu achten, dass die zur Prüfung des Laufes verwendete Kugel und das Kraut gleich schwer sind, (2) festzustellen, dass der Lauf so genau gebohrt ist, dass eine Kugel von zwölf aufs Pfund bis hinten an die Schraube laufen kann. Letzteres wird von ihm und seinen Mitprüfern mit einem eisernen Stampfer kontrolliert, an dessen Ende eine Kugel von zwölf aufs Pfund befestigt ist und welcher in den Lauf geschoben wird. Bei einem kleineren Kaliber werden die Läufe mit Stampfern entsprechend kleineren Formats geprüft.[28]

Auch 25 Jahre später war der vorgenannte Stampfer noch im Gebrauch und wurde bei der Überprüfung von Laufen verwendet, wie aus einem Beschluss der 'Herren XVII' (der Vorstand) der Vereinigten Ostindischen Kompanie vom 7. April 1663 ersichtlich ist:

Die Amsterdamer Kammer wird den übrigen Kammern einen Stampfer zugehen lassen, welcher an der einen Seite mit einer Kugel von 12 und an der anderen Seite mit einer Kugel von 18 aufs Pfund ausgestattet ist.[29]

Die Verordnung vom 31. Januar 1695 bestimmte, dass Amsterdam weder in der Stadt selbst angefertigte noch von ausserhalb eingeführte Läufe ungeprüft ausführen durfte.

Lediglich die Ost- und Westindischen Kompanien waren nicht an diese Regelung gebunden.[30]

Besonders ausführliche Beschreibungen der Aufgaben der Utrechter Prüfer treffen wir in den 'Instruktionen für die Stadtkonstabler' aus dem Jahre 1628, abgeändert in den Jahren 1659 und 1667, an, welche untenstehend vereinfacht wiedergegeben werden:

I
Er muss genaue Kontrolle über das Büchsenpulver ausüben; für die Prüfung von Läufen darf einzig neues, trockenes und von den Generalstaaten gutgeheissenes Pulver verwendet werden.

II
Im Anschluss an die Prüfung des Pulvers folgt das eigenhändige Laden des Laufes mit einer Menge Pulver, die das gleiche Gewicht wie die Kugel besitzt; Letztgenannte muss klemmen und schliessen und mit einem eisernen Stampfer aufs Pulver gesetzt werden.

III
Der Prüfer darf keine importierten Läufe mit dem Zeichen der Stadt versehen, es sei denn, dass die Schäfte derselben in der Stadt angefertigt wurden.

IV
Er darf keine Läufe laden, deren Seelen bereits mit zuviel Oel eingeschmiert sind, da dies die Kraft des Pulvers vermindert, sondern muss diese erst reinigen.

V
Der Prüfer darf die geladenen Läufe lediglich eigenhändig und dies auch nur an hierzu bestimmter Stelle prüfen.

VI
Er wird, zwecks Abwendung von Unglücken und Schäden, die Läufe hinlegen—nicht aufrichten—und erst dann zünden.

VII
Der Prüfer muss so oft, wie hierum gebeten wird, direkt mit der Prüfung beginnen; hierbei dürfen Zunftbrüder der Laufschmiede und der Schäfter zugegen sein.

VIII
Im Anschluss an die Prüfung muss eingehend untersucht werden, ob die Läufe während der Prüfung keine Risse oder bestimmte andere Mängel aufweisen; die von ihm gutgeheissenen Läufe müssen von ihm, bevor er diese aus den Händen gibt, mit dem Wappen dieser Stadt und zwei Buchstaben seines Namens gezeichnet werden.

IX
Schliesslich darf er für die Prüfung und die Zeichnung jedes Laufes von Musketen, Rohren, Pistolen, grossen oder kleinen Kalibers, nicht mehr als einen halben Stüber pro Stück verlangen bzw. empfangen.

Nähere Instruktionen vom 17. Juni 1667:

Der Prüfer muss, zwecks Abwendung von Unglücken und Schäden, die Läufe hinlegen und den Ort der Prüfung so einrichten, dass der Lauf hinten gegen einen Balken oder einen eisernen Stab ruht und auch von oben mit eisernen Bolzen oder Stäben gesichert ist, damit er beim Abfeuern weder rückwärts noch in die Höhe springen kann. Die Läufe dürfen beim Zünden nicht aufgerichtet sein.

X
Nach der Prüfung müssen die Läufe gezeichnet und geeicht werden; die in dieser Stadt oder in deren Freiheit angefertigten Läufe erhalten das Stadtwappen, gekrönt mit Lilien; Musketenläufe, welche in die Stadt eingeführt wurden, bekommen das gleiche Wappen, jedoch mit einer einfachen Perlenkrone; die Läufe von Feuerrohren, Pistolen, Karabinern, Flinten und allen anderen gleichartigen oder feineren Stücken, angefertigt in einer anderen Stadt, erhalten einen Stempel, bestehend aus vorhergenanntem Wappen, jedoch ohne Krone. Weiterhin wird bestimmt, dass der Konstabler während der Prüfung dafür sorgt, dass die Schwanzschrauben im Lauf befestigt sind und dass die Läufe über das Zündloch abgefeuert werden, gegen welches die Pfanne befestigt ist.[31]

Eine städtische Überprüfung von Feuerwaffen gab es nicht nur in Dordrecht, Amsterdam und Utrecht, sondern auch in einer Reihe von anderen Städten. Vorschriften sind uns aus Nimwegen und Vlissingen bekannt, während Prüfzeichen lediglich aus folgenden Städten bekannt sind: Bergen op Zoom, Herzogenbusch, Haarlem, Hoorn, Maastricht und Middelburg. Wir müssen annehmen, dass man ebenfalls in zahlreichen anderen niederländischen Städten städtische Überprüfungen von Feuerwaffen kannte.

Frühe Radschloss-, Luntenschloss- und Schnapphahnschlosswaffen

Die Wichtigkeit von Amsterdam als Markt für besonders schön gearbeitete Waffen zu Ende des 16. und zu Anfang des 17. Jahrhunderts wird u.a. durch das Vorhandensein von Feuerwaffen mit Amsterdamer Prüfzeichen in vielen Ländern illustriert. Es betrifft hier in der Hauptsache Musketen vieler Ausführungen.

Die frühesten Vorbilder sind besonders wertvoll ausgeführte Radschlossmusketen eines Typs, der auch für die niederländischen Bürgerwehren angefertigt wurde. Die Schlösser dieser Waffen sind teils aus Deutschland eingeführt, teils in Holland angefertigt, wobei die deutsche Schlossform unverändert übernommen wurde. Die Läufe tragen neben anderen Zeichen Amsterdamer Prüfzeichen, was nicht zu besagen braucht, dass diese auch im Ganzen in Amsterdam angefertigt wurden; wahrscheinlich wurden sie halbfertig eingeführt und in Amsterdam vervollkommnet und überprüft. Auf der Kammer des Laufes wurde des öfteren ein messingnes Visierrohr angebracht, meistens mit dem Kopf eines Türken mit Turban.

Der Kolben hat eine charakteristische Form, geeignet, um die Waffe an der Brust zu stützen. An der Oberseite befindet sich eine ausgeschnittene Vertiefung für den Daumen. Beinahe alle bewahrt gebliebenen Exemplare der Musketen dieses Typs sind mit einer besonders reichen Verzierung des Schaftes versehen, bestehend aus Einlegearbeiten aus graviertem Hirschhorn, Perlmutter und Messingdraht. Ausser in Amsterdam sind derartige Waffen ebenfalls in anderen Städten angefertigt worden, wie man am Beispiel einer Radschlossmuskete mit dem Zeichen der Stadt Haarlem sehen kann (Abb. 9, 10).

In den Livrustkammaren in Stockholm befindet sich eine Reihe von Radschlossmusketen, von welchen hier eine abgebildet ist, erobert im Jahre 1621 bei der Einnahme der Stadt Mitau in Kurland (Lettland). Die abgebildete Muskete ist, wie man der Datierung auf dem Schaft entnehmen kann, im Jahre 1596 angefertigt. Am Lauf findet man u.a. das Amsterdamer Prüfzeichen (Abb. 6–8).[32]

Eine zweite Gruppe besteht aus Luntenschlossmusketen, welche in Form und Konstruktion dem Modell der militärischen Muskete aus dem Jahre 1599 folgen.

Obwohl Schloss und Lauf besonders einfach gestaltet wurden, liess man seiner Fantasie bei der Dekoration freien Lauf. Kennzeichnend für die bei den Bürgerwehren verwendeten Luntenschlossmusketen ist die Verzierung mit grossen, gravierten Perlmutterflächen (Abb. 12–16). Ein aus dem Jahre 1611 stammendes Exemplar in den Livrustkammaren zeigt, wie weit die Verfeinerung bei der Dekoration dieser Waffen oft ging.

Die nach Vorbildern von Stichen von Virgil Solis ausgeführten Einlegearbeiten aus graviertem Bein stehen den besten ausländischen Stücken in keiner Weise nach. Allmählich gerieten auch die luxuriös ausgeführten Musketen bei den Bürgerwehren ausser Gebrauch.

Ungefähr im Jahre 1625 wurden aus Holland viele Waffen mit Schnapphahnschlössern ins Ausland ausgeführt. Es handelte sich hierbei sowohl um Pistolen als auch um Gewehre. Überbleibsel dieses Exports findet man noch im Dogenpalast in Venedig und in der Sammlung des Kreml und in der Eremitage in der Sowjetunion.[33] Es fällt hierbei auf, dass sicher die frühesten niederländischen Schnapphahnschlösser noch eine Schlossplatte besitzen, welche direkt von dem Radschloss, wie dies zu Beginn des 17. Jahrhunderts in den Niederlanden gefertigt wurde, abgeleitet zu sein scheint. Etwas später bekamen die Schnapphahnschlösser die langgezogene Schlossplatte mit gerader Unterseite, welche englischen oder schottischen Vorbildern entnommen sein könnte.

Diese letzte Form des holländischen Schnapphahnschlosses (Abb. 22, 23) hatte wiederum Einfluss auf die Entwicklung des Steinschlosses in Frankreich.

Frühe Steinschlosswaffen

Es steht jetzt fest, dass in Frankreich das Steinschloss etwa im Jahre 1610 erfunden wurde. Die ersten Steinschlossgewehre wurden für den französischen Hof angefertigt. Ludwig XIII. hatte ein lebhaftes Interesse an Feuerwaffen, welches sich u.a. manifestierte in der Formierung einer Sammlung, dem 'Cabinet d'Armes', welches beinahe völlig, aber zerstreut, bewahrt blieb.[34]

Das Steinschloss hatte sich nach einem anfänglich experimentellen Stadium um 1625 herum in den nördlichen Teilen Frankreichs eingebürgert.

Die früheste Anwendung des Steinschlosses in den Niederlanden finden wir im limburgisch-rheinländischen Gebiet ungefähr im Jahre 1635. Es handelt sich hier um Pistolen mit ovalen Kolbenkappen und kantigen Läufen (Abb. 30–34) und um Jagdgewehre mit Rundläufen; beide sind besonders lang und haben beinahe flache Schlösser mit dicken Schlossplatten, welche durch ihre abgeschrägten Kanten besonders massiv wirken; eine bemerkenswerte Einzelheit ist die tiefe Aushöhlung an der oberen Kante der Schlossplatte zwischen Hahn und Pfanne; die Hähne sind noch sehr wenig gebogen, und die Batteriefedern befinden sich oftmals an der inneren Seite der Schlossplatte; die Schlösser sind meistens besonders einfach in der Ausführung. Möglicherweise haben die Büchsenmacher die sparsame Dekoration dieser Waffen selbst ausgeführt. Obgleich einige dieser Waffen Zeichen tragen, ist die Identifizierung derselben noch nicht sehr weit fortgeschritten. Bemerkenswert ist das Erscheinen eines länglich eingestempelten Zeichens auf dem Lauf einer dieser Pistolen (Støckel 2260–2262),[35] welches ebenfalls im ganzen 17. Jahrhundert für in Maastricht angefertigte Läufe verwendet wurde.

Die einzige signierte Waffe in dieser Gruppe ist ein Gewehr, auf dem Lauf gezeichnet *Mattheus Nutten in Ach* (Aachen) (Abb. 35, 36); an der unteren Seite des Laufes ist ein Zeichen in der Form einer französischen Lilie eingeschlagen, welches dem Silberzeichen der Stadt Roermond besonders ähnlich ist.

Im Skokloster befindet sich eine zu dieser Gruppe gehörende Garnitur, welche aus einem Gewehr mit zwei Pistolen besteht, alle mit einem Lauf und zwei Schlössern (Abb. 37–39). Die Läufe sind an den unteren Seiten mit einem Stempel in der Form einer Kanne versehen, welcher wir auch später bei einer sehr wichtigen Gruppe von Gewehren begegnen werden. Ausser in Vlissingen, wo man eine Kanne als Prüfzeichen in Feuerwaffen schlug, wurde dieses Zeichen auch in St. Quentin (im Norden Frankreichs) und in Jever (Ostfriesland) verwendet.

Auch eines der frühesten Wendergewehre ist mit dem Zeichen der Kanne gestempelt (Abb. 40, 41). Obwohl die Idee des Wendergewehres bereits um das Jahr 1620 in Frankreich in die Praxis gebracht wurde, scheint das System vor allem in den Niederlanden schnell beliebt geworden zu sein. Grosse Mengen Wendergewehre wurden während des englischen Bürgerkrieges aus den Niederlanden nach England ausgeführt.

Um das Jahr 1645 kann man in den Niederlanden eine andere Gruppe Feuerwaffen mit Steinschlössern unterscheiden, welche eine viel stärkere Ähnlichkeit mit den französischen Vorbildern haben als die vorher genannte limburgisch-rheinländische Gruppe. Die hier gezeigten Exemplare sind aus Herzogenbusch, Den Haag und Utrecht. Besonders die Schlösser lassen sich gut mit den französischen Vorbildern vergleichen, so z.B. die Schlösser des P. Thomas aus Paris ca. 1640;[36] die frappante Übereinstimmung in der Verzierung der Schlossplatten muss wohl der Möglichkeit zugeschrieben werden, dass man französische Musterbücher über Feuerwaffengravuren einzusehen in der Lage war. Auffallend ist die häufige Anwendung von Ebenholz für den Schaft, wobei bemerkt werden kann, dass diese kostbare Holzsorte vornehmlich durch die V.O.C. aus Ceylon in die Niederlande gebracht wurde. In schönem Kontrast zum Ebenholz sind die bei dieser Gruppe angewandten silbernen Kolbenkappen; diese in Formen gepresste, silberne Kappen, die bei der Befestigung an den Pistolen mit Sand gefüllt wurden, haben die Form eines behelmten Kopfes oder einer Kombination eines Menschen- und eines Hundekopfes. Die Ladestockkappe, die Ladestockröhrchen und der Beschlag an der Vorderseite des Schaftes sind aus Silber mit eingepressten Motiven.

Eine der Pistolen aus Herzogenbusch trägt auf der Schlossplatte als Zeichen die Initialien 'F.C.', welche wahrscheinlich Frans Claessen bedeuten (Abb. 53-Schlossplatte als Zeichen die Initalen 'F.C.', welche wahrscheinlich Frans Claessen bedeuten (Abb. 53z 55).[37] Einem Register des Jahres 1648 der Schmiedezunft in Herzogenbusch kann man entnehmen, dass alle Meister ihre eigenen Zeichen hatten; Frans Claessen kommt in dem Register nicht mehr vor, so dass man annehmen kann, dass er im Jahre 1648 bereits verstorben war.[38]

Eine besonders schöne Steinschlossbüchse von Jan Incoer aus Den Haag befand sich bereits im Jahre 1653 in der Sammlung Carl Gustav Wrangels, der sie wie folgt beschrieb; 'Ein gezoges Holländr. Karbinher mit bräsilies Holtz gefasset und einem Flinten shloss' (Abb. 42-44).[39] Jan Incoer wurde im Jahre 1641 als Vorsitzender der St. Eloyszunft in Den Haag angewiesen, und man kann hieraus schliessen, dass er bereits einige Jahre davor in dieser Zunft beschäftigt war. Im Jahre 1652 wurde er zum Dekan der Zunft gewählt und blieb es bis zum Jahre 1654.[40]

Wie bereits im Jahre 1651 in der Sammlung Carl Gustav Wrangels beschrieben, befand sich darin auch ein Steinschlossgewehr von Gerrit Paulusz van Stalbergen oder, wie er selbst buchstabierte, Goert Pauelsen van Stalboerch (Abb. 45-48). Von diesem Büchsenmacher ist bekannt, dass er im Jahre 1650 an einen Amsterdamer Kaufmann 150 Schnapphähne, Flinten und 10 Pistolenpaare verkaufte.[41]

Waffen mit erhabenen Reliefverzierungen

Bei der Erwähnung einer zuvor genannten Gruppe mit einer Kanne gezeichneter Waffen verwiesen wir auf eine andere wichtige Gruppe Feuerwaffen, von welcher jetzt die Rede sein wird.

Es handelt sich hierbei um Gewehre und Pistolen aus der Periode 1640-1650, welche allesamt mit einer erhabenen Verzierung versehen sind (Abb. 60-84); diese Verzierung befindet sich auf den Schlössern, den Läufen und dem Beschlag. Die mit einem gestochenen Relief verzierten Waffen lassen sich grob gesehen in drei Gruppen einteilen:[42] 1. die gestochenen Ornamente sind in Längsrichtung an beiden Seiten des Laufes angebracht und werden in manchen Fällen auf dem Schloss und dem Beschlag wiederholt (Abb. 60-63); ein Teil der Gewehre aus dieser Gruppe ist obendrein mit einem plastisch geformten Affen an der Vorderseite der Batterie geschmückt; 2. die gestochenen Ornamente sind in einem weniger erhabenen Relief ausgeführt und auf dem Lauf in Kartuschen gruppiert (Abb. 78-80); 3. das gestochene Ornament ist ziemlich tief ausgeführt und setzt sich meistens aus zahlreichen kleinen Figuren zusammen (Abb. 81-84).

Es besteht eine grosse Übereinstimmung zwischen diesen Feuerwaffen und einer Gruppe gestochener, eiserner Degengefässe der gleichen Periode.

Die Schlösser der Waffen in allen drei genannten Gruppen haben miteinander die Batteriefedern an der Innenseite der Schlossplatte gemein, welche dort angebracht wurde, um eine möglichst grosse verzierbare Oberfläche zu erhalten; als eine Konsequenz hiervon kann erwähnt werden, dass so kein Platz mehr für Signaturen blieb.

Die Unterschiede in der Ausführung lassen es unwahrscheinlich erscheinen, dass diese alle aus ein und demselben Produktionszentrum stammen.

Die dritte Gruppe, welche auch als letzte zu datieren ist, umfasst eine Anzahl mit 'à Sedan' gezeichneter Waffen, wodurch die französische Abstammung wohl feststeht.

Die zweite Gruppe umfasst eine Anzahl von Waffen mit Dekorationen, welche von den Entwürfen im Musterbuch des François Marcou (Abb. 53-55),[43] das, obwohl es erst in Jahre 1657 zur Veröffentlichung kam, fast ausschliesslich Waffen aus einer früheren Periode zeigt, kaum abweichen.

Andere Waffen in dieser Gruppe sind nach Bildern des Crispijn de Passe II (1597-1670) verziert (Abb. 64, 65).

Auch das Ornament ist also kein Anhaltspunkt beim Lokalisieren dieser Waffen; man kann höchstens behaupten, dass die zwei letztgenannten Gruppen wahrscheinlich aus den französischen Niederlanden stammen.

Entwicklungen in der Mitte des 17. Jahrhunderts

Inzwischen hatte sich um die Mitte des 17. Jahrhunderts auch im limburgisch-rheinländischen Gebiet die französische Mode bei den Büchsenmachern durchgesetzt. Dies ist aus einer Steinschlosswenderpistole von De la Pierre aus Maastricht ersichtlich (Abb. 85-87). Auch hier zeigt das Schloss grosse Übereinstimmung mit den Schlössern des P. Thomas aus Paris.[44] Bemerkenswert ist der wunderschöne, aber unpraktisch vergoldete und emaillierte Beschlag, wie er in dieser Periode des öfteren angewandt wurde. Das ist auch aus der Radschlosspistole mit Maastrichter Zeichen (Abb. 88-90), die jedoch in Schweden von Jürgen Dargeman mit Emaillearbeit ausgeführt wurde und zum Krönungssattel Karls X. Gustav von Schweden gehörte, ersichtlich.

Aus den zahlreichen bewahrt gebliebenen wunderschönen Radschloss- und Steinschlosswaffen ist abzuleiten, dass die Anfertigung luxuriöser Waffen in Utrecht seit Mitte des 17. Jahrhunderts einen grossen Aufschwung genommen hat. Neben den technischen Anforderungen, von den Kunden der Büchsenmacher gestellt: sauber schiessende Läufe und perfekt arbeitende Schlösser, verlangte man jetzt auch noch eine kunstvolle Ausführung. Hierdurch waren die Büchsenmacher dazu verpflichtet die Hilfe allerlei anderer Fachleute zu beanspruchen, wie beispielsweise Bildschnitzer für die verzierten Schäfte, Silberschmiede für den Beschlag und das Verzieren von Läufen, Gelbgiesser für die aus Messing gegossenen und ziselierten Teile des Beschlags und Graveure für die Gravierarbeit und kalligraphierte Signaturen auf Läufen, Schlössern und dem Beschlag.

Wie arbeitsintensiv die Büchsenmacherei war, ist deutlich, wenn wir uns vor Augen führen, wie z.B. ein Gewehrschloss zustande kam.

Zuerst schmiedete der Büchsenmacher die Schlossplatte und die Unterteile des Schlosses aus Stahl, um sie anschliessend passend zu feilen und weiter zu bearbeiten; danach konnten die zu verzierenden Teile durch den Graveur behandelt werden; die gravierten und vollendeten Unterteile mussten jetzt gehärtet werden. Die hierzu notwendige Prozedur war mit Recht das Geheimnis des Schmiedes. Im allgemeinen verwendete man für die Härtung den Zementierungsprozess, wobei die zu härtenden Unterteile mit einer Masse aus Widderhorn, Ochsenhuf, gemahlenem Glas, Salz, Essig und Russ eingerieben und luftfrei erhitzt wurden. Die Folge dieser Behandlung war, dass Kohlenstoff in die Oberfläche des Stahles durchdringen konnte, wodurch es, je nach der Zeitdauer der Behandlung, härter wurde.[45] Nach dem Härten wurden die hässlich gewordenen Unterteile poliert und eventuell gebläut und anschliessend zusammengesetzt.

In Utrecht arbeiteten besonders fachmännische Gewehrgraveure; leider sind uns von ihnen keine Namen bekannt, nur ein einziges Zeichen eines derartigen Graveurs. Auf einer Anzahl Schlösser des berühmten Utrechter Büchsenmachers Jan Knoop kommt nämlich, losgelöst von der gravierten Vorstellung, ein kleiner gravierter Hirsch vor.

Utrechter Büchsenmacher

Von einigen Utrechter Büchsenmachern, welche nach etwa 1650 eine Rolle bei der Herstellung von Luxus-Feuerwaffen gespielt haben, sind uns persönliche Daten bekannt; von einer etwas grösseren Anzahl blieben Arbeiten bewahrt. Auffallend ist, dass so wenige Waffen von Qualität in den Niederlanden selbst bewahrt blieben. Will man bedeutende Arbeiten niederländischer Büchsenmacher des 17. Jahrhunderts bewundern, so kann dies nur bei einer Anzahl ausländischer Sammlungen, welchen diese Waffen oftmals bereits seit dem 17. Jahrhundert angehörten geschehen. Ein gutes Beispiel ist die Arbeit des Jan Knoop, von dem in den Niederlanden lediglich einige Waffen bewahrt blieben.[46]

Eine grosse Anzahl seiner Feuerwaffen der allerhöchsten Qualität gelangte bereits um die Mitte des 17. Jahrhunderts auf Bestellung nach Skandinavien. Jan Knoop wurde zum ersten Mal im Jahre 1642 bei dem Ankauf eines Hauses an der Südseite des Viesteech in Utrecht als Schäfter erwähnt.

Im Jahre 1664 waren Knoop und seine zweite Frau, Antonia van Dieren, Eigentümer eines Hauses an der Nordseite der gleichen Gasse, an welchem 'de Gecroonde France Pistolen' aushingen.[47] Es ist nicht ohne Bedeutung, dass ein renommierter Büchsenmacher wie Jan Knoop auf seinem Aushängeschild französische Pistolen anpries. Besonders lange konnte er sich nicht an dem Besitz dieses Hauses er freuen, da er es nach juristischen Schwierigkeiten im Jahre 1665 an den Büchsenmacher Abraham Jansen abtreten musste. Aus Dokumenten ist ersichtlich, dass Jan Knoop und dessen Frau im Jahre 1678 noch lebten. Wie aus der grossen Verschiedenheit der von ihm angefertigten Feuerwaffentypen zu ersehen ist, war er ein vielseitiger Büchsenmacher. Es sind von ihm eine Luntenschlossmuskete, Radschlosspistolen, -büchsen, -gewehre, Steinschlosspistolen und -gewehre bekannt. Er blieb während seiner ganzen Laufbahn dabei, Radschlosspistolen anzufertigen, und war damit einer der letzten Hersteller dieses Feuerwaffentyps. Oftmals treffen wir bei seinen Radschlosspistolen ein interessantes Rudiment einer früheren (französischen) Konstruktion an (Abb. 99–102):[48] die Seitenplatte, welche an sich ein modernes Element an der Waffe ist, hat eine Form, die solchen französischer Radschlosspistolen entnommen ist, wo sie konstruktiv erforderlich war, um die durchgehende Welle des Rads zu tragen. Die Schäfte sind aus Ebenholz, in einigen Fällen mit geschnitzten Ornamenten, wobei oftmals am Kolbenhals der Kopf eines Cherubs aufgesetzt ist. Schaft und Schnitzarbeit sind möglicherweise von Jan Knoop selbst, welcher ja stets als Schäfter erwähnt wird. Die Läufe sind ausnahmslos von vorzüglicher Qualität, jedoch sehr verschiedener Herkunft; neben deutschen Läufen verwendete er auch italienische. Die Gravierarbeit an den Schlössern und dem Beschlag ist zweifelsohne nicht von Jan Knoop selbst.

Eine Anzahl von Radschlössern und Steinschlössern ist, wie den gravierten Dekorationen zu entnehmen ist, deutlich aus einer Hand (Abb. 99–106); dies ist nicht nur dem Stil der Gravierarbeit zu entnehmen, sondern auch der Tatsache, dass all diese Schlösser mit einem kleinen gravierten Hirschen gezeichnet sind, und dies ist vermutlich eine Anspielung auf den Namen des Graveurs.

Auch die kalligraphierten Signaturen dieses und anderer Büchsenmacher, welche um die Mitte des

Jahrhunderts in Mode kamen, sind vermutlich durch die Graveure und nicht durch die Büchsenmacher selbst ausgeführt. Die Schlösser einer Reihe von Radschlossbüchsen, die Jan Knoop für Ove Bielke anfertigte, sind durch wenigstens einen anderen Graveur verziert (Abb. 128-148). Zwei dieser Büchsen sind auf dem Lauf datiert: '15. April 1652' (Abb. 128, 129). Obwohl einige Waffen aus dieser Gruppe, beurteilt nach ihrer Schlossform und ihrer Verzierung, augenscheinlich älter sind, haben wir hieran nicht genügend Anhaltspunkte, da Jan Knoop des öfteren Läufe und Schlösser aus anderen Quellen verarbeitete.

So sind drei Radschlösser, unter welchen die beiden 1652 datierten sind, an der Innenseite mit einem Schlosserstempel 'M Z' (Støckel 4092) und dem städtischen Prüfzeichen von Hoorn gezeichnet. Unter einer Anzahl mit Silbereinlage versehener Läufe findet man das Zeichen 'A I' (Støckel 1883) eingeschlagen, welches möglicherweise dem bereits genannten Büchsenmacher Abraham Jansen aus Utrecht gehörte. Auch unter drei von Jan Knoop gezeichneten Steinschlossgewehren des O. Bielke findet man das Zeichen 'A I' eingeschlagen.

Die durch Jan Knoop gezeichneten Steinschlossgewehre sind in vielerlei Hinsicht besonders interessant (Abb. 173-188); sie sind in der Periode 1655-1660 entstanden und weisen eine Reihe von mehr oder weniger auffallenden Neuigkeiten auf. Zuerst einmal fällt die neue Form des Visiers auf, nämlich das Ringvisier, welches mit einem Band um den Lauf und Schaft geschoben ist; eine voll entwickelte Form der Seitenplatte; ein Daumenschild in der Form eines silbernen Cherubinkopfes und ein Abzugsbügel mit gegabelten Ansätzer, dessen vorderste Gabel mit einem durchbrochenen Ornament gefüllt ist.

An der Innenseite der Schlösser fällt ein voll entwickelter Studel auf (173-177), und zwar des Typs, wie er ausserhalb der Niederlande zuerst auf einem Gewehr von Le Couvreux[49] aus Paris, welches ungefähr 1660 datiert wird, vorkommt.

Mit diesen Neuigkeiten reihte sich Jan Knoop in die ersten Reihen der europäischen Büchsenmacher seiner Zeit ein. Bis zum Jahre 1650 etwa waren die Steinschlösser in den Niederlanden meistens mit einer flachen Schlossplatte versehen; kurz darauf entsteht eine Vorliebe für Schlossplatten mit gewölbten Formen. Die Übergangsphase zwischen diesen beiden Formen wird hier deutlich durch eine Garnitur von Jan Knoop illustriert, welche aus zwei Jagdgewehren besteht, von denen das eine eine flache und das andere eine gewölbte Schlossplatte besitzt.

Wie modern die Steinschlossgewehre des Jan Knoop waren, ist aus einem Vergleich mit einer Steinschlossgewehr-Garnitur aus etwa dem Jahre 1660 zu ersehen, welche ebenfalls mit einem flachen und einem gewölbten Schloss durch die tonangebenden Pariser Büchsenmacher Thuraine und Le Hollandois (= Adriaan Reynier nach Boeheim) gearbeitet sind (Abb. 189-193). Dieser Le Hollandois gab zusammen mit Thuraine der französischen Büchsenmacherkunst unter Ludwig XIV. neue Impulse.

Das hier abgebildete Gewehr dieser beiden Pariser Meister ist beispielsweise noch mit einer Seitenplatte der damals in Frankreich noch gebräuchlichen, dem Radschloss entnommenen archaischen Form versehen. Das Schloss hat noch keinen Studel.

Auch andere Utrechter Büchsenmacher in der Periode 1655-1660 passten die obengenannten Neuigkeiten ihren Steinschlossgewehren an. So auch Edvardt Abrahamsz de Moor, von dem lediglich drei Gewehre bekannt sind. Zwei hiervon formen eine auf Bestellung von Carl Gustaf Wrangel angefertigte Garnitur (Abb. 194-204), wie man seinem Wappen auf den Seitenplatten entnehmen kann. Bemerkenswert ist hier wieder, dass die eine Schlossplatte flach und die andere gewölbt ist. Auch hier wieder ein voll entwickelter Studel in beiden Schlössern. Das Ringvisier ist hier in der Entwicklung eine Phase weiter als bei Jan Knoop und schliesst nun allein um den Lauf. Auch der Abzugsbügel ist weiter entwickelt; seine gegabelten Enden sind jetzt völlig geschlossen und haben gewölbte Formen bekommen.

Die Gravierarbeit und die aus Nussbaum geschnitzten Schäfte dieser Garnitur sind gewiss durch ebenso fachkundige Utrechter Meister ausgeführt wie bei den Feuerwaffen des Jan Knoop. Ein Utrechter Büchsenmacher, von dem, abgesehen von einer Anzahl Waffen, auch einige persönliche Einzelheiten bekannt sind, ist Jan Ceule. Dieser Büchsenmacher wurde im Jahre 1660 Eigentümer eines Hauses an der Südseite des Viesteech in Utrecht. Im Jahre 1668 gelangte er in den Besitz eines Hauses an der Nordseite der gleichen Gasse, vor welchem die beiden französischen Pistolen aushingen, vermutlich dasselbe Haus, das erst im Besitz des Jan Knoop war.[50] Weiters wissen wir von Jan Ceule, dass er am 1. November 1669 starb. Anhand zweier von ihm hergestellter Feuerwaffen können wir behaupten, dass er kurz nach dem Jahre 1650 gearbeitet haben muss. Eine von ihm angefertigte Radschlosspistole im Skokloster zeigt die Merkmale von Radschlössern um das Jahr 1650 (Abb. 91-93), wobei der von innen geschraubte Hahnstudel noch nicht die für das holländische

Radschloss charakteristische Form hat; ausserdem hat die aus Messing in Relief gegossene Kolbenkappe ein Profil, welches auch um 1650 in Frankreich vorkam.

Eine praktische Vorkehrung am Radschloss, welche auch bei Radschlosspistolen von Jan Knoop vorkommt, ist das kleine Loch unter dem Rad, durch welches man sehen konnte, ob die Schlagfeder gespannt war. Es ist interessant, anhand zweier Steinschlossgewehre Jan Ceules die Entwicklung der Periode von 1650–1660 verfolgen zu können.

Bei dem ersten Gewehr (Abb. 111, 112) ist das Schloss noch völlig flach, der Lauf ist rund, der Abzugsbügel noch besonders einfach und der Kolben noch mit einem konkaven Rücken versehen. Das zweite Gewehr (Abb. 222–225) hat ein gewölbtes Schloss, der Lauf ist kantig, der Abzugsbügel hat den massiven Ansatz der Zeit um 1660, während der Kolben eine Form der gleichen Periode hat. Kurz vor seinem Tode im Jahre 1669 muss Jan Ceule die Steinschlosspistole gemacht haben, welche das Monogramm des Königs Christian V. von Dänemark trägt (1670–1699). Diese zeigt in der Form ein grosses Mass an Übereinstimmung mit französischen Steinschlosspistolen der gleichen Zeit. Ein anderer und vielleicht bedeutenderer Utrechter Büchsenmacher war Cornelis Coster. Er wurde am 4. Juni 1668 Eigentümer eines Hauses in der Elisabethstraat, auf welches er im Jahre 1688 eine Hypothek legen liess. Sein Name wird auch in einem Magistratsbeschluss vom 20. März 1687 im Zusammenhang mit einem Konflikt über eine Partie 'Essische' Läufe (vielleicht Essen) erwähnt, die er ausserhalb der Stadt Utrecht prüfen und zeichnen liess.[51] Weitere persönliche Einzelheiten über ihn sind nicht vorhanden. Er muss bereits eine beträchtliche Zeit vor dem Jahre 1668 tätig gewesen sein, da sich im Kopenhagener Tøjhus eine Magazinbüchse befindet, die wie folgt gezeichnet ist: 'Cornelius Coster Utrecht Anno 1652' (Abb. 26, 27).

Dieses Gewehr hat noch ein flaches Schloss sowie eine Kolbenform, wie wir sie bereits bei dem Gewehr von Jan Ceule, welches kurz nach 1650 datiert wurde, gesehen haben. Die gravierte Verzierung auf dem Schloss basiert deutlich auf französischen Musterbüchern.

Ein besonders interessantes Hinterladergewehr von Coster im Tøjhus (Abb. 113, 114) muss auch zu Beginn der 50er Jahre datiert werden, und zwar aufgrund der Form und Dekoration.

Ein Gewehr, welches man um 1688 bestimmen kann (Abb. 252, 253), befindet sich in der gleichen Sammlung. Es ist ein für die Zeit sicher in den Niederlanden besonders modernes Gewehr, welches alle Stilmerkmale

gleichzeitiger Feuerwaffen berühmter Pariser Büchsenmacher, wie z.B. Piraube, aufweist, und ein deutliches Beispiel dessen, was Lenk den klassischen Ludwig XIV.-Stil nannte:[52] als Merkmale nennt er u.a., dass die Unterseite der Schlossplatte kurz vor dem Hahn aufwärts und hinter dem Hahn wieder nach unten gebogen ist; die Vorderseite des Stahles ist mit einer warzenartigen Verdickung dekoriert; der Lauf ist in eine Anzahl Abschnitte verteilt, welche durch Reliefbänder getrennt sind und von 8kantig über 16kantig nach rund verlaufen.

Ein ebenso erfinderischer Utrechter Büchsenmacher war Jan Flock, der wahrscheinlich aus Solingen stammte. Aus bewahrt gebliebenen Feuerwaffen und Dokumenten ist ersichtlich, dass er von ungefähr 1650 bis mindestens 1673 tätig gewesen sein muss. Seine Arbeiten umfassen u.a. 3läufige Wendergewehre und Pistolen mit Steinschlössern, selbstspannende Radschlosswaffen und Pistolen mit abschraubbaren Läufen (Abb. 151–177). Obgleich die gravierten Verzierungen auf vielen dieser Waffen etwas provinziell anmuten, besticht die Formgebung und die technische Ausführung dieser Waffen durch ein grosses Mass an Originalität. Die überwiegend flachen Steinschlösser an den Wendergewehren und Pistolen sind mit erfinderischen mechanischen Vorkehrungen versehen, wodurch beim Drehen der Läufe selbsttätig der Hahn gespannt und die Pfanne geschlossen wird. Zum Vergleich weisen wir auf ein 4läufiges Wendergewehr von Arnold David aus Lüttich (Abb. 149, 150), das in derselben Periode entstanden ist. Bei den selbstspannenden Radschlössern wird die Schlagfeder gespannt, wenn der Hahn sich über der Pfanne befindet. Dieses System wird auch von dem Maastrichter Büchsenmacher Sievaert Kitsen angewendet (Abb. 169–172).

Beide Waffengruppen können in die Periode 1650–1660 datiert werden. Die Steinschlosspistole mit abschraubbarem Lauf, welche gleichartigen Pistolen aus England, u.a. denen des Harman Barne aus London, ähnelt, kann man in die zweite Hälfte dieser Periode datieren.

Im Skokloster und im Tøjhus-Museum befindet sich eine Reihe von Waffen des Utrechter Büchsenmachers Peter Meesen, welche alle in die Periode um 1655–1660 zu datieren sind.

Das möglicherweise früheste Exemplar ist das Steinschlosswendergewehr aus Skokloster (Abb. 121, 122). Dieses Gewehr macht in gewisser Hinsicht einen altmodischen Eindruck, und zwar u.a. durch den Kolben. Das Schloss ist als Übergangsform vom flachen zum gewölbten Schloss interessant. Auch die Steinschlossdoppelpistole im Tøjhus-Museum hat ein Übergangsschloss, diesmal kombiniert mit einem altmodisch wirkenden Abzugsbügel (Abb. 125-127).

Die technische Ausführung dieser Waffen zeugt von Erfindungsgabe. Peter Meesen hat das Problem des Abfeuerns von zwei Läufen mit einem Schloss durch eine doppelte Pfanne gelöst, von welcher der oberste Teil verschiebbar ist. Keine Feuerwaffe im eigentlichen Sinne des Wortes ist die Windbüchse im Skokloster (Abb. 123, 124). Hiermit wurde die Kugel nicht durch den Gasdruck des brennenden Krautes weggeschossen, sondern durch den Druck der von einer Feder zusammengepressten Luft.[53]

Die Tatsache, dass Luftdruckwaffen im 17. Jahrhundert sich grosser Beliebtheit erfreuten, hängt mit dem Interesse für die Naturwissenschaften und mit der Lust zum Experimentieren zusammen. Ein praktischer Vorteil dieser war, dass sie beinahe geräuschlos waren; aus diesem Grunde waren sie besonders für Attentäter geeignet.

So wurden auch im Jahre 1655 in England Pläne für ein Attentat auf Cromwell zu Tage gebracht, welches mit einer Windbüchse aus Utrecht, welche 150 Schritt weit schiessen konnte, hätte stattfinden sollen. Utrecht scheint gerade bei der Anfertigung von Windbüchsen einen guten Ruf gehabt zu haben.

Von Caspar van Dinckel, welcher im Jahre 1667 im Utrecht 'Stadtkonstabler bzw. Stadtprüfer' wurde, befinden sich in den Livrustkammaren und in Skokloster zwei Pistolen ungefähr aus dem Jahre 1665 (Abb. 115-120),[54] wovon eine noch ein völlig plattes Steinschloss aufweist, während die andere die bereits vorher genannte Übergangsform hat.

Beide Pistolen haben die in Utrecht in der bestimmten Periode beliebten, im Relief gegossenen messingen Kolbenkappen. Die Darstellungen auf diesen Kolbenkappen sind meistens Kampfszenen mit Reitern und Fabeltieren.

Maastrichter Elfenbeinpistolen

Eine wohl besonders spektakuläre Gruppe Pistolen ist vermutlich um das Jahr 1660 in Maastricht entstanden. Alle diese Pistolen haben miteinander gemein, dass sie einen ganz aus Elfenbein geschnitzten Schaft besitzen und einen Kolben der die Form eines Kopfes hat (Abb. 226-231, 235-243).[55]

Diese Köpfe sind in drei Gruppen zu teilen: 'Römische' Köpfe mit Lorbeerkränzen; Männerköpfe mit Schnurrbart und antiquisierendem Helm und schliesslich Köpfe mit Turban oder polnischer Mütze.

Die Ausführung aller Gattungen ist so miteinander verwandt, dass sie sehr wahrscheinlich aus einer Werkstatt stammen. Da die meisten dieser Pistolen mit Schlössern Maastrichter Büchsenmacher, wie Johan Louroux, Jacob Kosters und Leonard Cleuter, versehen sind, hat wahrscheinlich auch dieses Atelier der Elfenbeinschnitzereien in Maastricht gestanden. Zwar ist eine kleine Gruppe dieser elfenbeinernen Pistolen von Büchsenmachern aus Aachen gezeichnet, der grösste Teil stammt jedoch aus Maastricht. Die Zeitspanne, in welcher diese angefertigt wurden, war von kurzer Dauer und muss aufgrund der angewandten Schlösser und Beschläge auf wenige Jahre um 1660 datiert werden.

Die Behauptung, dass der aus Dieppe stammende Elfenbeinschnitzer Jean Mansel, welcher von 1687 bis ca. 1700 in Maastricht tätig war, auch der Hersteller der elfenbeinernen Schäfte gewesen ist, verliert hierdurch an Wahrscheinlichkeit.

Französischer Einfluss

Eine Steinschlosspistole und ein Steinschlossgewehr von Rutger Nuwenhusen aus Utrecht (Abb. 242-245), beide ungefähr aus dem Jahre 1660, zeigen in ihren Dekorationen deutlich Elemente aus Stichen von Jean Berain aus dem Jahre 1659;[56] doch kommt die angepasste Vereinfachung der Berainschen Ornamente hier eher den Waffen zugute.

Zwanzig Jahre später überwog der Einfluss des französischen Stils der Gewehrmachens in den Niederlanden. Die Ornamentstiche von Simonin aus dem Jahre 1685[57] haben hierbei eine grosse Rolle gespielt und wurden selbst in den Niederlanden herausgegeben. Als Beispiel für diese Stilentwicklung kann die Pistole des Pieter Starbus aus Amsterdam dienen (Abb. 246, 247). Starbus stammte aus Pommern und war lediglich von 1684-1687 in Amsterdam tätig und hier fertigte er u.a. eine Garnitur für den dänischen König.

Auf der hier abgebildeten Pistole sind sowohl die Gravierung der Schlossplatte als auch die Form der Seitenplatte Simonins Musterbuch aus dem Jahre 1685 entnommen. Diese Pistole wird also in der Periode 1685-1687 gefertigt worden sein. Im Jahre 1687 ging Starbus nach Schweden und arbeitete dort für König Karl XI.

Vorgehender Übersicht niederländischer Feuerwaffen in der Mitte des 17. Jahrhunderts ist nicht nur etwas über die Qualität dieser Waffen zu entnehmen, sondern auch das grosse Mass an Selbständigkeit in der Arbeit der niederländischen Büchsenmacher, auch wenn sie Elemente französischer Büchsenmacher übernahmen. Es ist oft besonders schwierig zu bestimmen, ob eine Feuerwaffe französischen oder holländischen Ursprungs ist.

Manche Entwicklungen kamen in beiden Ländern zur gleichen Zeit vor, während wiederum andere erst in den Niederlanden zu verzeichnen waren.

Besonders in den 50er und 60er Jahren des 17. Jahrhunderts kann man eine gegenseitige Beeinflussung feststellen.

Platen / The Plates / Abbildungen

1.
Jacob de Gheijn. Musketier, ca. 1600. Gewassen tekening. Rijksmuseum, Amsterdam, Prentenkabinet.

Jacob de Gheyn. Musketeer, c. 1600. Wash-drawing. Rijksmuseum, Amsterdam, Printroom.

Jacob de Gheyn. Musketier ca. 1600. Tusche aus dem Rijksmuseum in Amsterdam, Prentenkabinet.

französischen Schlöszern 31.

aug 3', 2" - 5'lästig B.(F.3.)	N:º 73 atzöst	Eine Jagd: Flinte von groszem Calibre, ganz rund, mit eingezognen Korn und niedrigem Visier. Die Garniture und das Schloss ist ganz ordinaire und letzteres beschädigt, worauf Peter Meesen, Utrecht. Der Schaft ist von Nuszbaumholzg mit einem niedrigen Bandeworm und dito Ladstockdoppen.

N.º 150 Eine lange lange Flinte, glatt, mit weiszem ...schaften...
N.º 151 Eine kurze Flinte, mit 2 Läuffen, ...
N.º 152 Eine lange Flinte mit 2 ...
N.º 153 / N.º 154 ...
N.º 155 ...
N.º 156 ...
N.º 157 ...
N.º 158 ...

2.
Pagina uit manuscript-inventaris van het Tøjhusmuseum, 1775.

Page from manuscript inventory of the Tøjhusmuseum, 1775.

Seite aus dem Manuskriptkatalog des Tøjhusmuseums, 1775.

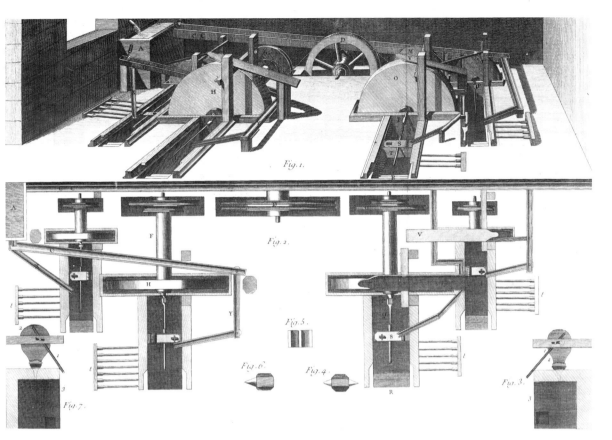

3.
Pagina uit manuscript-inventaris van de wapenverzameling van C. G. Wrangel, door hemzelf geschreven, 1651.

Page from the inventory of the arms collection of C. G. Wrangel, in his own handwriting, 1651.

Seite aus dem eigenhändig geschriebenen Manuskriptkatalog der Waffensammlung des Carl Gustaf Wrangel, 1651.

4.
Boor- en slijpmolen voor geweerlopen. Uit: D. Diderot & J. d'Alembert. *Encyclopédie*, Paris-Neufchatel, 1751-65.

Boring and grinding mill for gun-barrels. From *Encyclopédie*, D. Diderot and J. d'Alembert. Paris-Neufchatel, 1751-65.

Bohr- und Schleifmühle für Gewehrläufe. Aus: Diderot & d'Alembert, *Encyclopédie*, Paris-Neufchatel, 1751-65.

5.
Jan van de Velde. Ignis (vuur), gezicht op een stadsproefwerf. Gravure naar tekening van W. Buytewech c.1630.

Jan van de Velde. Ignis (fire): view of a city proving range. Engraving after a drawing by W. Buytewech, ca.1630.

Jan van de Velde. Ignis (Feuer): Blick auf einen städtischen Prüfstand. Stich nach einer Zeichnung von W. Buytewech, um 1630.

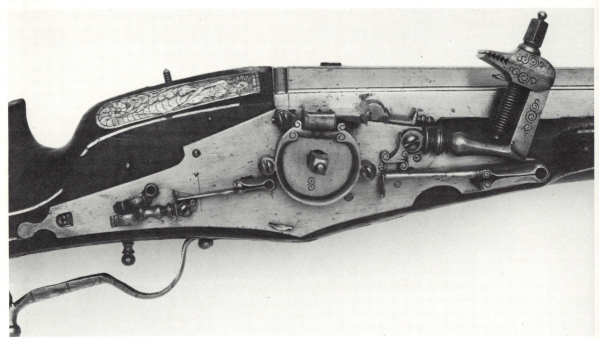

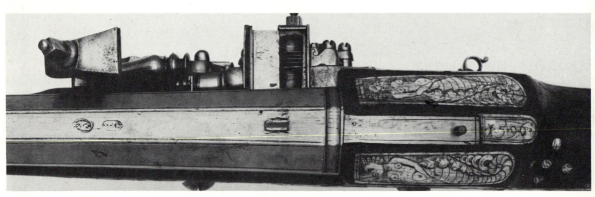

6–8.
Radslotmusket, Amsterdam, 1596.
Platte slotplaat; buitenliggend rad, vastgehouden door een ring; voorzien van een veiligheid. Ronde, gedeeltelijk kantige loop; notehouten lade ingelegd met been of hertshoorn, op het inlegwerk gedateerd '1596'; ijzeren beslag.
Wheel-lock musket, Amsterdam, 1596.
Flat lockplate; exterior wheel held by a ring; equipped with safety-catch. Round, partly angular barrel; walnut stock, inlaid with bone, dated '1596'; iron mounts.
Radschlossmuskete, Amsterdam, 1596.
Flache Schlossplatte; aussenliegendes Rad von einem Ring festgehalten; mit Sperre. Runder, zum Teil kantiger Lauf; Nussbaumschaft eingelegt mit Bein oder Hirschhorn mit Datum '1596'; Eisenbeschlag.
Verzameling / Collection / Sammlung: LK 11682.
Merken / Marks / Marken
Loop / Barrel / Lauf: niet / not / nicht in Støckel.
Slotplaat / Lockplate / Schlossplatte: niet / not / nicht in Støckel.
Lengte / Length / Länge: 1294mm.
Loop / Barrel / Lauf: 960mm.
Kaliber / Calibre / Kaliber: 17,7mm.
Gewicht / Weight / Gewicht: 8.130g.

9,10.
Radslotmusket, Haarlem, 1624. Platte, gegraveerde slotplaat; buitenliggend rad, vastgehouden door twee zeemeerminnen; voorzien van een veiligheid. Kantige loop, gedateerd '1624'; notehouten lade ingelegd met been of hertshoorn en gegraveerd parelmoer; ijzeren beslag.
Wheel-lock musket, Haarlem, 1624.
Flat, engraved lockplate; exterior wheel held by two mermaids; equipped with

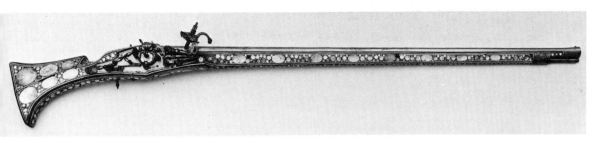

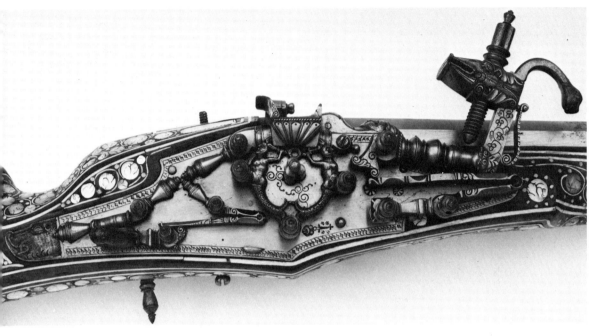

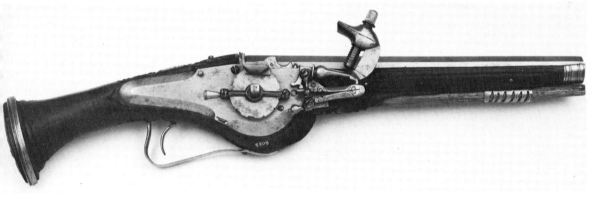

safety-catch. Angular barrel, dated '1624'; walnut stock inlaid with bone and engraved mother-of-pearl; iron mounts.
Radschlossmuskete, Haarlem, 1624. Flache, gravierte Schlossplatte; aussenliegendes Rad, von zwei Seenymphen festgehalten; mit Sperre. Kantiger Lauf mit Datum '1624'; Nussbaumschaft eingelegt mit Bein oder Hirschhorn und gravierterm Perlmutter; Eisenbeschlag.
Verzameling / Collection / Sammlung: TMK B 319.
Merken / Marks / Marken
Loop / Barrel / Lauf: 1624.

Slotplaat: stadskeur van Haarlem.
Lockplate: city-proof of Haarlem.
Schlossplatte: Haarlemer Beschauzeichen.
Lengte / Length / Länge: 1657mm.
Loop / Barrel / Lauf: 1274mm.
Kaliber / Calibre / Kaliber: 17,7mm.
Gewicht / Weight / Gewicht: 7.240g.
11.
Radslotpistool (poffert), Duitsland (?), ca.1620. Plat slot met afgeschuinde kanten. Kantige loop in gesneden lade van gezwart notehout; houten laadstok; ijzeren beslag. Één van een paar.
Wheel-lock pistol, Germany (?), c.1620.

Flat lock with bevelled edges. Angular barrel in carved, blackened walnut stock; wood ramrod; iron mounts. One of a pair.
Radschlosspistole (Puffer), Deutschland (?), ca.1620. Flaches Schloss mit abgeschrägten Rändern. Kantiger Lauf; geschnitzter Schaft aus geschwärztem Nussbaum; hölzerner Ladestock; Eisenbeschlag. Eine eines Paares.
Verzameling / Collection / Sammlung: SK Wr. 5808.
Lengte / Length / Länge: 395mm.
Loop / Barrel / Lauf: 235mm.
Kaliber / Calibre / Kaliber: 12,1mm.

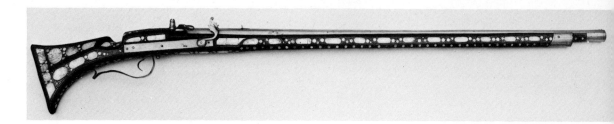

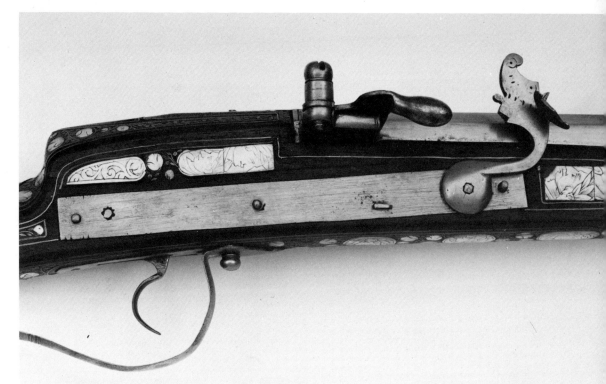

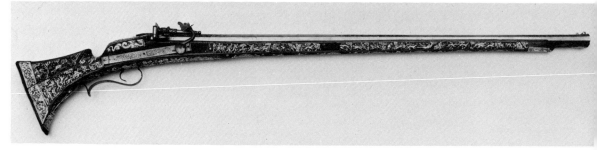

12,13.
Lontslotmusket, Amsterdam, ca.1630.
Rechthoekige, platte slotplaat; gedeeltelijk bolle haàn. Kantige loop; notehouten lade ingelegd met messingdraad, gegraveerd parelmoer en been of hertshoorn; ijzeren trekkerbeugel; messingen kolfplaat.
Matchlock musket, Amsterdam, c.1630.
Rectangular, flat lockplate; partly convex cock. Angular barrel; walnut stock inlaid with brass wire, engraved mother-of-pearl and bone; iron trigger-guard; brass buttplate.
Luntenschlossmuskete, Amsterdam, ca.1630. Vierkantige, flache Schlossplatte; teilweise gewölbter Hahn. Kantiger Lauf; Nussbaumschaft eingelegt mit Messingdraht, graviertem Perlmutter und Bein oder Hirschhorn; eiserner Abzugsbügel; messingne Kolbenplatte.
Verzameling / Collection / Sammlung: TMK B 320.
Merken / Marks / Marken
Loop / Barrel / Lauf: Støckel 1261.
Slotplaat / Lockplate / Schlossplatte: Støckel 6503.
Lengte / Length / Länge: 1544mm.
Loop / Barrel / Lauf: 1165mm.
Kaliber / Calibre / Kaliber: 17,7mm.
Gewicht / Weight / Gewicht: 5.540g.

14-16.

Lontslotmusket, Amsterdam, 1611. Slot met rechthoekige en platte messingen slotplaat, gegraveerd met lofwerk; bolle haan. Kantige loop met gegraveerde tekst; notehouten lade ingelegd met gegraveerd been of hertshoorn; ijzeren, gedeeltelijk messingen beslag.

Matchlock musket, Amsterdam, 1611. Lock with rectangular and flat brass lockplate, engraved with scroll-work; convex cock. Angular barrel with engraved text; walnut stock inlaid with engraved bone; iron, partly brass mounts.

Luntenschlossmuskete, Amsterdam, 1611. Schloss mit vierkantiger und flacher messingner Schlossplatte, mit Ranken graviert; gewölbter Hahn. Kantiger Lauf mit eingraviertem Text; Nussbaumschaft eingelegt mit graviertem Bein oder Hirschhorn; eiserner, teils messingner Beschlag.

Verzameling / Collection / Sammlung: LK 11673.

Merken / Marks / Marken
Loop / Barrel / Lauf: Støckel 4863; *furieux je suis mais sans feu je ne puis, anno 1611.*
Slot: keur van Amsterdam en gekroonde T (niet in Støckel).
Lock: Amsterdam proof-stamp and crowned T (not in Støckel).
Schloss: Amsterdamer Beschau und gekröntes T (nicht in Støckel).

Lengte / Length / Länge: 1621mm.
Loop / Barrel / Lauf: 1243mm.
Kaliber / Calibre / Kaliber: 19,6mm.
Gewicht / Weight / Gewicht: 6.300g.

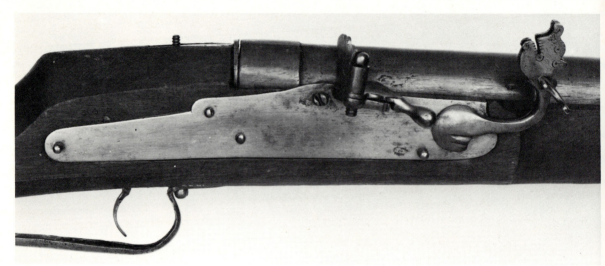

17, 18.
Lontslotscheepsgeweer (donderbus), 2e kwart 17e eeuw. Plat slot. Ronde koperen loop; gekleurde beukehouten lade; houten laadstok; ijzeren beslag.
Matchlock gun for use at sea, 2nd quarter of 17th century. Flat lock. Round copper barrel; stained-beech stock; wooden ramrod; iron mounts.
Luntenschlossschiffsgewehr, 2. Viertel des 17. Jhrh. Flaches Schloss. Kupferner runder Lauf; Schaft aus gefärbtem Buchenholz; hölzerner Ladestock; Eisenbeschlag.

Verzameling / Collection / Sammlung: SK Wr. 5851.
Lengte / Length / Länge: 1398mm.
Loop / Barrel / Lauf: 990mm.
Kaliber / Calibre / Kaliber: 32mm.

19, 20.
Snaphaangeweer, Schotland, 1604. Plat snaphaanslot, gedeeltelijk gegraveerd; op het panscherm gedateerd '1604'. Ronde, gedeeltelijk kantige loop met geprofileerde tromp; notehouten lade; ijzeren beslag. De lade is mogelijk van later datum.
Snaphance gun, Scotland, 1604. Flat lockplate, partly engraved; dated '1604' on the fence. Round, partly angular barrel; flaring and chamfered muzzle; walnut stock; iron mounts. The stock is possibly of later date.
Schnapphahngewehr, Schottland, 1604. Flache Schlossplatte, teilweise graviert; auf dem Pulverschirm '1604' datiert. Runder, zum Teil kantiger Lauf mit profilierter Mündung; Nussbaumschaft; Eisenbeschlag. Der Schaft ist möglicherweise späteren Datums.
Verzameling / Collection / Sammlung: TMK B 344.

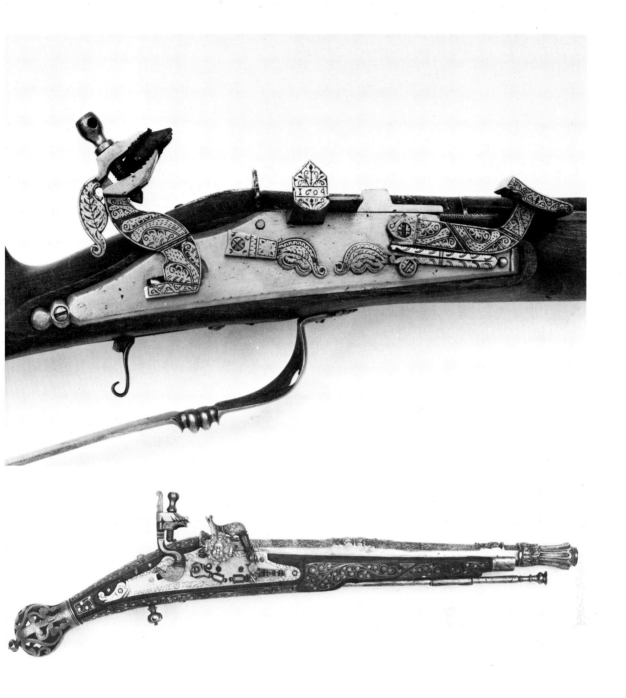

Merken / Marks / Marken
Slot / Lock / Schloss: 1604.
Lengte / Length / Länge: 1765mm.
Loop / Barrel / Lauf: 1430mm.
Kaliber / Calibre / Kaliber: 17,3mm.
Gewicht / Weight / Gewicht: 4.840g.

21.
Snaphaanzakpistool (poffert), ca.1600.
Slot met platte en bolle vormen; rond panscherm met cherubijnekop; ingeslagen versiering; geelkoperen slotplaat. Ronde geelkoperen loop, aan de zijkanten platgevijld; ronde geprofileerde tromp; notehouten lade ingelegd met geelkoperdraad en geelkoperen sterretjes; opengezaagde geelkoperen kolfkap en dito trekker. Eén van een paar.
Snaphance pocket-pistol, c.1600. Lock with flat and convex surfaces; round fence with cherub's head; punched decoration; brass lockplate. Round, brass barrel with flattened sides and round-profiled muzzle; walnut stock inlaid with brass wire and brass stars; brass butt-cap and trigger in open-work. One of a pair.
Schnapphahntaschenpistole (Puffer), ca.1600. Schloss mit abgeflachten und runden Formen; runder Pulverschirm mit Cherubinkopf; eingeschlagene Verzierungen; messingne Schlossplatte. Runder Messinglauf mit abgeflachten Seiten; runde, profilierte Mündung; Nussbaumschaft mit Messingdraht und messingnen Sternen eingelegt; Kolbenkappe und Abzug aus durchbrochenem Messing. Eine eines Paares.
Verzameling / Collection / Sammlung: SK Wr. 5552.
Lengte / Length / Länge: 390mm.
Loop / Barrel / Lauf: 255mm.
Kaliber / Calibre / Kaliber: 10,2mm.

23

22, 23.
Doelroer met snaphaanslot, ca.1620.
Slot met platte en bolle vormen; schelpvormig panscherm. Ronde, gedeeltelijk vierkante geprofileerde loop; gesneden notehouten lade; ijzeren beslag.
Target gun with snaphance-lock, c.1620.
Flat and convex lock; shell-shaped fence. Round, partly angular, profiled barrel; carved walnut stock; iron mounts.
Zielbüchse mit Schnapphahnschloss, ca.1620. Flaches und gewölbtes Schloss; muschelförmiger Pulverschirm. Runder, zum Teil kantiger, profilierter Lauf; geschnitzter Nussbaumschaft; Eisenbeschlag.
Verzameling / Collection / Sammlung:
SK Wr. 6198.
Merken / Marks / Marken
Loop / Barrel / Lauf: Støckel 4867.
Lengte / Length / Länge: 1870mm.
Kaliber / Calibre / Kaliber: 15,9mm.

24, 25. Vuursteenmagazijnbuks, Holland, ca.1645. Snaphaanslot van bijzondere constructie. Ronde, gedeeltelijk kantige loop; notehouten lade; gedeeltelijk verguld ijzeren beslag.
Flintlock magazine rifle, Holland, c.1645. Snaphance-lock of special construction. Round, partly angular barrel; walnut stock; partly-gilt iron mounts.
Steinschlossmagazinbüchse, Holland, ca.1645. Schnapphahnschloss besonderer Konstruktion. Runder, zum Teil kantiger Lauf; Nussbaumschaft; teilweise vergoldeter Eisenbeschlag.
Verzameling / Collection / Sammlung:
TMK B 182.
Lengte / Length / Länge: 1258mm.
Loop / Barrel / Lauf: 930mm.
Kaliber / Calibre / Kaliber: 17,2mm.
Gewicht / Weight / Gewicht: 4.740g.

26, 27.
Vuursteenmagazijngeweer door Cornelis Coster, Utrecht, 1652. Plat slot van bijzondere constructie, gegraveerd met een vrouwenfiguur bij wapentrofee. Ronde loop; op de kamer gegraveerd met de naam en het familiewapen van Henrick Oldelandt tot Rydal in Blekinge (Zweden); notehouten lade; houten laadstok; gedeeltelijk gegraveerd ijzeren beslag. Dit geweer heeft toebehoord aan Henrick Oldelandt tot Rydal in Blekinge (1615-56).
Flintlock magazine gun by Cornelis Coster, Utrecht, 1652. Flat lock of special construction; engraved with a female figure with trophy of arms. Round barrel; breech engraved with the name and coat of arms of Henrick Oldelandt of Rydal in Blekinge (Sweden); walnut stock; wooden ramrod; partly engraved iron mounts. This gun belonged to Henrick Oldelandt of Rydal in Blekinge (1615-56).
Steinschlossmagazingewehr von Cornelis Coster, Utrecht, 1652. Flaches Schloss besonderer Fertigung; graviert mit einer Frauenfigur mit Waffentrophäe. Runder Lauf; Kammer graviert mit Name und Familienwappen von Henrick Oldelandt zu Rydal in Blekinge (Schweden); Nussbaumschaft; hölzerner Ladestock; teilweise gravierter Eisenbeschlag. Dieses Gewehr hat Henrick Oldelandt zu Rydal in Blekinge (1615-56) gehört.
Verzameling / Collection / Sammlung: TMK B 625.
Merken / Marks / Marken
Slotplaat / Lockplate / Schlossplatte: *Cornelis Coster Vtrecht / Anno 1652.*
Lengte / Length / Länge: 1486mm.
Loop / Barrel / Lauf: 1039mm.
Kaliber / Calibre / Kaliber: 15,2mm.
Gewicht / Weight / Gewicht: 3.530g

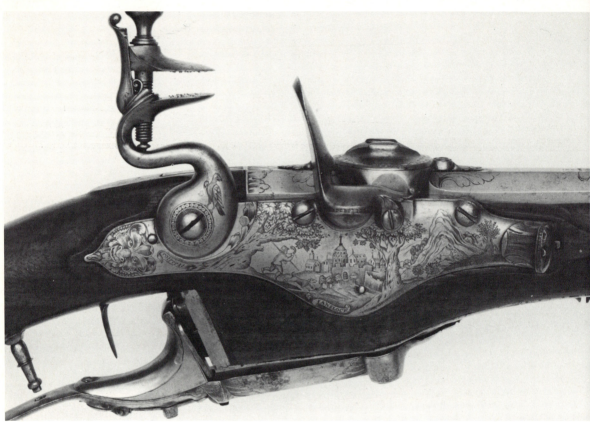

28, 29.
Vuursteenmagazijngeweer door Jan Flock, Utrecht, ca.1667. Bol slot van bijzondere constructie, gegraveerd met een masker en een hazejacht. Ronde, gedeeltelijk kantige loop; notehouten lade; houten laadstok; ijzeren beslag.
Flintlock magazine gun by Jan Flock, Utrecht, c.1667. Convex lock of special construction, engraved with a mask and hare-shooting. Round, partly angular barrel; walnut stock; wooden ramrod; iron mounts.
Steinschlossmagazingewehr von Jan Flock, Utrecht, ca.1667. Gewölbtes Schloss besonderer Fertigung, graviert mit einer Maske und einer Hasenjagd. Runder, zum Teil kantiger Lauf; Nussbaumschaft; hölzerner Ladestock; Eisenbeschlag.
Verzameling / Collection / Sammlung: LK 3644.
Merken / Marks / Marken
Slotplaat / Lockplate / Schlossplatte: *JAN FLOCK VTRECHT*
Lengte / Length / Länge: 1505mm.
Kaliber / Calibre / Kaliber: 13,4mm.
Gewicht / Weight / Gewicht: 4100g.

30, 31.
Vuursteenpistool, ca.1635. Plat slot. Kantige getrokken loop; notehouten lade; houten laadstok; ijzeren beslag. Dit pistool heeft toebehoord aan Koningin Christina. Één van een paar.
Flintlock pistol, c.1635. Flat lock. Angular, rifled barrel; walnut stock; wooden ramrod; iron mounts. This pistol belonged to Queen Christina. One of a pair.
Steinschlosspistole, ca.1635. Flaches Schloss. Kantiger, gezogener Lauf; Nussbaumschaft; hölzerner Ladestock; Eisenbeschlag. Diese Pistole gehörte der

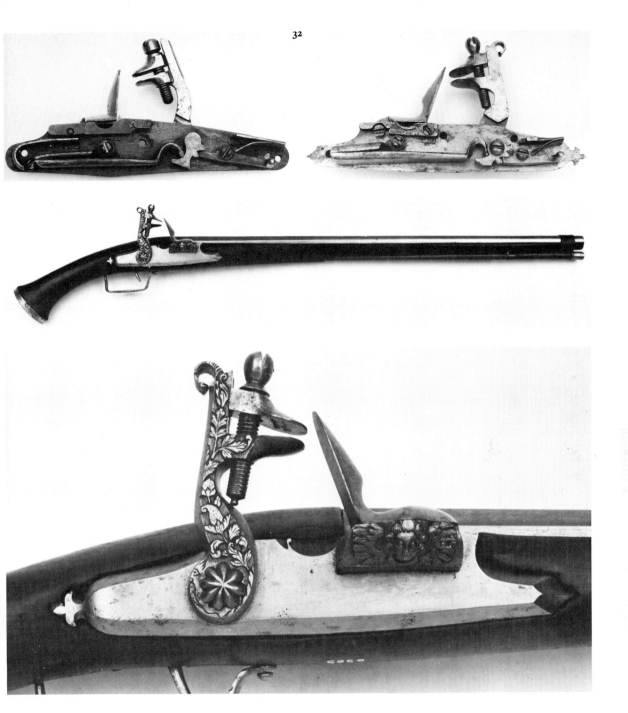

Königin Christina. Eine eines Paares.
Verzameling / Collection / Sammlung: LK 5651.
Merken / Marks / Marken
Kamer / Breech / Kammer: *M.V.*
Lengte / Length / Länge: 947mm.
Loop / Barrel / Lauf: 738mm.
Kaliber / Calibre / Kaliber: 14,5mm.

32-34.
Vuursteenpistool, Nederlanden, ca.1635.
Plat slot met afgeschuinde randen; haan gestoken met lofwerk; pan gestoken met cherubijnemasker. Ronde, gedeeltelijk kantige loop; bruinhouten lade; houten laadstok; zilveren, gedeeltelijk ijzeren beslag. Eén van een paar.

Flintlock pistol, Low Countries, c.1635.
Flat lock with bevelled edges; cock chiselled with scroll-work; pan chiselled with cherub's mask. Round, partly angular barrel; stock of brown wood; wooden ramrod; silver partly-iron mounts. One of a pair.

Steinschlosspistole, Niederlande, ca.1635.
Flaches Schloss mit abgeschrägten Rändern; Hahn gestochen mit Rankenverzierung; Pfanne gestochen mit einer Cherubsmaske. Runder, zum Teil kantiger Lauf; Schaft aus braunem Holz; hölzerner Ladestock; silberner, teilweise eiserner Beschlag. Eine eines Paares.
Verzameling / Collection / Sammlung: SK Wr. 5858.
Merken / Marks / Marken
Loop / Barrel / Lauf: Støckel 2260.
Lengte / Length / Länge: 705mm.
Loop / Barrel / Lauf: 510mm.
Kaliber / Calibre / Kaliber: 13mm.

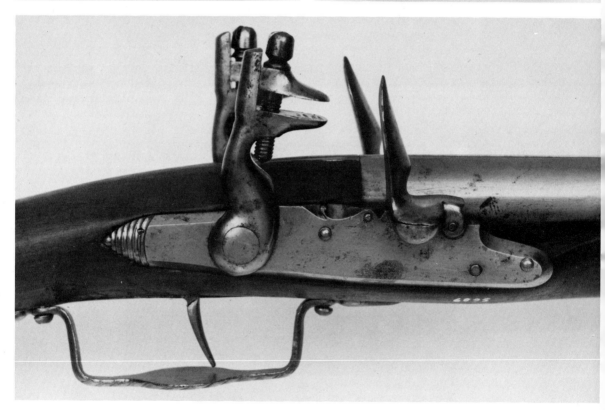

35, 36.
Vuursteengeweer door Matheus Nutten, Aken, ca. 1640. Plat slot. Ronde, gedeeltelijk kantige loop; notehouten lade; houten laadstok; ijzeren beslag.
Flintlock gun by Matheus Nutten, Aachen, c. 1640. Flat lock. Round, partly angular barrel in walnut stock; wooden ramrod; iron mounts.
Steinschlossgewehr von Matheus Nutten, Aachen, ca. 1640. Flaches Schloss. Runder, zum Teil kantiger Lauf; Nussbaumschaft; hölzerner Ladestock; Eisenbeschlag.
Verzameling / Collection / Sammlung:

SK Wr. 6056.
Merken / Marks / Marken
Kamer / Breech / Kammer: Støckel 850;
MATHEUS NUTTEN IN ACH+
Lengte / Length / Länge: 2000mm.
Loop / Barrel / Lauf: 1575mm.
Kaliber / Calibre / Kaliber: 13,8mm.

37-39.
Vuursteengeweer, ca. 1640. Twee sloten met vlakke slotplaten en bolle hanen. Ronde loop in notehouten lade; houten laadstok; ijzeren beslag.
Flintlock gun, c. 1640. Two locks with flat lockplates and convex cocks. Round barrel in walnut stock; wooden ramrod; iron mounts.
Steinschlossflinte, ca. 1640. Zwei Schlösser mit flachen Schlossplatten und gewölbten Hähnen. Runder Lauf; Nussbaumschaft; hölzerner Ladestock; Eisenbeschlag.
Verzameling / Collection / Sammlung:

SK Wr. 6895.
Merken / Marks / Marken
Loop: kan.
Barrel: jug.
Lauf: Kanne.
Lengte / Length / Länge: 1725mm.
Loop / Barrel / Lauf: 1310mm.
Kaliber / Calibre / Kaliber: 16,3mm.

40, 41.
Vuursteendraailoopgeweer, Nederlands (?), ca.1640. Plat slot, gegraveerd met lofwerk, bloemen en een menselijke figuur. Twee ronde, langsgeribde lopen; notehouten lade; houten laadstok; ijzeren beslag.
Flintlock turn-over gun, Dutch (?), c.1640. Flat lock, engraved with scrollwork, flowers and a human figure. Two round barrels, ribbed lengthwise; walnut stock; wooden ramrod; iron mounts.
Steinschlosswendergewehr, holländisch (?), ca.1640. Flaches Schloss, graviert mit Blattranken und Blumen sowie einer menschlichen Gestalt. Zwei runde, in ihrer Länge gerippte, Läufe; Nussbaumschaft; hölzerner Ladestock; Eisenbeschlag.
Verzameling / Collection / Sammlung: SK Wr. 5483.
Merken / Marks / Marken
Lopen / Barrels / Läufe: Støckel A5247.
Lengte / Length / Länge: 1595mm.
Lopen / Barrels / Läufe: 1180mm.
Kaliber / Calibre / Kaliber: 13,5mm.

43

44

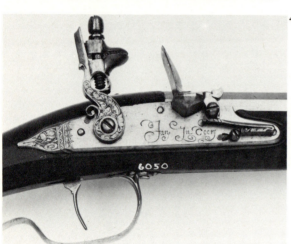 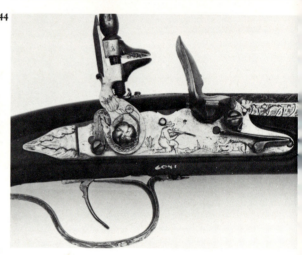

42-44.
Vuursteenbuks door Jan Incoer 's-Gravenhage, 1640-1650. Plat slot, gegraveerd met lofwerk. Kantige loop in ebbehouten lade; houten laadstok; ijzeren en geelkoperen beslag.
Flintlock rifle by Jan Incoer, The Hague, 1640-1650. Flat lock, engraved with scroll-work. Angular barrel in ebony stock; wooden ramrod; iron partly-brass mounts.
Steinschlossbüchse von Jan Incoer, Den Haag, 1640-1650. Flaches Schloss, mit Ranken graviert. Kantiger Lauf; Ebenholzschaft; hölzerner Ladestock; eiserner, teilweise messingner Beschlag.
Verzameling / Collection / Sammlung: SK Wr. 6050.
Merken / Marks / Marken
Slotplaat / Lockplate / Schlossplatte: *JAN IN COERS*
Lengte / Length / Länge: 915mm
Kaliber / Calibre / Kaliber: 13,5mm.

45-48.
Vuursteengeweer door Geert Pauwelsen van Stalborg, Utrecht, 1640-1650. Vlakke slotplaat met veiligheid; gegraveerd met slang, bloemen en een zwijnejacht. Ronde, gedeeltelijk kantige loop; kamer gegraveerd met lofwerk; ebbehouten lade; houten laadstok; gedeeltelijk gegraveerd ijzeren en geelkoperen beslag.
Flintlock gun by Geert Pauwelsen van Stalborg, Utrecht, 1640-1650. Flat lockplate with safety-catch, engraved with snake, flowers and a boar-hunt. Round, partly angular barrel; breech with scroll-work; ebony stock; wooden ramrod; partly engraved iron and brass mounts.
Steinschlossgewehr von Geert Pauwelsen van Stalborg, Utrecht,

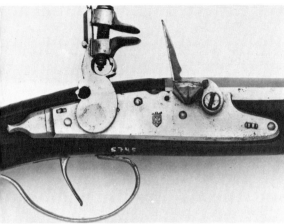

1640-1650. Flache Schlossplatte mit Sicherung, graviert mit Schlange, Blumen und einer Wildschweinjagd. Runder, zum Teil kantiger Lauf; Kammer mit Ranken graviert; Ebenholzschaft; hölzerner Ladestock; teilweise gravierter eiserner und messingner Beschlag.
Verzameling / Collection / Sammlung:
SK Wr. 6041.
Merken / Marks / Marken
Slotplaat / Lockplate / Schlossplatte:
goert Pauelsen van Stalboerch
Lengte / Length / Länge: 1485mm.
Kaliber / Calibre / Kaliber: 12,4mm.

49-52.
Vuursteenpistool, 's-Hertogenbosch, ca.1640. Plat slot. Ronde, gedeeltelijk kantige loop; ebbehouten lade ingelegd met zilverdraad; houten laadstok; ijzeren en gedeeltelijk geperst zilveren beslag. Één van een paar.
Flintlock pistol, 's-Hertogenbosch, c.1640. Flat lock. Round, partly angular barrel; ebony stock inlaid with silver wire; wooden ramrod; iron, partly stamped silver mounts. One of a pair.
Steinschlosspistole, Herzogenbusch, ca. 1640. Flaches Schloss. Runder, zum Teil kantiger Lauf; Ebenholzschaft eingelegt mit Silberdraht; hölzerner Ladestock; eiserner, teilweise gepresster silberner Beschlag. Eine eines Paares.
Verzameling / Collection / Sammlung:
SK Wr. 5745.
Merken / Marks / Marken
Slotplaat / Lockplate / Schlossplatte:
Støckel 2980.
Lengte / Length / Länge: 725mm.
Loop / Barrel / Lauf: 518mm.
Kaliber / Calibre / Kaliber: 14,3mm.

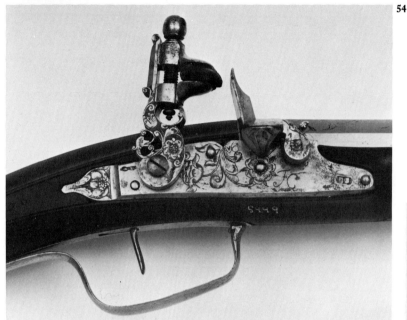

53-55.
Vuursteenpistool door Frans Claessen, 's-Hertogenbosch, ca.1645. Plat slot, gegraveerd met lofwerk en bloemen. Ronde, gedeeltelijk kantige loop; ebbehouten lade ingelegd met zilverdraad; ijzeren trekkerbeugel; geperst zilveren kolfkap in de vorm van een klassiek gehelmde kop. Één van een paar.
Flintlock pistol by Frans Claessen, 's-Hertogenbosch, c.1645. Flat lock, engraved with scroll-work and flowers. Round, partly angular barrel; ebony stock inlaid with silver wire; iron trigger-guard; stamped silver butt-cap in the shape of a classical helmeted head. One of a pair.
Steinschlosspistole von Frans Claessen, Herzogenbusch, ca.1645. Flaches Schloss mit Blattranken und Blumen graviert. Runder, zum Teil kantiger Lauf; Ebenholzschaft eingelegt mit Silberdraht; eiserner Abzugsbügel; silberne Kolbenkappe in Form eines klassisch gehelmten Kopfes. Eine eines Paares.
Verzameling / Collection / Sammlung: SK Wr. 5449.
Merken / Marks / Marken

Slotplaat / Lockplate / Schlossplatte: F.C.
Lengte / Length / Länge: 705mm.
Loop / Barrel / Lauf: 500mm.
Kaliber / Calibre / Kaliber: 14,7mm.

57

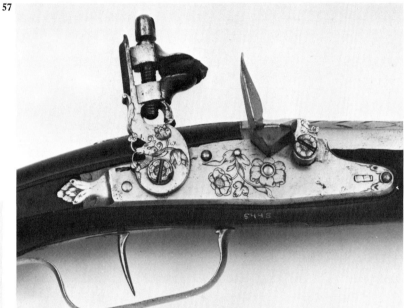

59

56-59.
Vuursteenpistool, 's-Hertogenbosch, ca.1645. Plat slot, gegraveerd met bloemen. Ronde, gedeeltelijk kantige loop; ebbehouten lade ingelegd met zilverdraad; ijzeren trekkerbeugel; geperst zilveren kolfkap in de vorm van een klassiek gehelmde kop. Één van een paar.
Flintlock pistol, 's-Hertogenbosch, c.1645. Flat lock, engraved with flowers. Round, partly angular barrel; ebony stock inlaid with silver wire; iron trigger-guard; stamped silver butt-cap in the shape of a classical helmeted head. One of a pair.

Steinschlosspistole, Herzogenbusch, ca.1645. Flaches Schloss, mit Blumen graviert. Runder, zum Teil kantiger Lauf; Ebenholzschaft eingelegt mit Silberdraht; eiserner Abzugsbügel; silberne Kolbenkappe in Form eines klassisch gehelmten Kopfes. Eine eines Paares.
Verzameling / Collection / Sammlung: SK Wr. 5448.
Lengte / Length / Länge: 710mm.
Loop / Barrel / Lauf: 510mm.
Kaliber / Calibre / Kaliber: 14,6mm.

60-63.
Geweer met halfspannerslot, ca.1640. Bol slot, gestoken met drakefiguren, Ronde loop, gedeeltelijk gestoken met bloemornamenten met zilver-incrustaties; gesneden notehouten lade; ijzeren beslag, gedeeltelijk met zilver geïncrusteerd.
Gun with half-cock lock, c.1640. Convex lock, chiselled with dragon figures. Round, partly chiselled barrel with silver-encrusted ornaments; carved walnut stock; iron mounts, partly encrusted with silver.
Flinte mit Halbspannschloss, ca.1640. Gewölbtes Schloss mit gestochenen Drachengestalten. Runder, zum Teil gestochener Lauf mit Blumenornamenten mit Silbereinlage; geschnitzter Nussbaumschaft; teilweise mit Silber eingelegter Eisenbeschlag.

Verzameling / Collection / Sammlung: LK 11676.
Merken / Marks / Marken
Loop / Barrel / Lauf: Støckel 5914.
Lengte / Length / Länge: 1579mm.
Loop / Barrel / Lauf: 1169mm.
Kaliber / Calibre / Kaliber: 16,1mm.
Gewicht / Weight / Gewicht: 2.960g.

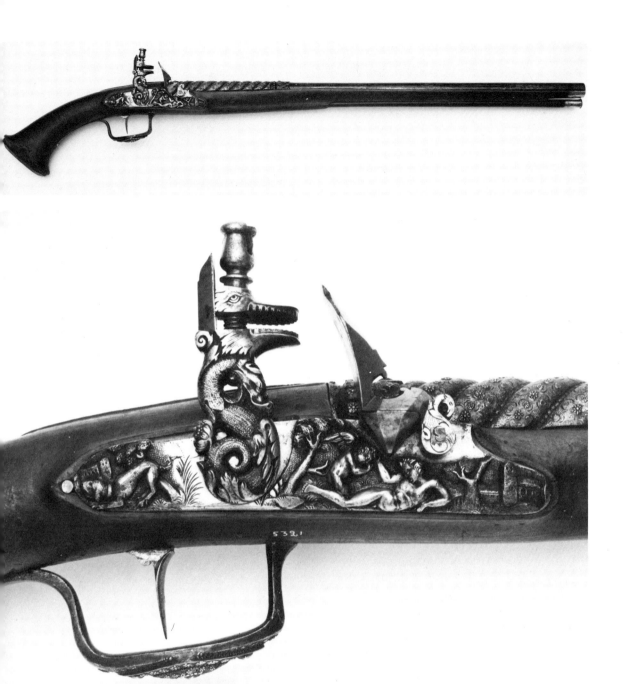

64, 65.

Vuursteenpistool, ca.1640-ca.1650. Slot met platte slotplaat en bolle haan; gestoken met een hond en menselijke figuren, de haan in de vorm van een draak. Gedeeltelijk vergulde en met zilver geïncrusteerde, geblauwde en getorste loop; notehouten lade; hoornen kap; houten laadstok; gestoken en met zilver geïncrusteerd beslag. Dit pistool heeft toebehoord aan Koning Karel X Gustaaf. Één van een paar.

Flintlock pistol, c.1640-c.1650. Lock with flat lockplate and convex cock; chiselled with a dog and human figures, the cock in the shape of a dragon. Barrel with twisted grooves, partly encrusted with silver, blued and gilt; walnut stock; buttcap of horn; wooden ramrod; chiselled mounts encrusted with silver. This pistol belonged to King Karl X Gustaf. One of a pair.

Steinschlosspistole, ca.1640-ca.1650. Schloss mit flacher Schlossplatte und gewölbtem Hahn; gestochen mit einem Hund und menschlichen Gestalten, der Hahn hat die Form eines Drachens. Lauf mit Spiralrillen, zum Teil mit Silbereinlage, vergoldet sowie gebläut; Nussbaumschaft; Kolbenkappe aus Horn; hölzerner Ladestock; gestochener Beschlag mit Silbereinlage. Diese Pistole hat dem König Karl X. Gustaf gehört. Eine eines Paares.

Verzameling / Collection / Sammlung: LK 5321.
Lengte / Length / Länge: 710mm.
Loop / Barrel / Lauf: 530mm.
Kaliber / Calibre / Kaliber: 14,1mm.
Gewicht / Weight / Gewicht: 1.000g.

66-68.
Vuursteengeweer, ca.1640. In hoogreliëf gestoken, geblauwd slot; haan in de vorm van een draak; op de rug van het staal een aap; op de slotplaat een draak en een vechtende leeuw. Ronde, geblauwde loop met ribbe, gedeeltelijk gestoken met jachttaferelen; ebbehouten lade; houten laadstok; gestoken en geblauwd ijzeren beslag.
Flintlock gun, c.1640. Lock chiselled in high relief and blued; dragon-shaped cock; back of the steel in the shape of a monkey; on the lockplate a dragon and a fighting lion. Round, blued barrel with rib, partly chiselled with hunting scenes; ebony stock; wooden ramrod; chiselled and blued iron mounts.
Steinschlossflinte, ca.1640. Schloss mit gebläuten, hochliegenden, geschnitzten Verzierungen; der Hahn hat die Form eines Drachens; auf dem Rücken des Stahles ein Affe; auf der Schlossplatte ein Drachen und ein kämpfender Löwe. Runder, gebläuter Lauf mit Rippe, zum Teil mit Jagdszenen gestochen; Elfenbeinschaft; hölzerner Ladestock; gestochener und gebläuter Eisenbeschlag.

Verzameling / Collection / Sammlung: TMK B 660.
Merken / Marks / Marken
Loop / Barrel / Lauf: Støckel 6105.
Lengte / Length / Länge: 1715mm.
Loop / Barrel / Lauf: 1311mm.
Kaliber / Calibre / Kaliber: 16,5mm.
Gewicht / Weight / Gewicht: 3.530g.

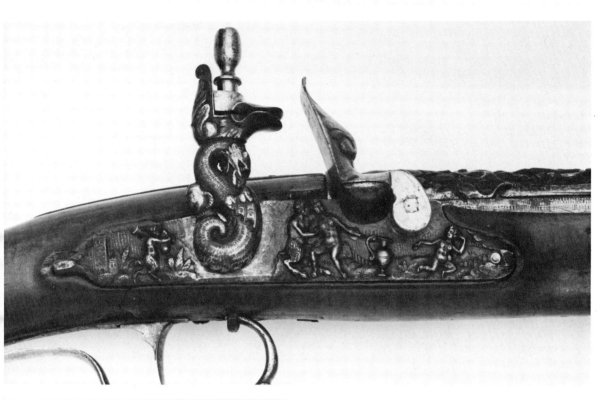

69-71.
Vuursteengeweer, ca.1640-ca.1650. Slot met platte slotplaat en bolle haan; geblauwd en gestoken met twee saters, twee menselijke figuren en een kan, de haan in de vorm van een draak. Ronde, gestoken en met zilver geïncrusteerde, geblauwde loop met cartouches; notehouten lade; houten laadstok; bewerkt zilveren trekkerbeugel. Dit geweer heeft toebehoord aan Koningin Christina.
Flintlock gun, c.1640-c.1650. Lock with flat lockplate and convex cock; blued and chiselled with two satyrs, two human figures and a jug; the cock in the shape of a dragon. Round, chiselled and with silver-encrusted blued barrel with cartouches; walnut stock; wooden ramrod; triggerguard of decorated silver. This gun belonged to Queen Christina.
Steinschlossflinte, ca.1640-ca.1650. Schloss mit flacher Schlossplatte und gewölbtem Hahn; gebläut und gestochen mit zwei Satyren, zwei menschlichen Figuren und einer Kanne, der Hahn hat die Form eines Drachens. Runder, gestochener und gebläuter Lauf mit Kartuschen und Silbereinlage; Nussbaumschaft; hölzerner Ladestock; Abzugsbügel aus verziertem Silber. Diese Flinte hat der Königin Christina gehört.
Verzameling / Collection / Sammlung: LK 5320.
Lengte / Length / Länge: 1667mm.
Loop/ Barrel / Lauf: 1278mm.
Kaliber / Calibre / Kaliber: 14,7mm.
Gewicht / Weight / Gewicht: 3.180g.

72-75.
Vuursteengeweer, ca. 1640-1650. Geblauwd slot, gestoken met vier figuren in een landschap; de haan in de vorm van een sater en een nimf. Ronde, gebruineerde en vergulde loop, gestoken met cartouches waarin erotische voorstellingen en Werken van Hercules; notehouten lade; houten laadstok; gestoken en geblauwd ijzeren beslag. Dit geweer heeft toebehoord aan Koningin Christina.
Flintlock gun, c. 1640-1650. Blued lock, chiselled with four figures in a landscape; the cock in the shape of a satyr and a nymph. Round, browned and gilt barrel, chiselled with cartouches with erotic scenes and Labours of Hercules; walnut stock; wooden ramrod; chiselled and blued iron mounts. This gun belonged to Queen Christina.
Steinschlossflinte, ca. 1640-1650. Gebläutes Schloss, gestochen mit vier Gestalten in einer Landschaft; der Hahn hat die Form eines Satyrs und einer Nymphe. Runder, brünierter und vergoldeter Lauf, gestochen mit Kartuschen mit erotischen Szenen sowie Taten des Herkules; Nussbaumschaft; hölzerner Ladestock; gestochener und gebläuter Eisenbeschlag. Diese Flinte hat der Königin Christina gehört.
Verzameling / Collection / Sammlung: LK 3032.
Merken / Marks / Marken
Loop / Barrel / Lauf: Støckel 5236.
Lengte / Length / Länge: 1780mm.
Loop / Barrel / Lauf: 1390mm.
Kaliber / Calibre / Kaliber: 17,1mm.
Gewicht / Weight / Gewicht: 3.240g.

76, 77.
Vuursteengeweer, ca.1640-1650. Geblauwd slot, gestoken met monsters, menselijke figuren en een wapentrofee. Gestoken, geblauwde en gedeeltelijk vergulde, ronde loop met cartouches, waarin menselijke figuren; notehouten lade; houten laadstok; kolf ingelegd met gegraveerd ivoor en geblauwd ijzeren beslag. Dit geweer is een geschenk geweest van Carl Gustaf Wrangel aan Koning Karel X Gustaaf.
Flintlock gun, c.1640-1650. Blued lock, chiselled with monsters, human figures and a trophy of arms. Chiselled, blued and partly gilt, round barrel with cartouches with human figures; walnut stock; wooden ramrod; butt inlaid with engraved ivory and blued iron mounts. This gun was given by Carl Gustaf Wrangel to King Karl X Gustaf.
Steinschlossflinte, ca.1640-1650. Gebläutes Schloss, gestochen mit Ungeheuern, menschlichen Gestalten und einer Waffentrophae. Gestochener, gebläuter und zum Teil vergoldeter Lauf mit Kartuschen mit menschlichen Gestalten; Nussbaumschaft; Kolben mit gravierter Elfenbeineinlage; hölzerner Ladestock; und gebläuter Eisenbeschlag. Diese Flinte ist von Carl Gustaf Wrangel an dem König Karl X. Gustaf geschenkt worden.
Verzameling / Collection / Sammlung: LK 3031.
Merken / Marks / Marken
Loop / Barrel / Lauf: Støckel 5236.
Lengte / Length / Länge: 1720mm.
Loop / Barrel / Lauf: 1322mm.
Kaliber / Calibre / Kaliber: 17,3mm.
Gewicht / Weight / Gewicht: 3.300g.

78-80.
Vuursteengeweer, ca.1650. In hoogreliëf gestoken slot; haan in de vorm van een draak; op de slotplaat een liggende naakte vrouw en een putto; op de staart een monsterkop. Ronde, geblauwde loop, waarop gestoken cartouches met menselijke figuren; notehouten lade; houten laadstok; gestoken en geblauwd ijzeren beslag.
Flintlock gun, c.1650. Lock chiselled in high relief; dragon-shaped cock; on the lockplate, a reclining female nude and a putto; on the tail, a monster's head. Round, blued barrel with chiselled cartouches containing human figures; walnut stock; wooden ramrod; chiselled and blued iron mounts.
Steinschlossflinte, ca.1650. Schloss mit hochliegenden, geschnitzten Verzierungen; der Hahn hat die Form eines Drachens; auf der Schlossplatte eine liegende nackte Frau sowie ein Putto; auf der Spitze der Kopf eines Ungeheuers. Gebläuter Rundlauf, mit menschlichen Figuren enthaltende Kartuschen gestochen; Nussbaumschaft; hölzerner Ladestock; gestochener und gebläuter Eisenbeschlag.

Verzameling / Collection / Sammlung: TMK B 661.
Merken / Marks / Marken
Loop / Barrel / Lauf: niet / not / nicht in Stöckel.
Lengte / Length / Länge: 1715mm.
Loop / Barrel / Lauf: 1235mm.
Kaliber / Calibre / Kaliber: 14,8mm.
Gewicht / Weight / Gewicht: 2.670g.

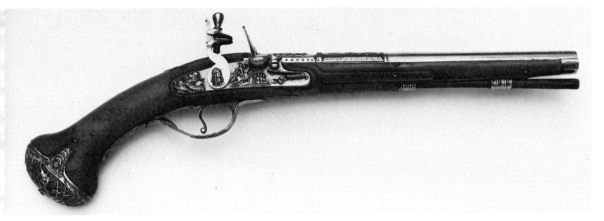

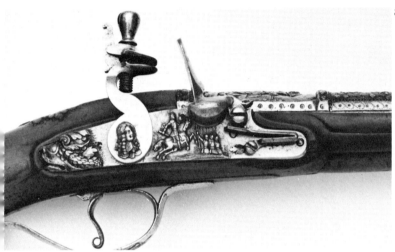

81-84.

Vuursteenpistool door Ezechias Colas, Sedan, ca.1650-ca.1660. Plat slot, gestoken met een monsterkop en een veldheer te paard met piekeniers; op de haanschroef een mansbuste. Ronde, gedeeltelijk kantige loop; kamer gestoken en met zilver geïncrusteerd; notehouten lade; houten laadstok; gestoken en met zilver geïncrusteerd ijzeren beslag. Dit pistool heeft toebehoord aan Karl Gustaf Tessin. Één van een paar.

Flintlock pistol by Ezechias Colas, Sedan, c.1650-c.1660. Flat lock, chiselled with a monster's head and a mounted captain with pikemen; on the cock-screw, a man's bust. Round, partly angular barrel; breech chiselled and encrusted with silver; walnut stock; wooden ramrod; chiselled and silver-encrusted iron mounts. Belonged to Karl Gustaf Tessin. One of a pair.

Steinschlosspistole von Ezechias Colas, Sedan, ca.1650-ca.1660. Flaches Schloss, gestochen mit dem Kopf eines Ungeheuers sowie einem berittenen Feldherrn mit Pikenieren; auf der Hahnschraube die Büste eines Mannes. Runder, zum Teil kantiger Lauf; Kammer gestochen und mit Silbereinlage; Nussbaumschaft; hölzerner Ladestock; gestochener Eisenbeschlag mit Silbereinlage. Diese Pistole hat Karl Gustaf Tessin gehört. Eine eines Paares.

Verzameling / Collection / Sammlung: LK 11670.
Merken / Marks / Marken
Loop / Barrel / Lauf: *COLAS*
Lengte / Length / Länge: 472 mm.
Loop / Barrel / Lauf: 287 mm.
Kaliber / Calibre / Kaliber: 14 mm.
Gewicht / Weight / Gewicht: 870 g.

86

87

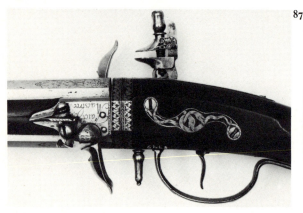
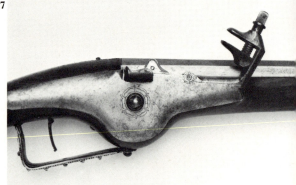

85-87.
Vuursteendraailooppistool door De la Pierre, Maastricht, ca.1640-1650. Plat slot, gegraveerd met bloemen. Ronde, gedeeltelijk kantige lopen; lade van tropisch hout; houten laadstok; ijzeren en verguld, geëmailleerd messingen beslag. Één van een paar.
Flintlock turn-over pistol by De la Pierre, Maastricht, c.1640-1650. Flat lock, engraved with flowers. Round, partly angular barrels; stock of tropical wood; wooden ramrod; iron and gilt, enamelled brass mounts. One of a pair.

Steinschlosswenderpistole von De la Pierre, Maastricht, ca.1640-1650. Flaches Schloss, graviert mit Blumen. Runde, zum Teil kantige Läufe; Schaft aus tropischem Holz; hölzerner Ladestock; eiserner und vergoldeter, emaillierter Messingbeschlag. Eine eines Paares.
Verzameling | Collection | Sammlung: SK Wr. 5750.
Merken | Marks | Marken
Slotplaat I / Lockplate I / Schlossplatte I: *la Pierre*
Slotplaat II / Lockplate II / Schlossplatte II: *Faict Maestrec.*

Lengte | Length | Länge: 705mm.
Loop | Barrel | Lauf: 500mm.
Kaliber | Calibre | Kaliber: 12mm.

88-90.
Radslotpistool, ca.1650. Bol slot gegraveerd. Ronde, gedeeltelijk kantige loop; lade van tropisch hout; houten laadstok; verguld en geëmailleerd zilveren beslag ingelegd met diamanten. Dit pistool behoort bij het kroningszadel van Karel X Gustaaf (1654). Één van een paar.
Wheel-lock pistol, c.1650. Convex lock,

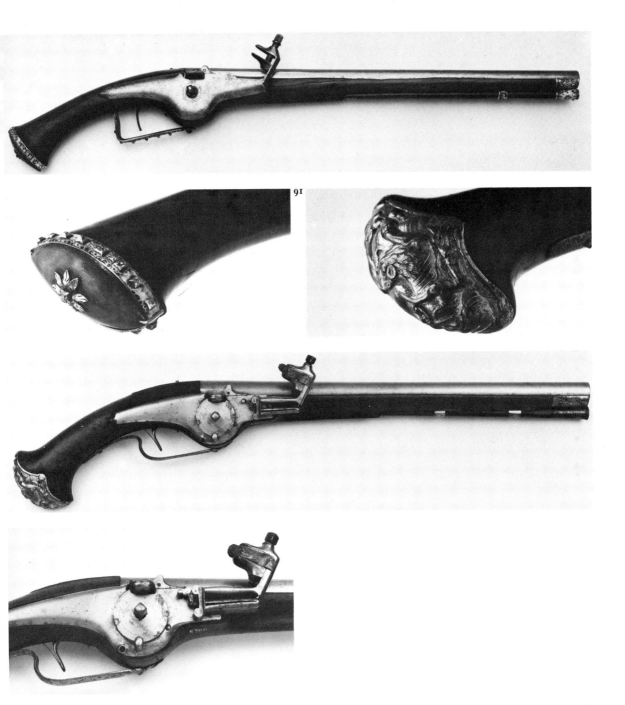

engraved. Round, partly angular barrel; stock of tropical wood; wooden ramrod; gilt and enamelled silver mounts inlaid with diamonds. This pistol belongs to the coronation saddle of Karl X Gustaf (1654). One of a pair.
Radschlosspistole, ca.1650. Gewölbtes Schloss, graviert. Runder, zum Teil kantiger Lauf; Schaft aus tropischem Holz; hölzerner Ladestock; vergoldeter und emaillierter Silberbeschlag mit Diamanten. Diese Pistole gehört zu dem Krönungssattel Karls X. Gustaf (1654). Eine eines Paares.

Verzameling / Collection / Sammlung: LK 4723.
Merken / Marks / Marken
Loop / Barrel / Lauf: Støckel 3383. Støckel 2259-2264.
Lengte / Length / Länge: 626mm.
Loop / Barrel / Lauf: 434mm.
Kaliber / Calibre / Kaliber: 14mm.
Gewicht / Weight / Gewicht: 1.180g.

91-93.
Radslotpistool door Jan Ceule, Utrecht, ca.1650. Bol slot. Ronde loop in notehouten lade; houten laadstok; ijzeren, gedeeltelijk verguld bronzen beslag. Één van een paar.
Wheel-lock pistol by Jan Ceule, Utrecht, c.1650. Convex lock. Round barrel in walnut stock; wooden ramrod; iron, partly gilt bronze mounts. One of a pair.
Radschlosspistole von Jan Ceule, Utrecht, ca.1650. Gewölbtes Schloss. Runder Lauf; Nussbaumschaft; hölzerner Ladestock; eiserner, teilweise vergoldet bronzener Beschlag. Eine eines Paares.
Verzameling / Collection / Sammlung: SK Wr. 5700.

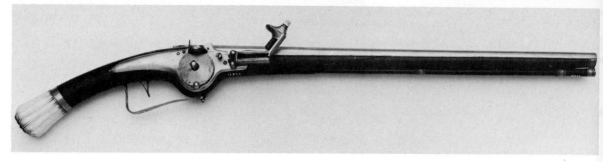

95

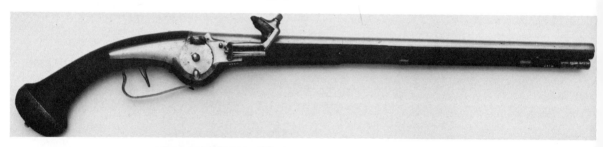

97

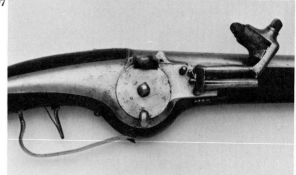

94, 95.
Radslotpistool, Maastricht (?), ca. 1640-ca.1650. Bol slot. Ronde, gedeeltelijk kantige loop; ebbehouten lade met ivoren knop; ijzeren en zilveren beslag. Één van een paar.
Wheel-lock pistol, Maastricht (?), c.1640-c.1650. Convex lock. Round, partly angular barrel; ebony stock with ivory butt; iron and silver mounts. One of a pair.
Radschlosspistole, Maastricht (?), ca.1640-ca.1650. Gewölbtes Schloss. Runder, zum Teil kantiger Lauf; Ebenholzschaft mit elfenbeinernem Knauf; eiserner, teilweise silberner Beschlag. Eine eines Paares.
Verzameling / Collection / Sammlung: SK Wr. 12832.
Merken / Marks / Marken
Loop / Barrel / Lauf: Støckel 4592; Støckel 6398; Støckel 2262.
Lengte / Length / Länge: 700mm.
Loop / Barrel / Lauf: 495mm.
Kaliber / Calibre / Kaliber: 12,5mm.

96-98.
Radslotpistool door Jan Knoop, Utrecht, ca.1650-ca.1660. Bol slot; Ronde loop; tropisch-houten lade; houten laadstok; ijzeren, gedeeltelijk messingen beslag. Één van een paar.
Wheel-lock pistol by Jan Knoop, Utrecht, c.1650-c.1660. Convex lock. Round barrel; stock of tropical wood; wooden ramrod; iron, partly brass mounts. One of a pair.
Radschlosspistole von Jan Knoop, Utrecht, ca.1650-ca.1660. Gewölbtes Schloss. Runder Lauf; Schaft aus tropischem Holz; hölzerner Ladestock; eiserner, teils messingner Beschlag. Eine eines Paares.

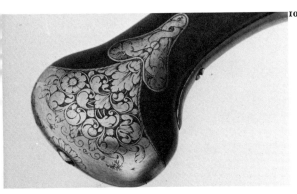
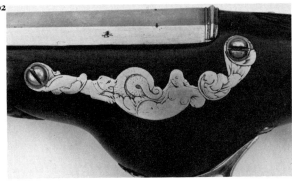

Verzameling / Collection / Sammlung: SK Wr. 6320.
Merken / Marks / Marken
Kamer / Breech / Kammer: Støckel 5145.
Slotplaat / Lockplate / Schlossplatte: *JAN KNOOP VTRECHT.*
Lengte / Length / Länge: 675mm.
Loop / Barrel / Lauf: 475mm.
Kaliber / Calibre / Kaliber: 14,7mm.

99-102.
Radslotpistool door Jan Knoop, Utrecht, ca.1660. Bol slot; gegraveerd met lofwerk, een hertje en de torso van een vrouwelijk naakt. Ronde, gedeeltelijk kantige loop; ebbehouten lade; zwarthouten laadstok; gedeeltelijk gegraveerd ijzeren beslag. Eén van een paar.
Wheel-lock pistol by Jan Knoop, Utrecht, c.1660. Convex lock, engraved with scroll-work, a little stag and a female nude. Round, partly angular barrel; ebony stock; ramrod of black wood; partly engraved iron mounts. One of a pair.
Radschlosspistole von Jan Knoop, Utrecht, ca.1660. Gewölbtes Schloss, graviert mit Blattranken, einem Hirsch und dem Torso einer nackten Frau. Runder, zum Teil kantiger Lauf; Ebenholzschaft; schwarzhölzerner Ladestock; teilweise gravierter Eisenbeschlag. Eine eines Paares.
Verzameling / Collection / Sammlung: TMK B 604.
Merken / Marks / Marken
Slotplaat / Lockplate / Schlossplatte: hert / stag / Hirsch; *Jan Knoop / Vtrecht.*
Loop / Barrel / Lauf: *LAZARI COMINAZ*
Lengte / Length / Länge: 572mm.
Loop / Barrel / Lauf: 395mm.
Kaliber / Calibre / Kaliber: 14,3mm.
Gewicht / Weight / Gewicht: 1.200g.

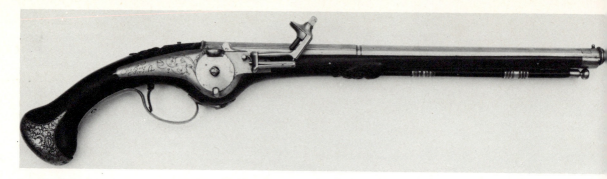

103-106.
Radslotpistool door Jan Knoop, Utrecht, ca.1660. Bol slot, gegraveerd met lofwerk, een hertje en de torso van een vrouwelijk naakt. Ronde, gedeeltelijk gecanneleerde loop; gesneden ebbehouten lade; zwarthouten laadstok; gedeeltelijk gegraveerd ijzeren beslag. Één van een paar.
Wheel-lock pistol by Jan Knoop, Utrecht, c.1660. Convex lock, engraved with scroll-work, a little stag and a female nude. Round, partly fluted barrel; carved ebony stock; ramrod of black wood; partly engraved iron mounts. One of a pair.

Radschlosspistole von Jan Knoop, Utrecht, ca.1660. Gewölbtes Schloss, graviert mit Blattranken, einem Hirsch und dem Torso einer nackten Frau. Runder, zum Teil kannelierter Lauf; geschnitzter Ebenholzschaft; schwarzhölzerner Ladestock; teilweise gravierter Eisenbeschlag. Eine eines Paares.
Verzameling / Collection / Sammlung: TMK B 606.
Merken / Marks / Marken
Slotplaat / Lockplate / Schlossplatte: hert / stag / Hirsch; *Jan Knoop / Vtrecht.*
Loop / Barrel / Lauf:

GIO BATTA FRANCINO.
Lengte / Length / Länge: 578mm.
Loop / Barrel / Lauf: 402mm.
Kaliber / Calibre / Kaliber: 13,8mm.
Gewicht / Weight / Gewicht: 1.120g.

107-110.
Radslotpistool door Jan Knoop, Utrecht, ca.1675. Bol slot. Ronde, gedeeltelijk kantige loop; gesneden ebbehouten lade; houten laadstok; gedeeltelijk gegraveerd ijzeren beslag. Één van een paar.
Wheel-lock pistol by Jan Knoop, Utrecht, c.1675. Convex lock. Round,

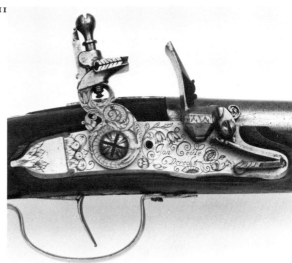

partly angular barrel; carved ebony stock; wooden ramrod; partly engraved iron mounts. One of a pair.
Radschlosspistole von Jan Knoop, Utrecht, ca.1675. Gewölbtes Schloss. Runder, zum Teil kantiger Lauf; geschnitzter Ebenholzschaft; hölzerner Ladestock; teilweise gravierter Eisenbeschlag. Eine eines Paares.
Verzameling | Collection | Sammlung: SK Wr. 5993.
Merken | Marks | Marken
Schroefplaat | Sideplate | Seitenblech: *JAN KNOOP VTRECHT*
Lengte | Length | Länge: 668mm.
Kaliber | Calibre | Kaliber: 14,5mm.

111,112.
Vuursteengeweer door Jan Ceule, Utrecht, ca.1650. Plat slot, gegraveerd met slangen, vruchten, bladeren en bloemen. Ronde loop in notehouten lade; ijzeren beslag.
Flintlock gun by Jan Ceule, Utrecht, c.1650. Flat lock, engraved with snakes, fruits, leaves and flowers. Round barrel in walnut stock; iron mounts.
Steinschlossflinte von Jan Ceule, Utrecht, ca.1650. Flaches Schloss, graviert mit Schlangen, Früchten, Blättern und Blumen. Runder Lauf; Nussbaumschaft; Eisenbeschlag.
Verzameling | Collection | Sammlung: SK Brahe-Bielke 12928.
Merken | Marks | Marken
Slotplaat | Lockplate | Schlossplatte: *Jan Ceule Vtrecht.*
Loop | Barrel | Lauf: CJ Støckel 2201; Støckel 1754.
Lengte | Length | Länge: 1675mm.
Kaliber | Calibre | Kaliber: 14,5mm.

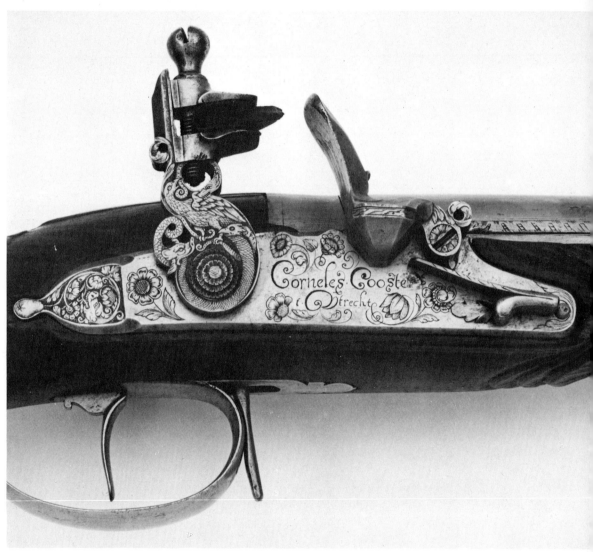

113, 114.
Vuursteenachterlaadgeweer door **Cornelis Coster, Utrecht, ca. 1650.** Plat slot, gegraveerd met bloemranken, slangen en een vogel. Ronde loop met openklappende kamer; gesneden notehouten lade; houten laadstok; ijzeren beslag.
Flintlock breechloading gun by Cornelis Coster, Utrecht, c. 1650. Flat lock, engraved with scroll-work, snakes and a bird. Round barrel; breech with hinged lid; carved walnut stock; wooden ramrod; iron mounts.
Steinschlosshinterladergewehr von Cornelis Coster, Utrecht, ca. 1650. Flaches Schloss, graviert mit Blumenranken, Schlangen und einem Vogel. Runder Lauf mit aufklappender Kammer; geschnitzter Nussbaumschaft; hölzerner Ladestock; Eisenbeschlag.

Verzameling / Collection / Sammlung: TMK B 626.
Merken / Marks / Marken
Slotplaat / Lockplate / Schlossplatte: *Cornelis Cooster / Vtrecht.*
Lengte / Length / Länge: 1752mm.
Loop / Barrel / Lauf: 1364mm.
Kaliber / Calibre / Kaliber: 15,7mm.
Gewicht / Weight / Gewicht: 3.960g.

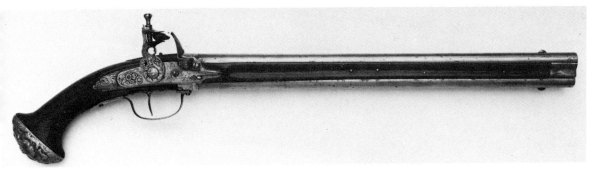

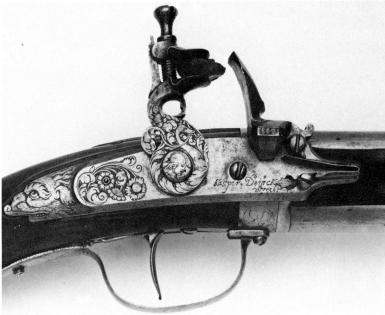

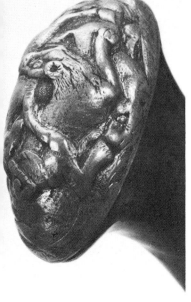

115-117.
Vuursteendubbelloopspistool door Caspar Dinckels, Utrecht, ca.1655. Plat slot met bolle staart, gegraveerd met een monsterkop en lofwerk. Twee ronde lopen; tropisch-houten lade; houten laadstok; ijzeren, gedeeltelijk messingen beslag. Een van een paar.
Flintlock double-barrelled pistol by Caspar Dinckels, Utrecht, c.1655. Flat lock and convex tail, engraved with a monster's head and scroll-work. Two round barrels; stock of tropical wood; wooden ramrod; iron, partly brass mounts.

One of a pair.
Steinschlossdoppelpistole von Caspar Dinckels, Utrecht, ca.1655. Flaches Schloss und gewölbte Spitze, graviert mit dem Kopf eines Ungeheuers sowie mit Ranken. Zwei runde Läufe; Schaft aus tropischem Holz; hölzerner Ladestock; eiserne, teils messingne Beschläge. Eine eines Paares.
Verzameling / Collection / Sammlung: LK 11680.
Merken / Marks / Marken
Slotplaat / Lockplate / Schlossplatte:

CASPAR DEINCKEL / VTRECHT.
Lengte / Length / Länge: 595mm.
Lopen / Barrels / Läufe: 400mm.
Kalibers / Calibres / Kalibers: 12,9mm; 13,1mm.
Gewicht / Weight / Gewicht: 1120g.

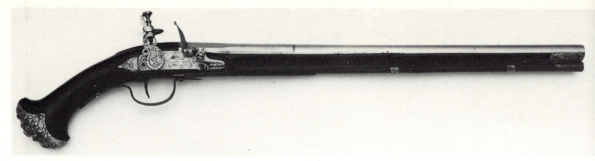

118-120.
Vuursteenpistool door Caspar Dinckels, Utrecht, ca.1655. Plat slot, gegraveerd met bloemen en een medaillon. Ronde, gedeeltelijk kantige loop; ebbehouten lade; houten laadstok; ijzeren, gedeeltelijk geelkoperen beslag. Één van een paar.
Flintlock pistol by Caspar Dinckels, Utrecht, c.1655. Flat lock, engraved with flowers and a medallion. Round, partly angular barrel; ebony stock; wooden ramrod; iron, partly brass mounts. One of a pair.
Steinschlosspistole von Caspar Dinckels, Utrecht, ca.1655. Flaches Schloss, mit Blumen und einem Medaillon graviert. Runder, zum Teil kantiger Lauf; Ebenholzschaft; hölzerner Ladestock; eiserne, teils messingne Beschläge. Eine eines Paares.
Verzameling / Collection / Sammlung:
SK Brahe-Bielke 12858.
Merken / Marks / Marken
Loop: halve maan.
Barrel: crescent.
Lauf: Halbmond.
Slotplaat / Lockplate / Schlossplatte:

CASPER DINCKELS VTRECHT.
Lengte / Length / Länge: 630mm.
Loop / Barrel / Lauf: 453mm.
Kaliber / Calibre / Kaliber: 14,9mm.

21, 122.

Vuursteendraailoopgeweer door Peter Meesen, Utrecht, ca.1665. Plat slot en volle staart, gegraveerd met een putto, vruchten, bloemen en monsters. Twee ronde lopen; notehouten lade; notehouten laadstok; ijzeren beslag.

Flintlock turn-over gun by Peter Meesen, Utrecht, c.1665. Flat lock and convex tail, engraved with a putto, fruits, flowers and monsters. Two round barrels; walnut stock; walnut ramrod; iron mounts.

Steinschlosswendergewehr von Peter Meesen, Utrecht, ca.1665. Flaches Schloss und gewölbte Spitze, graviert mit einem Putto, Früchten, Blumen und Ungeheuern. Zwei runde Läufe; Nussbaumschaft; Nussbaumladestock; Eisenbeschlag.

Verzameling / Collection / Sammlung:
SK Brahe-Bielke 12927.
Merken / Marks / Marken
Loop / Barrel / Lauf: *Peter Meesen.*
Lengte / Length / Länge: 1522mm.
Kalibers / Calibres / Kalibers: 14,3mm; 14mm.

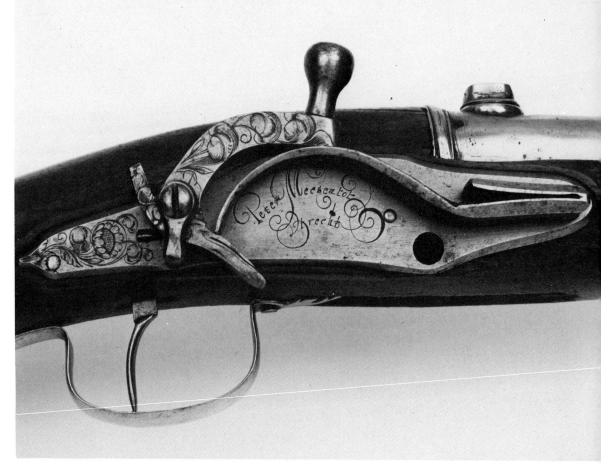

123, 124.
Windroer door Peter Meesen, Utrecht, ca.1655. Plat slot, gedeeltelijk met bloemen gegraveerd. Ronde messingen loop met ijzeren binnenloop; notehouten lade; ijzeren beslag. Dit geweer is het oudst bewaard gebleven windroer uit de Nederlanden.
Airgun by Peter Meesen, Utrecht, c.1655. Flat lock, partly engraved with flowers. Round brass barrel with interior iron tube; walnut stock; iron mounts. This is the oldest-known airgun made in the Netherlands.

Windbüchse von Peter Meesen, Utrecht, ca.1655. Flaches Schloss, teilweise mit Blumen graviert. Runder Messinglauf mit eisernem Seelenrohr; Nussbaumschaft; Eisenbeschlag. Diese ist die älteste aufbewahrte Windbüchse aus den Niederlanden.
Verzameling / Collection / Sammlung: SK Brahe-Bielke 12862.
Merken / Marks / Marken
Slotplaat / Lockplate / Schlossplatte: *Peter Meesen / tot Utrecht.*
Lengte / Length / Länge: 1472mm.

Kaliber / Calibre / Kaliber: 10,7mm.

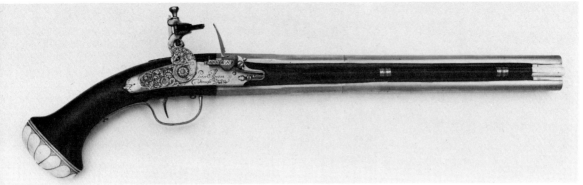

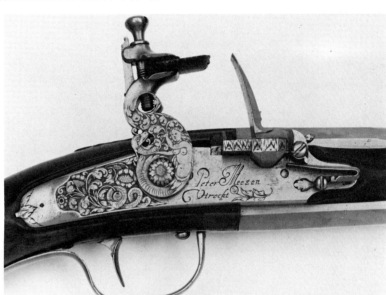

125-127.
Vuursteentweeloopspistool door Peter Meesen, Utrecht, ca.1660. Slot van bijzondere constructie met platte slotplaat en haan, en bolle staart, gegraveerd met bloemranken, lofwerk en een zeemeermin. Ronde, gedeeltelijk kantige lopen; notehouten lade met ivoren kolfkap; ijzeren beslag. Één van een paar.
Flintlock double-barrelled pistol by Peter Meesen, Utrecht, c.1660. Lock of special construction with flat lockplate and cock, and convex tail; engraved with scrollwork and a mermaid. Round, partly angular barrels; walnut stock with ivory butt-cap; iron mounts. One of a pair.
Steinschlossdoppelpistole von Peter Meesen, Utrecht, ca.1660. Schloss besonderer Fertigung; flache Schlossplatte und Hahn, gewölbte Spitze; graviert mit Blumen- und Blattranken sowie einer Seenymphe. Runde, zum Teil kantige Läufe; Nussbaumschaft mit elfenbeinerner Kolbenkappe; Eisenbeschlag. Eine eines Paares.
Verzameling / Collection / Sammlung: TMK B 633.

Merken / Marks / Marken
Loop / Barrel / Lauf: Støckel 5914.
Slotplaat / Lockplate / Schlossplatte: *Peter Meesen / Utrecht.*
Lengte / Length / Länge: 565mm.
Loop / Barrel / Lauf: 365mm.
Kaliber / Calibre / Kaliber: 13,6mm.
Gewicht / Weight / Gewicht: 1.290g.

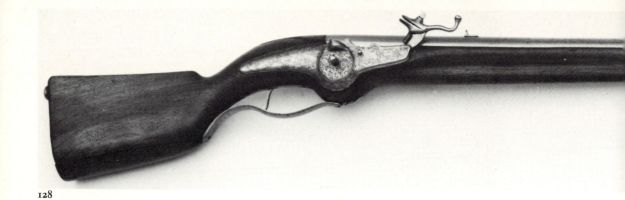

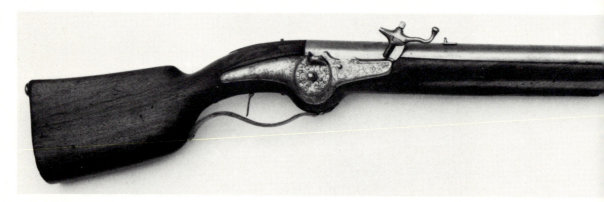

128, 129.

Radslotbuks door Jan Knoop, Utrecht, 1652. Bol slot, gegraveerd met bloemranken, een jachtscene en papegaaischieten. Ronde, getrokken loop; notehouten lade; houten laadstok; ijzeren beslag. Deze buks heeft toebehoord aan G. H. Bielke.

Wheel-lock rifle by Jan Knoop, Utrecht, 1652. Convex lock engraved with scrollwork, a hunting scene and parrot-shooting. Round, rifled barrel; walnut stock; wooden ramrod; iron mounts. This rifle belonged to G. H. Bielke.

Radschlossbüchse von Jan Knoop, Utrecht, 1652. Gewölbtes Schloss, graviert mit Blumenranken, einer Jagdszene und Papageienschiessen. Runder, gezogener Lauf; Nussbaumschaft; hölzerner Ladestock; Eisenbeschlag. Diese Büchse hat G. H. Bielke gehört.

Verzameling / Collection / Sammlung:
TMK B 592.
Merken / Marks / Marken
Loop / Barrel / Lauf: Støckel 5231; *M. Bielcke Den 15 Aprilis 1652.*
Slotplaat / Lockplate / Schlossplatte: *Jan Knoop Vtrecht.*

Lengte / Length / Länge: 1595mm.
Loop / Barrel / Lauf: 1243mm.
Kaliber / Calibre / Kaliber: 21,4mm.
Gewicht / Weight / Gewicht: 5.870g.

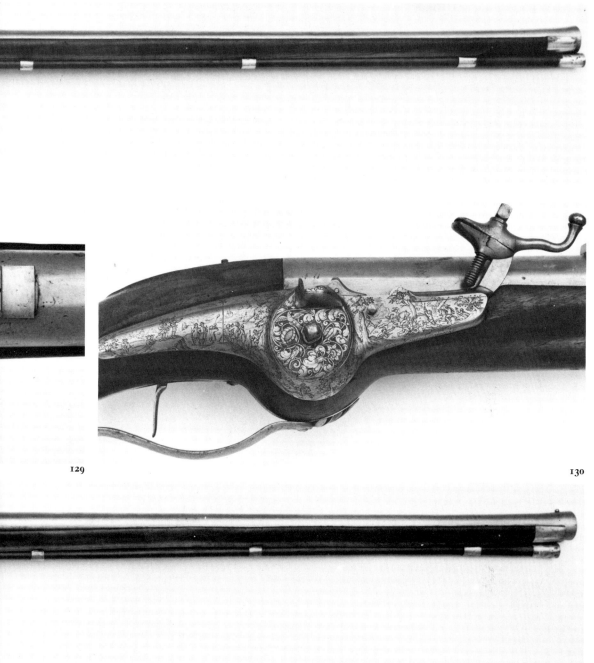

130, 131.
Radslotbuks door Jan Knoop, Utrecht, 1652. Bol slot, gegraveerd met bloemranken, jachtscènes en papegaaischieten. Ronde, getrokken loop; notehouten lade; houten laadstok; ijzeren beslag. Deze buks heeft toebehoord aan Ove Bielke (1611-74).
Wheel-lock rifle by Jan Knoop, Utrecht, 1652. Convex lock engraved with scrollwork, hunting scenes and parrot-shooting. Round, rifled barrel; walnut stock; wooden ramrod, iron mounts. This rifle belonged to Ove Bielke (1611-74).
Radschlossbüchse von Jan Knoop, Utrecht, 1652. Gewölbtes Schloss, graviert mit Blumenranken, Jagdszenen und Papageienschiessen. Runder, gezogener Lauf; Nussbaumschaft; hölzerner Ladestock; Eisenbeschlag. Diese Büchse hat Ove Bielke (1611-74) gehört.
Verzameling / Collection / Sammlung:
TMK B 593.
Merken / Marks / Marken
Slotplaat / Lockplate / Schlossplatte: Støckel 4092; *Jan Knoop Vtrecht.*
Loop / Barrel / Lauf: *M. Bielcke Den 15 Aprilis 1652.*

Lengte / Length / Länge: 1570mm.
Loop / Barrel / Lauf: 1217mm.
Kaliber / Calibre / Kaliber: 21,3mm.
Gewicht / Weight / Gewicht: 6.110g.

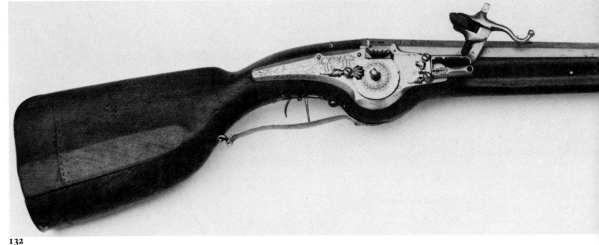

132

133

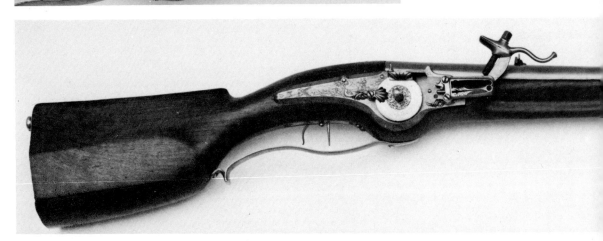

132, 133.
Radslotbuks door Jan Knoop, Utrecht, ca.1655. Plat slot, slotplaat met afgeschuinde randen, gegraveerd met een hertejacht. Ronde, gedeeltelijk kantige, getrokken loop; notehouten lade; houten laadstok; ijzeren beslag. Deze buks heeft toebehoord aan Ove Bielke (1611–74).
Wheel-lock rifle by Jan Knoop, Utrecht, c.1655. Flat lock, lockplate with bevelled edges, engraved with a stag-hunt. Round, partly angular rifled barrel; walnut stock; wooden ramrod; iron mounts. This rifle belonged to Ove Bielke (1611–74).

Radschlossbüchse von Jan Knoop, Utrecht, ca.1655. Flaches Schloss, Schlossplatte mit abgeschrägten Rändern, mit einer Hirschjagd graviert. Runder, zum Teil kantiger, gezogener Lauf; Nussbaumschaft; hölzerner Ladestock; Eisenbeschlag. Diese Büchse hat Ove Bielke (1611–74) gehört.
Verzameling / Collection / Sammlung: TMK B 594.
Merken / Marks / Marken
Loop / Barrel / Lauf: Støckel 4043; Støckel 5614.

Slotplaat / Lockplate / Schlossplatte: *Jan Knoop Vtrecht.*
Lengte / Length / Länge: 1434mm.
Loop / Barrel / Lauf: 1045mm.
Kaliber / Calibre / Kaliber: 17,7mm.
Gewicht / Weight / Gewicht: 6.970g.

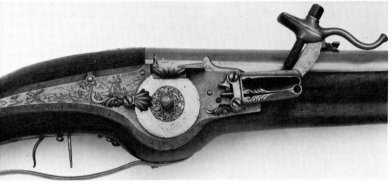

134, 135.
Radslotbuks door Jan Knoop, Utrecht, ca.1655. Plat slot, slotplaat met afgeschuinde randen, gegraveerd met jachtscènes. Ronde, getrokken loop; notehouten lade; houten laadstok; ijzeren beslag. Deze buks heeft toebehoord aan Ove Bielke (1611-74).
Wheel-lock rifle by Jan Knoop, Utrecht, c.1655. Flat lock, lockplate with bevelled edges, engraved with hunting scenes. Round, rifled barrel; walnut stock; wooden ramrod; iron mounts. This rifle belonged to Ove Bielke (1611-74).

Radschlossbüchse von Jan Knoop, Utrecht, ca.1655. Flaches Schloss, Schlossplatte mit abgeschrägten Rändern, graviert mit Jagdszenen. Runder, gezogener Lauf; Nussbaumschaft; hölzerner Ladestock; Eisenbeschlag. Die Büchse hat Ove Bielke (1611-74) gehört.
Verzameling / Collection / Sammlung: TMK B 596.
Merken / Marks / Marken
Slotplaat / Lockplate / Schlossplatte: *Jan Knoop Vtrecht.*
Lengte / Length / Länge: 1368mm.

Loop / Barrel / Lauf: 977mm.
Kaliber / Calibre / Kaliber: 21,7mm.
Gewicht / Weight / Gewicht: 5.360g.

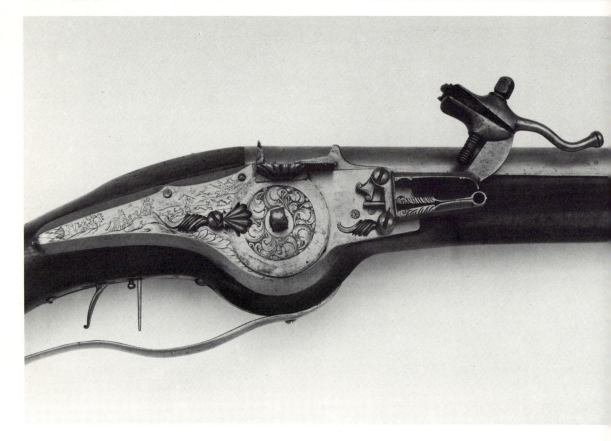

136, 137.
Radslotbuks door Jan Knoop, Utrecht, ca. 1655. Plat slot, slotplaat met afgeschuinde rande, gegraveerd met een vossejacht. Ronde, getrokken loop; notehouten lade; houten laadstok; ijzeren beslag.
Wheel-lock rifle by Jan Knoop, Utrecht, c. 1655. Flat lock, lockplate with bevelled edges, engraved with a fox hunt. Round, rifled barrel; walnut stock, wooden ramrod; iron mounts.
Radschlossbüchse von Jan Knoop, Utrecht, ca. 1655. Flaches Schloss, Schlossplatte mit abgeschrägten Rändern, graviert mit einer Fuchsjagd. Runder, gezogener Lauf; Nussbaumschaft; hölzerner Ladestock; Eisenbeschlag.
Verzameling / Collection / Sammlung: TMK B 595.
Merken / Marks / Marken
Loop / Barrel / Lauf: Støckel 4092; Støckel 5231.
Trekkerbeugel / Trigger-guard / Abzugsbügel: *Jan Knoop Vtrecht.*
Lengte / Length / Länge: 1360mm.
Loop / Barrel / Lauf: 985mm.
Kaliber / Calibre / Kaliber: 21,6mm.
Gewicht / Weight / Gewicht: 5.140g.

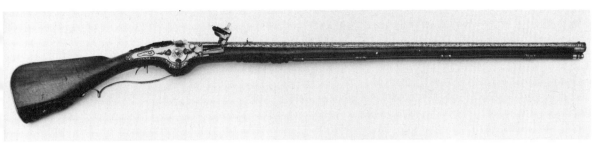

138-140.
Radslotbuks door Jan Knoop, Utrecht, ca.1655. Plat slot, slotplaat met afgeschuinde randen; gegraveerd, gedeeltelijk geblauwd en met goud geïncrusteerd. Ronde, gedeeltelijk kantige getrokken loop, geblauwd en geïncrusteerd met gouden arabesken; gesneden notehouten lade; houten laadstok; ijzeren beslag. Deze buks heeft toebehoord aan Ove Bielke (1611-74).
Wheel-lock rifle by Jan Knoop, Utrecht, c.1655. Flat lock, lockplate with bevelled edges; engraved, partly blued and encrusted with gold. Round, partly angular rifled barrel, blued and encrusted with gold arabesques; carved walnut stock; wooden ramrod; iron mounts. This rifle belonged to Ove Bielke (1611-74).
Radschlossbüchse von Jan Knoop, Utrecht, ca.1655. Flaches Schloss, Schlossplatte mit abgeschrägten Rändern; graviert, teilweise gebläut und mit Goldeinlage. Runder, zum Teil kantiger, gezogener Lauf, gebläut und eingelegt mit goldenen Arabesken; geschnitzter Nussbaumschaft; hölzerner Ladestock; Eisenbeschlag. Diese Büchse hat Ove Bielke (1611-74) gehört.

Verzameling / Collection / Sammlung: TMK B 599.
Merken / Marks / Marken
Slot / Lock / Schloss:
JAN KNOOP VTRECHT
O. BIELCKE.
Lengte / Length / Länge: 1460mm.
Loop / Barrel / Lauf: 1066mm.
Kaliber / Calibre / Kaliber: 17mm.
Gewicht / Weight / Gewicht: 5.860g.

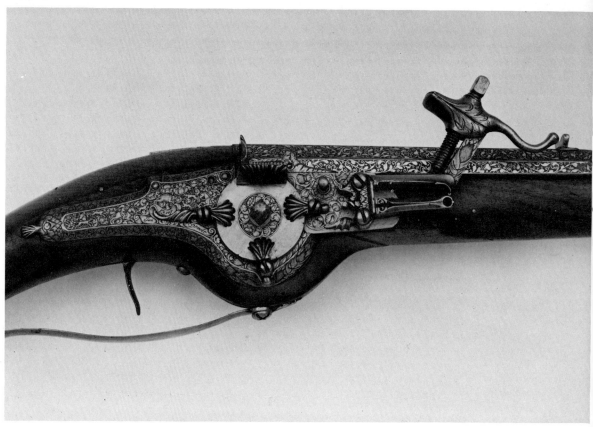

141, 142.
Radslotgeweer door Jan Knoop, Utrecht, ca.1655. Plat slot, slotplaat met afgeschuinde randen, gegraveerd met lofwerk en een zwijnejacht. Ronde, gedeeltelijk kantige loop, geblauwd en geïncrusteerd met zilveren bladmotieven; notehouten lade; houten laadstok; ijzeren beslag. Dit geweer heeft toebehoord aan Ove Bielke (1611–74).
Wheel-lock gun by Jan Knoop, Utrecht, c.1655. Flat lock, lockplate with bevelled edges, engraved with scroll-work and a boar-hunt. Round, partly angular barrel, blued and encrusted with silver scroll-work; walnut stock; wooden ramrod; iron mounts. This gun belonged to Ove Bielke (1611–74).
Radschlossgewehr von Jan Knoop, Utrecht, ca.1655. Flaches Schloss, Schlossplatte mit abgeschrägten Rändern, graviert mit Blattranken sowie einer Wildschweinjagd. Runder, zum Teil kantiger, gebläuter Lauf, eingelegt mit silbernen Blattmotiven; Nussbaumschaft; hölzerner Ladestock; Eisenbeschlag. Dieses Gewehr hat Ove Bielke (1611–74) gehört.
Verzameling / Collection / Sammlung:
TMK B 601.
Merken / Marks / Marken
Loop / Barrel / Lauf: Støckel 1883.
Slotplaat / Lockplate / Schlossplatte: *JAN KNOOP VTRECHT.*
Lengte / Length / Länge: 1507mm.
Loop / Barrel / Lauf: 1114mm.
Kaliber / Calibre / Kaliber: 19,2mm.
Gewicht / Weight / Gewicht: 4.760g.

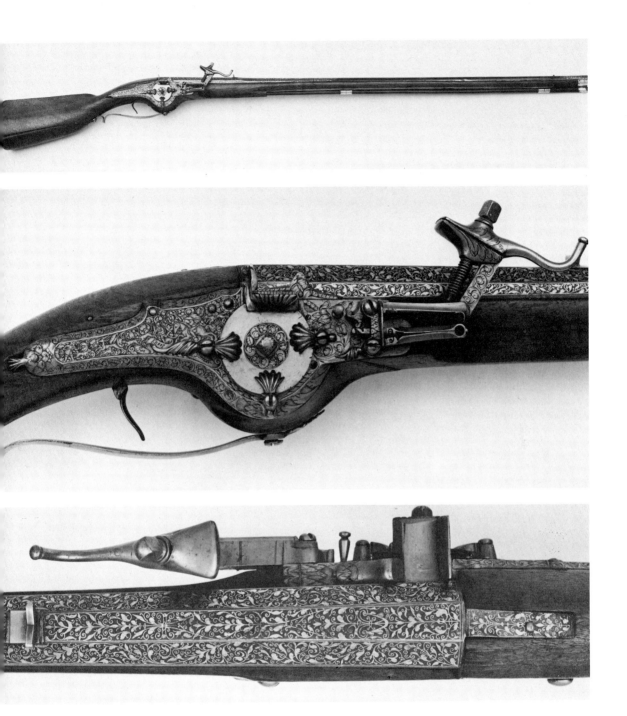

143-145.
Radslotgeweer door Jan Knoop, Utrecht, ca.1655. Plat slot, slotplaat met afgeschuinde randen, gegraveerd met lofwerk en een hertejacht. Ronde, gedeeltelijk kantige loop, geblauwd en bij de tromp en kamer geïncrusteerd met zilveren lofwerk; notehouten lade; houten laadstok; ijzeren beslag. Dit geweer heeft toebehoord aan Ove Bielke (1611-74).
Wheel-lock gun by Jan Knoop, Utrecht, c.1655. Flat lock, lockplate with bevelled edges, engraved with scroll-work and a stag-hunt. Round, partly angular barrel, blued and encrusted with silver scroll-work at the muzzle and the breech; walnut stock; wooden ramrod; iron mounts. This gun belonged to Ove Bielke (1611-74).
Radschlossgewehr von Jan Knoop, Utrecht, ca.1655. Flaches Schloss, Schlossplatte mit abgeschrägten Rändern, graviert mit Blattranken und einer Hirschjagd. Runder, zum Teil kantiger Lauf, gebläut und an Mündung und Kammer mit silbernen Blattranken eingelegt; Nussbaumschaft; hölzerner Ladestock; Eisenbeschlag. Dieses Gewehr hat Ove Bielke (1611-74) gehört.

Verzameling / Collection / Sammlung: TMK B 600.
Merken / Marks / Marken
Loop / Barrel / Lauf: Støckel 1883.
Slotplaat / Lockplate / Schlossplatte: *JAN KNOOP VTRECHT.*
Lengte / Length / Länge: 1511mm.
Loop / Barrel / Lauf: 1111mm.
Kaliber / Calibre / Kaliber: 19,5mm.
Gewicht / Weight / Gewicht: 4.720g.

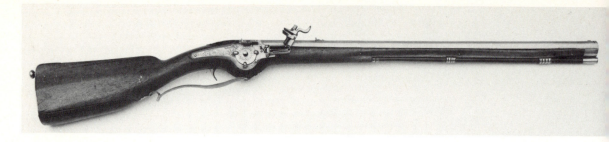

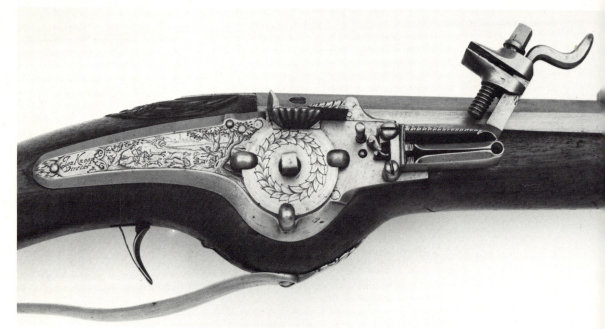

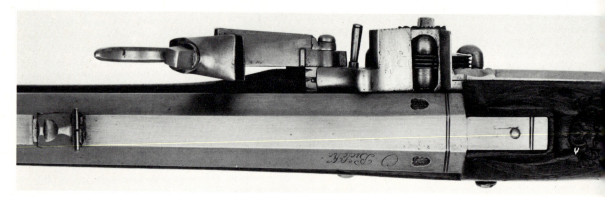

146-148.
Radslotbuks door Jan Knoop, Utrecht, ca.1655. Plat slot, slotplaat met afgeschuinde randen, gegraveerd met een zwijnejacht. Kantige, getrokken loop door Balthasar (II) Herold te Dresden; gesneden notehouten lade; houten laadstok; ijzeren beslag. Deze buks heeft toebehoord aan Ove Bielke (1611-74).
Wheel-lock rifle by Jan Knoop, Utrecht, c.1655. Flat lock, lockplate with bevelled edges; engraved with a boar-hunt. Angular, rifled barrel by Balthasar (II) Herold of Dresden; in carved walnut stock; wooden ramrod; iron mounts. This rifle belonged to Ove Bielke (1611-74).
Radschlossbüchse von Jan Knoop, Utrecht, ca.1655. Flaches Schloss, Schlossplatte mit abgeschrägten Rändern, graviert mit einer Wildschweinjagd. Kantiger, gezogener Lauf von Balthasar (II) Herold in Dresden; geschnitzter Nussbaumschaft; hölzerner Ladestock; Eisenbeschlag. Diese Büchse hat Ove Bielke (1611-74) gehört.
Verzameling / Collection / Sammlung: TMK B 597.
Merken / Marks / Marken
Loop / Barrel / Lauf: Støckel 2047.
Slotplaat / Lockplate / Schlossplatte: *Jan Knoop / Vtrecht.*
Lengte / Length / Länge: 1115mm.
Loop / Barrel / Lauf: 716mm.
Kaliber / Calibre / Kaliber: 15,1mm.
Gewicht / Weight / Gewicht: 3.660g.

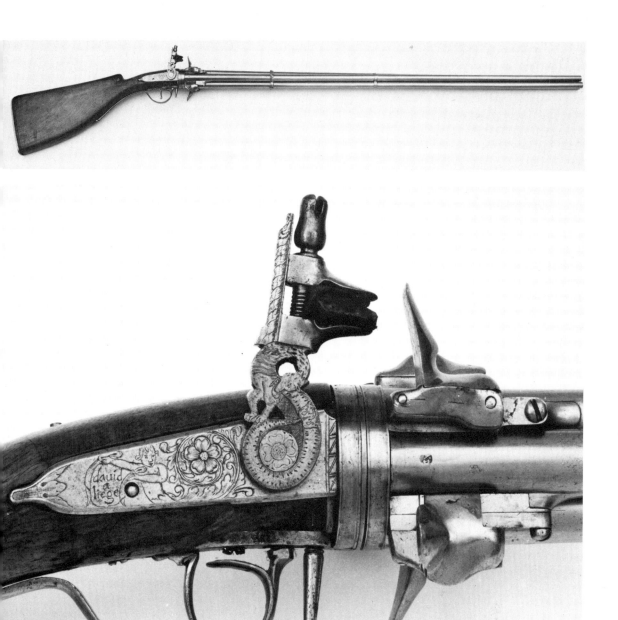

49, 150.

vierloopsvuursteendraailoopgeweer door Arnold David, Luik, ca.1650-1660. Plat slot; gegraveerd met een jongensfiguur eindigend in een bloemrank. Vier ronde, gladde lopen; notehouten kolf; ijzeren beslag.

Four-barrelled flintlock turn-over gun by Arnold David, Liège, c.1650-1660. Flat lock; engraved with the figure of a boy, terminating in a floral scroll. Four round, smooth barrels; walnut butt; iron mounts.

Vierläufiges Steinschlosswendergewehr von Arnold David, Lüttich, ca.1650-1660. Flaches Schloss; graviert mit einer Knabenfigur, die in eine Blumenranke endet. Vier runde, glatte Läufe; Nussbaumkolben; Eisenbeschlag.

Verzameling / Collection / Sammlung: TMK B 653.
Merken / Marks / Marken
Loop / Barrel / Lauf: Støckel 1835.
Slotplaat / Lockplate / Schlossplatte: *david a liège*
Lengte / Length / Länge: 1309mm.
Loop / Barrel / Lauf: 915mm.

Kaliber / Calibre / Kaliber: 13,1mm.
Gewicht / Weight / Gewicht: 3.170g.

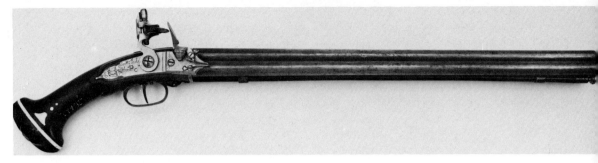

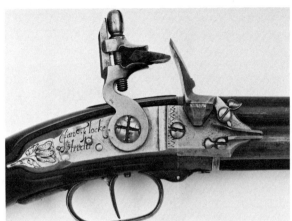

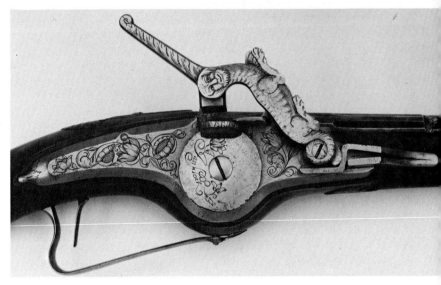

151-153.
Vuursteendraailooppistool door Jan Flock, Utrecht, ca.1650-1660. Plat slot, gegraveerd met een bloem. Drie ronde geblauwde lopen; ebbehouten kolf ingelegd met ivoor; zwarthouten laadstok; ijzeren beslag. Één van een paar.
Flintlock turn-over pistol by Jan Flock, Utrecht, c.1650-1660. Flat lock, engraved with a flower. Three round, blued barrels; ebony butt inlaid with ivory; ramrod of black wood; iron mounts. One of a pair.
Steinschlosswenderpistole von Jan Flock, Utrecht, ca.1650-1660. Flaches Schloss, mit einer Blume graviert. Drei runde, gebläute Läufe; Nussbaumkolben mit Elfenbeineinlage; schwarzhölzerner Ladestock; Eisenbeschlag. Eine eines Paares.
Verzameling / Collection / Sammlung: TMK B 620.
Merken / Marks / Marken
Slotplaat / Lockplate / Schlossplatte: *Jan Flock / vtrecht.*
Lengte / Length / Länge: 640mm.
Loop / Barrel / Lauf: 443mm.
Kaliber / Calibre / Kaliber: 12,8mm.
Gewicht / Weight / Gewicht: 1.210g.

154-157.
Zelfspannend radslotpistool door Ja Flock, Utrecht, ca.1650-1660. Plat slo slotplaat met afgeschuinde rande gegraveerd met bloemranken. Rond gedeeltelijk kantige geblauwde loop; not houten lade ingelegd met ivoor; ebbehoute kolfkap; houten laadstok; ijzeren besla Één van een paar.
Self-winding wheel-lock pistol by Ja Flock, Utrecht, c.1650-1660. Flat lock lockplate with bevelled edges, engrave with scroll-work. Round, partly angula blued barrel; walnut stock inlaid with ivory

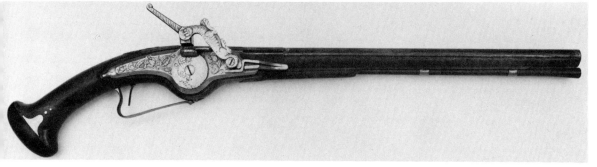

157

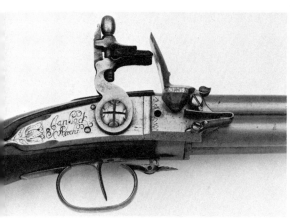

ebony butt-cap; wooden ramrod; iron mounts. One of a pair.
Selbstspannende Radschlosspistole von Jan Flock, Utrecht, ca.1650-1660. Flaches Schloss; Schlossplatte mit abgeschrägten Rändern, graviert mit Blumenranken. Runder, zum Teil kantiger, gebläuter Lauf; Nussbaumschaft mit Elfenbeineinlage; ebenhölzerne Kolbenkappe; hölzerner Ladestock; Eisenbeschlag. Eine eines Paares.
Verzameling / Collection / Sammlung: TMK B 615.
Merken / Marks / Marken.

Rad / Wheel / Rad: *Jan flock.*
Lengte / Length / Länge: 657mm.
Loop / Barrel / Lauf: 459mm.
Kaliber / Calibre / Kaliber: 14,4mm.
Gewicht / Weight / Gewicht: 1.160g.

158,159.
Vuursteendraailoopgeweer door Jan Flock, Utrecht, ca.1650-1660. Plat slot, gegraveerd met een bloem. Drie ronde lopen; notehouten kolf; ijzeren beslag.
Flintlock turn-over gun by Jan Flock, Utrecht, c.1650-1660. Flat lock engraved with a flower. Three round barrels; walnut butt; iron mounts.

Steinschlosswendergewehr von Jan Flock, Utrecht, ca.1650-1660. Flaches Schloss, mit einer Blume graviert. Drei runde Läufe; Nussbaumkolben; Eisenbeschlag.
Verzameling / Collection / Sammlung: TMK B 619.
Merken / Marks / Marken
Slotplaat / Lockplate / Schlossplatte: *Jan flock / Vtrecht.*
Lengte / Length / Länge: 1520mm.
Loop / Barrel / Lauf: 1150mm.
Kaliber / Calibre / Kaliber: 13,1mm.
Gewicht / Weight / Gewicht: 3.130g.

160, 161.
Zelfspannende radslotkarabijn door Jan Flock, Utrecht, ca.1650-1660. Plat slot; slotplaat met afgeschuinde randen gegraveerd met bloemranken; haan in de vorm van een monster. Ronde, gedeeltelijk kantige loop in notehouten lade; houten laadstok; ijzeren beslag.
Self-winding wheel-lock carbine by Jan Flock, Utrecht, c.1650-1660. Flat lock; lockplate with bevelled edges, engraved with scroll-work; monster-shaped cock. Round, partly angular barrel in walnut stock; wooden ramrod; iron mounts.
Selbstspannender Radschlosskarabiner von Jan Flock, Utrecht, ca.1650-1660. Flaches Schloss; Schlossplatte mit abgeschrägten Rändern, graviert mit Blumenranken; der Hahn hat die Gestalt eines Ungeheuers. Runder, zum Teil kantiger Lauf; Nussbaumschaft; hölzerner Ladestock; Eisenbeschlag.
Verzameling / Collection / Sammlung: TMK B 616.
Merken / Marks / Marken
Rad / Wheel / Rad: *Jan flock*.
Lengte / Length / Länge: 1055mm.
Loop / Barrel / Lauf: 737mm.
Kaliber / Calibre / Kaliber: 16,4mm.
Gewicht / Weight / Gewicht: 2.030g.

162, 163.
Vuursteendraailoopgeweer door Jan Flock, Utrecht, ca.1650-1660. Plat slot haan gegraveerd met twee slangen. Drie ronde lopen; notehouten kolf; ijzere beslag. De haan behoort waarschijnlijk nie tot dit slot.
Flintlock turn-over gun by Jan Flock Utrecht, c.1650-1660. Flat lock; cock with two engraved snakes. Three round barrels walnut butt; iron mounts. The coc

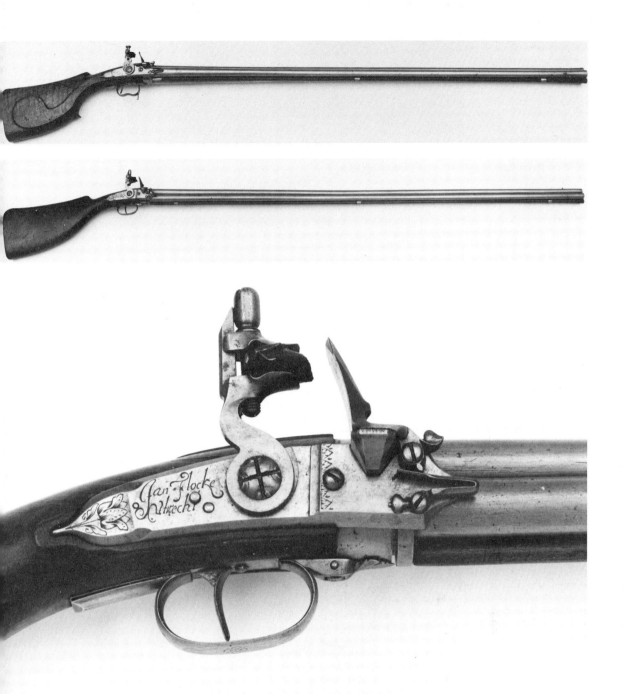

probably does not belong to this lock.
Steinschlosswendergewehr von Jan Flock, Utrecht, ca.1650-1660. Flaches Schloss; Hahn mit zwei Schlangen graviert. Drei runde Läufe; Nussbaumkolben; Eisenbeschlag. Der Hahn ist vermutlich nicht zu diesem Schloss gehörig.
Verzameling / Collection / Sammlung: TMK B 617.
Merken / Marks / Marken
Slotplaat / Lockplate / Schlossplatte: *Jan Flock.*
Lengte / Length / Länge: 1490mm.
Loop / Barrel / Lauf: 1113mm.
Kalibers / Calibres / Kalibers: 15,7mm; 15,4mm; 15,4mm.
Gewicht / Weight / Gewicht: 4.330g.

164,165.
Vuursteendraailoopgeweer door Jan Flock, Utrecht, ca.1650-1660. Plat slot, gegraveerd met een bloem. Drie ronde lopen; notehouten kolf; ijzeren beslag.
Flintlock turn-over gun by Jan Flock, Utrecht, c.1650-1660. Flat lock, engraved with a flower. Three round barrels; walnut butt; iron mounts.
Steinschlosswendergewehr von Jan Flock, Utrecht, ca.1650-1660. Flaches Schloss, mit einer Blume graviert. Drei runde Läufe; Nussbaumkolben; Eisenbeschlag.
Verzameling / Collection / Sammlung: TMK B 618.
Merken / Marks / Marken
Slotplaat / Lockplate / Schlossplatte: *Jan Flocke / Vtrecht.*
Lengte / Length / Länge: 1525mm.
Loop / Barrel / Lauf: 1145mm.
Kaliber / Calibre / Kaliber: 13mm.
Gewicht / Weight / Gewicht: 3.300g.

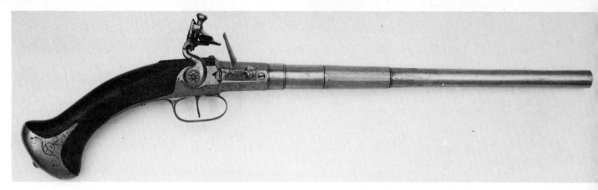

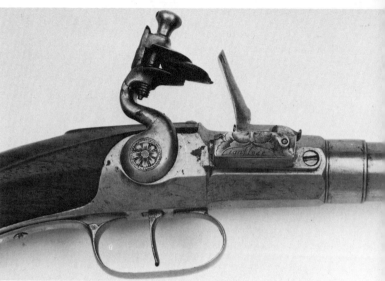

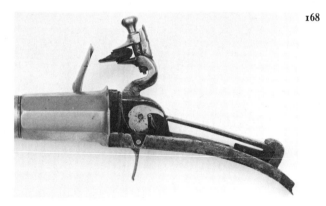

166-168.
Vuursteenschroeflooppistool door Jan Flock, Utrecht, ca.1660-1665. Slot van bijzondere constructie met bolle haan. Ronde, gedeeltelijk kantige loop; notehouten kolf; gegraveerd ijzeren beslag. Één van een paar.
Flintlock turn-off pistol by Jan Flock, Utrecht, c.1660-1665. Lock of special construction with convex cock. Round, partly angular barrel; walnut butt; engraved iron mounts. One of a pair.
Steinschlosspistole mit abschraubbarem Lauf von Jan Flock, Utrecht, ca.1660-1665. Schloss besonderer Fertigung mit gewölbtem Hahn. Runder, zum Teil kantiger Lauf; Nussbaumkolben; gravierter Eisenbeschlag. Eine eines Paares.
Verzameling / Collection / Sammlung: TMK B 622.
Merken / Marks / Marken
Pan / Pan / Zündpfanne: *ian flock*.
Lengte / Length / Länge: 546mm.
Loop / Barrel / Lauf: 314mm.
Kaliber / Calibre / Kaliber: 14,7mm.
Gewicht / Weight / Gewicht: 960g.

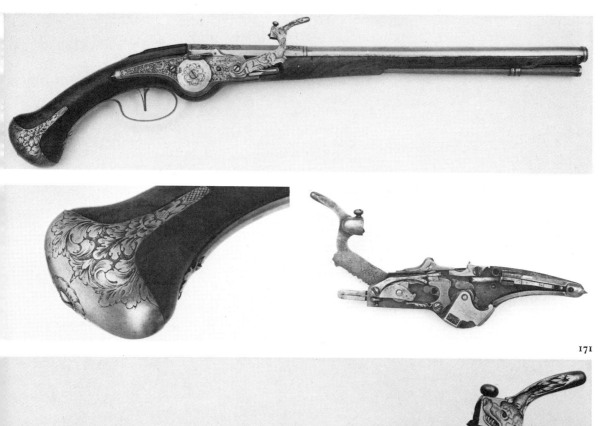

169-172.
Zelfspannend radslotpistool door Sievaerdt Kitsen, Maastricht, ca.1660. Plat slot; slotplaat met afgeschuinde randen en gegraveerd met bloemranken, lofwerk en vogels; haan in de vorm van een draak. Ronde, gedeeltelijk kantige loop; gegraveerde kamer; notehouten lade; houten laadstok; gedeeltelijk gegraveerd ijzeren beslag. Één van een paar.

Self-winding wheel-lock pistol by Sievaerdt Kitsen, Maastricht, c.1660. Flat lock; lockplate with bevelled edges and engraved with scroll-work and birds; dragon-shaped cock. Round, partly angular barrel; engraved breech; walnut stock; wooden ramrod; partly engraved iron mounts. One of a pair.

Selbstspannende Radschlosspistole von Sievaerdt Kitsen, Maastricht, ca.1660. Flaches Schloss; Schlossplatte mit abgeschrägten Rändern; graviert mit Blumen- und Blattranken und Vögeln; der Hahn hat die Form eines Drachens. Runder, zum Teil kantiger Lauf; gravierte Kammer; Nussbaumschaft; hölzerner Ladestock; teilweise gravierter Eisenbeschlag. Eine eines Paares.

Verzameling / Collection / Sammlung: TMK B 641.
Merken / Marks / Marken
Loop / Barrel / Lauf: Støckel 2134.
Slotplaat / Lockplate / Schlossplatte: *SIEVAERDT KITSEN / a MAESTRICHT.*
Lengte / Length / Länge: 588mm.
Loop / Barrel / Lauf: 410mm.
Kaliber / Calibre / Kaliber: 13,5mm.
Gewicht / Weight / Gewicht: 880g.

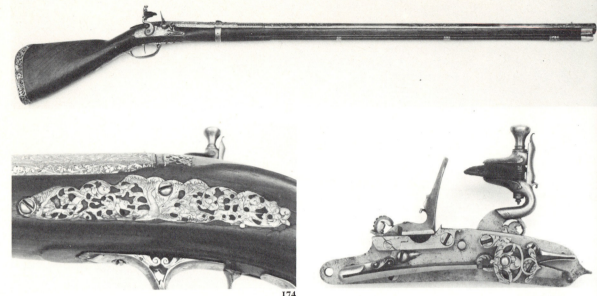

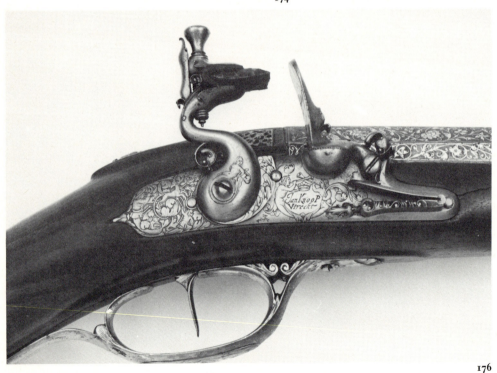

173-177.
Vuursteengeweer door Jan Knoop, Utrecht, ca.1655-1660. Bol slot, gegraveerd met lofwerk, een hertejacht en twee naakte mannenfiguren met bazuinen, waarvan er een een kroon vasthoudt. Ronde, gedeeltelijk kantige geblauwde loop, geincrusteerd met zilveren bloemen en lofwerk; notehouten lade; houten laadstok; geciseleerd en gedeeltelijk opengezaagd zilveren beslag. Dit geweer heeft toebehoord aan Ove Bielke (1611-74).
Flintlock gun by Jan Knoop, Utrecht, c.1655-1660. Convex lock engraved with scroll-work, a stag-hunt and two male nudes with trumpets, one of them holding a crown. Round, partly angular barrel, blued and encrusted with silver scroll-work; walnut stock; wooden ramrod; silver mounts, chiselled and partly in open-work. This gun belonged to Ove Bielke (1611-74).
Steinschlossgewehr von Jan Knoop, Utrecht, ca.1655-1660. Gewölbtes Schloss, graviert mit Blattranken, einer Hirschjagd sowie zwei nackten Männern mit Posaunen, von denen einer eine Krone hält. Runder, zum Teil kantiger, gebläuter Lauf, eingelegt mit silbernen Blumen- und Blattranken; Nussbaumschaft; hölzerner Ladestock; ziselierter, teilweise durchbrochener Silberbeschlag. Diese Flinte hat Ove Bielke (1611-74) gehört.
Verzameling / Collection / Sammlung: TMK B 603.
Merken / Marks / Marken
Loop / Barrel / Lauf: Støckel 1883.
Slotplaat / Lockplate / Schlossplatte Jan KnooP / Vtrecht.
Lengte / Length / Länge: 1522mm.
Kaliber / Calibre / Kaliber: 21,5mm.
Gewicht / Weight / Gewicht: 4.560g.

**178-180.
Vuursteengeweer door Jan Knoop, Utrecht, ca.1655-ca.1660.** Plat slot; schuivende veiligheid; gegraveerd met lofwerk, een zwijnejacht en twee naakte vrouwenfiguren. Ronde, gedeeltelijk kantige geblauwde loop, gedeeltelijk geïncrusteerd met zilveren bloemen en lofwerk; notehouten lade; houten laadstok; geciseleerd en gedeeltelijk opengezaagd zilveren beslag. Dit geweer heeft toebehoord aan Ove Bielke (1611-74).
Flintlock gun by Jan Knoop, Utrecht, c.1655-c.1660. Flat lock; sliding safety-catch; engraved with scroll-work, a boar-hunt and two female nudes. Round, partly angular blued barrel, partly encrusted with silver flowers and scrolls; walnut stock; wooden ramrod; silver mounts, chiselled and partly in open-work. This gun belonged to Ove Bielke (1611-74).
Steinschlossgewehr von Jan Knoop, Utrecht, ca.1655-ca.1660. Flaches Schloss mit Schiebersicherung; graviert mit Blattranken, einer Wildschweinjagd und zwei nackten Frauen. Runder, zum Teil kantiger, gebläuter Lauf, zum Teil mit Silbereinlage in Form von Blumen und Blattranken; Nussbaumschaft; hölzerner Ladestock; ziselierter, teilweise durchbrochener Silberbeschlag. Dieses Gewehr hat Ove Bielke (1611-74) gehört.
Verzameling / Collection / Sammlung: TMK B 602.
Merken / Marks / Marken
Slotplaat / Lockplate / Schlossplatte: *JAN KNOOP VTRECHT*.
Lengte / Length / Länge: 1532mm.
Loop / Barrel / Lauf: 1166mm.
Kaliber / Calibre / Kaliber: 18mm.
Gewicht / Weight / Gewicht: 3.730g.

182

184

181-185.
Vuursteengeweer door Jan Knoop, Utrecht, ca.1655-ca.1660. Bol slot, gegraveerd met een zwijnejacht en drie vrouwelijke figuren. Ronde, gedeeltelijk kantige, geblauwde loop, geïncrusteerd met zilveren bloemen en lofwerk; notehouten lade; notehouten laadstok; geciseleerd en gedeeltelijk opengezaagd zilveren beslag. Dit geweer heeft toebehoord aan Ove Bielke (1611-74).
Flintlock gun by Jan Knoop, Utrecht, c.1655-c.1660. Convex lock, engraved with a boar-hunt and three female figures. Round, partly angular, blued barrel encrusted with silver scroll-work; walnut stock, walnut ramrod; silver mounts, chiselled and partly in open-work. This gun belonged to Ove Bielke (1611-74).
Steinschlossflinte von Jan Knoop, Utrecht, ca.1655-ca.1660. Gewölbtes Schloss, graviert mit einer Wildschweinjagd und drei weiblichen Gestalten. Runder, zum Teil kantiger, gebläuter Lauf, eingelegt mit silbernen Blumen und Blattranken; Nussbaumschaft; Nussbaumladestock; ziselierter, teilweise durchbrochener Silberbeschlag. Dieses Gewehr hat Ove Bielke (1611-74) gehört.
Verzameling / Collection / Sammlung:
SK Brahe-Bielke 12923.
Merken / Marks / Marken
Slotplaat / Lockplate / Schlossplatte: hert / stag / Hirsch; *Jan KnooP Vtrecht*.
Lengte / Length / Länge: 1525mm.
Kaliber / Calibre / Kaliber: 21,1mm.

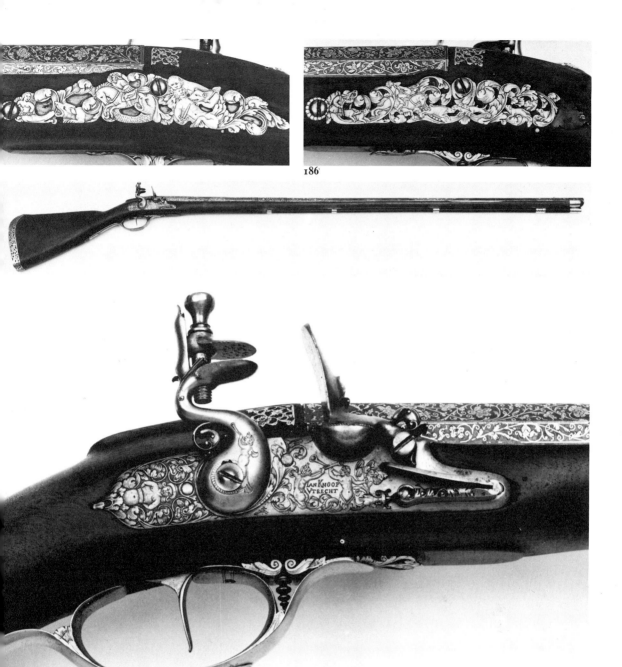

186-188.
Vuursteengeweer door Jan Knoop, Utrecht, ca.1655-ca.1660. Bol slot. Ronde, gedeeltelijk kantige loop, geblauwd en geïncrusteerd met zilveren lofwerk en bloemranken; notehouten lade; notehouten laadstok; geciseleerd en gedeeltelijk open-gezaagd zilveren beslag. Dit geweer heeft toebehoord aan Ove Bielke (1611-74).
Flintlock gun by Jan Knoop, Utrecht, c.1655-c.1660. Convex lock. Round, partly angular barrel, blued and encrusted with silver scroll-work; walnut stock; walnut ramrod; silver mounts, chiselled and partly in open-work. This gun belonged to Ove Bielke (1611-74).
Steinschlossflinte von Jan Knoop, Utrecht, ca.1655-ca.1660. Gewölbtes Schloss. Runder, zum Teil kantiger, gebläuter Lauf, eingelegt mit silbernen Blumen- und Blattranken; Nussbaumschaft; Nussbaumladestock; ziselierter, teilweise durchbrochener Silberbeschlag. Dieses Gewehr hat Ove Bielke (1611-74) gehört.
Verzameling / Collection / Sammlung: SK Brahe-Bielke 12924.

Merken / Marks / Marken
Slotplaat / Lockplate / Schlossplatte: hert / stag / Hirsch; *Ian Knoop Vtrecht.*
Lengte / Length / Länge: 1525mm.
Kaliber / Calibre / Kaliber: 18mm.

190

192

189-193.
Vuursteengeweer door Thuraine en Le Hollandois, Parijs, ca.1660. Gedeeltelijk bol slot, gegraveerd met lofwerk, een insect, een figuur met lauwerkrans en een cartouche met de signatuur van de geweermakers. Ronde, gedeeltelijk kantige, geblauwde loop; kamer geïncrusteerd met zilveren bloemornamenten; notehouten lade; houten laadstok; gedeeltelijk opengezaagd ijzeren beslag.
Flintlock gun by Thuraine and Le Hollandois, Paris, c.1660. Partly convex lock, engraved with scroll-work, an insect, a figure with laurel wreath and a cartouche with the gunmakers' signature. Round, partly angular, blued barrel; breech encrusted with silver floral ornaments; walnut stock; wooden ramrod; iron mounts, partly in open-work.
Steinschlossgewehr von Thuraine und Le Hollandois, Paris, ca.1660. Teilweise gewölbtes Schloss, graviert mit Blattranken, einem Insekt, einer Gestalt mit Lorbeerkranz sowie einer Kartusche mit der Signatur beider Büchsenmacher. Runder, zum Teil kantiger, gebläuter Lauf; Kammer mit silbernen Blumenornamenten eingelegt; Nussbaumschaft; hölzerner Ladestock; teilweise durchbrochener Eisenbeschlag.
Verzameling / Collection / Sammlung
TMK B 663.
Merken / Marks / Marken
Slotplaat / Lockplate / Schlossplatte
THVRAINE ET LE HOLLANDOIS A PARIS.
Lengte / Length / Länge: 1685mm.
Loop / Barrel / Lauf: 1282mm.
Kaliber / Calibre / Kaliber: 15,4mm.
Gewicht / Weight / Gewicht: 3.200g.

196

198

199

194-199.
Vuursteengeweer door Edvard de Moor, Utrecht, ca.1660. Plat slot met veiligheid, gegraveerd met putti, een vrouwenfiguur en lofwerk. Ronde, gedeeltelijk kantige loop, gegraveerd met lofwerk; gesneden notehouten lade, houten laadstok; ijzeren beslag; schroefplaat gegraveerd met het wapen van Wrangel.
Flintlock gun by Edvard de Moor, Utrecht, c.1660. Flat lock with safety-catch, engraved with putti, a female figure and scroll-work. Round, partly angular barrel, engraved with scroll-work; carved walnut stock; wooden ramrod; iron mounts; sideplate engraved with the coat of arms of Wrangel.
Steinschlossgewehr von Edvard de Moor, Utrecht, ca.1660. Flaches Schloss mit Sicherung, graviert mit Putten, einer Frauenfigur sowie Blattranken. Runder, zum Teil kantiger Lauf, mit Blattranken graviert; geschnitzter Nussbaumschaft; hölzerner Ladestock; Eisenbeschlag; Seitenblech graviert mit dem Wappen Wrangels.
Verzameling / Collection / Sammlung: SK Wr. 5517.

Merken / Marks / Marken
Loop / Barrel / Lauf: Støckel 1744.
Slotplaat / Lockplate / Schlossplatte: EDVARDT. ABRAHAMS / DE MOOR TOT. VTRECHT.
Lengte / Length / Länge: 1555mm.
Loop / Barrel / Lauf: 1110mm.
Kaliber / Calibre / Kaliber: 21,2mm.

201

203

200-204.
Vuursteengeweer door Edvard de Moor, Utrecht, ca.1660. Bol slot, gegraveerd met twee putti met vlaggen en een klassieke krijger, die een vlag ophoudt met de signatuur van de geweermaker. Ronde, gedeeltelijk kantige loop; notehouten gesneden lade; houten laadstok; ijzeren beslag; schroefplaat gegraveerd met het wapen van Wrangel.
Flintlock gun by Edvard de Moor, Utrecht, c.1660. Convex lock, engraved with two putti with flags and a classical warrior holding a flag with the gunmaker's signature. Round, partly angular barrel; carved walnut stock; wooden ramrod; iron mounts; sideplate engraved with the coat of arms of Wrangel.
Steinschlossflinte von Edvard de Moor, Utrecht, ca.1660. Gewölbtes Schloss, graviert mit zwei Putten mit Flaggen sowie einem klassischen Krieger der eine Flagge mit der Signatur des Büchsenmachers hält. Runder, zum Teil kantiger Lauf; geschnitzter Nussbaumschaft; hölzerner Ladestock; Eisenbeschlag; Seitenblech graviert mit dem Wappen Wrangels.
Verzameling / Collection / Sammlung:
SK Wr. 6191.
Merken / Marks / Marken
Kamer / Breech / Kammer: Støckel 1744
Slotplaat / Lockplate / Schlossplatte:
EDVARDT ABRAHAMS DE MOOR TOT VTRECHT.
Lengte / Length / Länge: 1510mm.
Loop / Barrel / Lauf: 1117mm.
Kaliber / Calibre / Kaliber: 20,6mm.

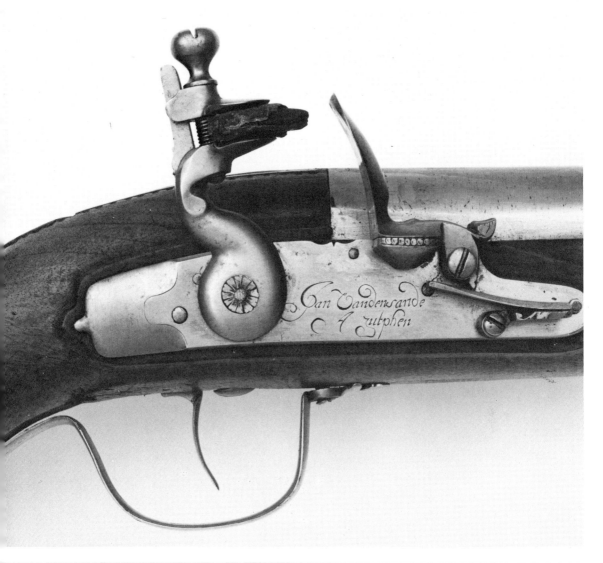

205, 206.

Vuursteengeweer door Jan van den Sande, Zutphen, ca.1660. Slot met platte slotplaat; bolle staart en haan. Ronde loop in notehouten lade; houten laadstok; ijzeren beslag.

Flintlock gun by Jan van den Sande, Zutphen, c.1660. Lock with flat lockplate; convex tail and cock. Round barrel in walnut stock; wooden ramrod; iron mounts.

Steinschlossflinte von Jan van den Sande, Zutphen, ca.1660. Schloss mit flacher Schlossplatte; gewölbter Hahn und Spitze. Runder Lauf; Nussbaumschaft; hölzerner Ladestock; Eisenbeschlag.

Verzameling / Collection / Sammlung: TMK B 637.
Merken / Marks / Marken.
Loop / Barrel / Lauf: Støckel 1885.
Slotplaat / Lockplate / Schlossplatte: *Jan Vandensande / A zutphen.*
Lengte / Length / Länge: 1780mm.
Loop / Barrel / Lauf: 1393mm.
Kaliber / Calibre / Kaliber: 21,6mm.
Gewicht / Weight / Gewicht: 5.820g.

207, 208.
Vuursteengeweer door Jan Monen, Amsterdam, ca.1655-ca.1660. Slot met platte slotplaat en bolle staart en haan; schuivende veiligheid. Ronde loop in notehouten lade; houten laadstok; ijzeren beslag. Dit geweer heeft toebehoord aan generaal Eylert Holck (1627-96).
Flintlock gun by Jan Monen, Amsterdam, c.1655-c.1660. Lock with flat lockplate, convex cock and tail; sliding safety-catch. Round barrel in walnut stock; wooden ramrod; iron mounts. This gun belonged to General Eylert Holck (1627-96).

Steinschlossgewehr von Jan Monen, Amsterdam, ca.1655-ca.1660. Flache Schlossplatte mit Schiebersicherung; Hahn und Spitze gewölbt. Runder Lauf; Nussbaumschaft; hölzerner Ladestock; Eisenbeschlag. Diese Flinte hat dem General Eylert Holck (1627z96) gehört.
Verzameling | Collection | Sammlung: TMK B 636.
Merken | Marks | Marken
Loop | Barrel | Lauf: Støckel 2621.
Slotplaat | Lockplate | Schlossplatte: *Jan Monen | Amsterdam*.
Lengte | Length | Länge: 1680mm.

Loop | Barrel | Lauf: 1285mm.
Kaliber | Calibre | Kaliber: 16,2mm.
Gewicht | Weight | Gewicht: 3.650g

209, 210.
Vuursteenachterlaadgeweer door De la Pierre, Maastricht, ca.1665. Slot van bijzondere constructie met vlakke slotplaat en bolle haan. Ronde, gedeeltelijk kantige loop in notehouten lade; ijzeren beslag.
Flintlock breech-loading gun by De la Pierre, Maastricht, c.1665. Lock of special construction with flat lockplate and convex cock. Round, partly angular barre

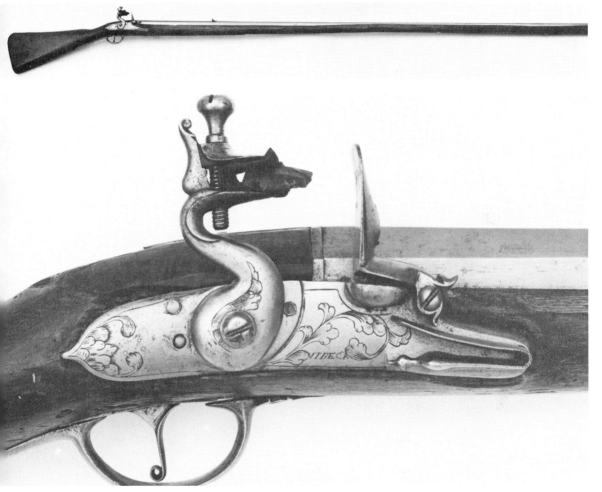

n walnut stock; iron mounts.
Steinschlosshinterladergewehr von De la Pierre, Maastricht, ca.1665. Schloss besonderer Fertigung mit flacher Schlossplatte und gewölbtem Hahn. Runder, zum Teil kantiger Lauf; Nussbaumschaft; Eisenbeschlag.
Verzameling / Collection / Sammlung: TMK B 640.
Merken / Marks / Marken
Loop / Barrel / Lauf: Støckel 2263.
Slotplaat / Lockplate / Schlossplatte: DE LA PIERRE / A MAESTRICHT.
Lengte / Length / Länge: 1479mm.

Loop / Barrel / Lauf: 1088mm.
Kaliber / Calibre / Kaliber: 17,6mm.
Gewicht / Weight / Gewicht: 3.230g.

211,212.
Vuursteenganzeroer, Utrecht, ca.1670. Bol slot, gegraveerd met lofwerk. Kantige loop in notehouten lade; ijzeren beslag.
Flintlock swangun, Utrecht, c.1670. Convex lock, engraved with scroll-work. Angular barrel in walnut stock; iron mounts.
Steinschlossentenflinte, Utrecht, ca.1670. Gewölbtes Schloss, graviert mit Blattranken. Kantiger Lauf; Nussbaumschaft; Eisenbeschlag.
Verzameling / Collection / Sammlung: TMK B 931.
Merken / Marks / Marken
Slotplaat / Lockplate / Schlossplatte: VTRECK.
Lengte / Length / Länge: 2861mm.
Loop / Barrel / Lauf: 2460mm.
Kaliber / Calibre / Kaliber: 16,8mm.
Gewicht / Weight / Gewicht: 6.740g.

213-215.
Vuursteengeweer door De la Pierre, Maastricht, ca.1665. Bol slot, gegraveerd met zittende naakte vrouw en lofwerk. Ronde, gedeeltelijk kantige loop in notehouten lade; houten laadstok; ijzeren beslag. Dit geweer heeft toebehoord aan Christiaan V als kroonprins.
Flintlock gun by De la Pierre, Maastricht, c.1665. Convex lock, engraved with seated female nude and scroll-work. Round, partly angular barrel in walnut stock; wooden ramrod; iron mounts. This gun belonged to Christian V when he was Crown-prince.
Steinschlossgewehr von De la Pierre, Maastricht, ca.1665. Gewölbtes Schloss, graviert mit sitzender nackter Frau sowie Blattranken. Runder, zum Teil kantiger Lauf; Nussbaumschaft; hölzerner Ladestock; Eisenbeschlag. Diese Flinte gehörte dem Christian V. als Kronprinz.
Verzameling / Collection / Sammlung: TMK B 638.
Merken / Marks / Marken
Slotplaat / Lockplate / Schlossplatte: *DE LA PIERRE / a MAESTRICHT.*

Lengte / Length / Länge: 1560mm.
Loop / Barrel / Lauf: 1170mm.
Kaliber / Calibre / Kaliber: 16,7mm.
Gewicht / Weight / Gewicht: 3.050g.

216, 217.
Vuursteenkarabijn door Gerrit Lasonder, Utrecht, ca.1665. Bol slot. Ronde, gedeeltelijk kantige loop in notehouten lade; houten laadstok; ijzeren beslag.
Flintlock carbine by Gerrit Lasonder, Utrecht, c.1665. Convex lock. Round, partly angular barrel in walnut stock; wooden ramrod; iron mounts.
Steinschlosskarabiner von Gerrit Lasonder, Utrecht, ca.1665. Gewölbtes Schloss. Runder, zum Teil kantiger Lauf; Nussbaumschaft; hölzerner Ladestock; Eisenbeschlag.

Verzameling / Collection / Sammlung: TMK B 631.
Merken / Marks / Marken
Loop / Barrel / Lauf: Støckel 1887.
Slotplaat / Lockplate / Schlossplatte: Gerret / Lasonder / Vtrecht.
Lengte / Length / Länge: 1101mm.
Loop / Barrel / Lauf: 715mm.
Kaliber / Calibre / Kaliber: 15,9mm.
Gewicht / Weight / Gewicht: 3.100g.

218, 219.
Vuursteenpistool door Jan Ceule, Utrecht, ca.1670. Bol slot, gegraveerd met twee in lofwerk eindigende figuren. Ronde, gedeeltelijk kantige loop in notehouten lade; houten laadstok; gegraveerd ijzeren beslag; op de kolfkap het monogram van Christiaan V. Dit pistool heeft toebehoord aan generaal Eylert Holck. Één van een paar.
Flintlock pistol by Jan Ceule, Utrecht, c.1670. Convex lock, engraved with two figures terminating in scroll-work. Round, partly angular barrel in walnut stock; wooden ramrod; engraved iron mounts; butt-cap with cypher of Christian V. This pistol belonged to General Eylert Holck. One of a pair.
Steinschlosspistole von Jan Ceule, Utrecht, ca.1670. Gewölbtes Schloss, graviert mit zwei Figuren, die in Blattranken enden. Runder, zum Teil kantiger Lauf; Nussbaumschaft; hölzerner Ladestock; gravierter Eisenbeschlag; Kolbenkappe mit Monogramm des Christian V. Die Pistole hat dem General Eylert Holck gehört. Eine eines Paares.

Verzameling / Collection / Sammlung TMK B 926.
Merken / Marks / Marken
Loop / Barrel / Lauf: *General Maioor Eyler Holck.*
Slotplaat / Lockplate / Schlossplatte *IAN CEVLE VTRECHT.*
Lengte / Length / Länge: 498mm.
Loop / Barrel / Lauf: 332,7mm.
Kaliber / Calibre / Kaliber: 15mm.
Gewicht / Weight / Gewicht: 880g.

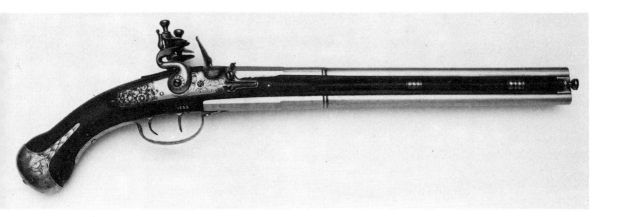

220, 221.

Vuursteendubbelloopspistool door Isac Dinckels, Utrecht, ca.1665. Bol slot, gegraveerd met lofwerk en bloemranken. Twee ronde, gedeeltelijk kantige lopen; notehouten lade; houten laadstok; gedeeltelijk gegraveerd ijzeren beslag. Één van een paar.

Flintlock double-barrelled pistol by Isac Dinckels, Utrecht, c.1665. Convex lock, engraved with scroll-work. Two round, partly angular barrels; walnut stock; wooden ramrod; partly engraved iron mounts. One of a pair.

Steinschlossdoppelpistole von Isac Dinckels, Utrecht, ca.1665. Gewölbtes Schloss, mit Blattranken und Blumen graviert. Zwei runde, zum Teil kantige Läufe; Nussbaumschaft; hölzerner Ladestock; teilweise gravierter Eisenbeschlag. Eine eines Paares.

Verzameling / Collection / Sammlung: SK Wr. 5831.
Merken / Marks / Marken
Op de lippen / On the jaws / Auf den Lippen: Støckel 1744.
Slotplaat / Lockplate / Schlossplatte: *Isack Dinckels Vtrecht.*

Lengte / Length / Länge: 535mm.
Lopen / Barrels / Läufe: 335mm.
Kaliber / Calibre / Kaliber: 12mm.

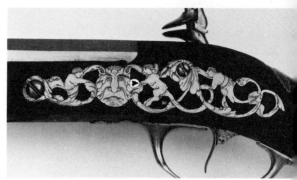

223

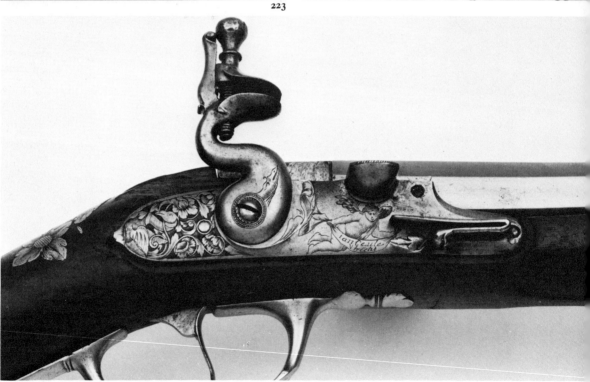

222-225.
Vuursteengeweer door Jan Ceule, Utrecht, ca.1660. Bol slot, gegraveerd met bladeren, bloemen, vogelkoppen en een engel met banderol. Kantige loop in notehouten lade; notehouten laadstok; gedeeltelijk gegraveerd, ijzeren beslag, met twee platen aan weerszijden van de kolf.
Flintlock gun by Jan Ceule, Utrecht, c.1660. Convex lock, engraved with leaves, flowers, and an angel with banderole. Angular barrel in walnut stock; walnut ramrod; partly engraved iron mounts including two plaques on either side of the butt.
Steinschlossflinte von Jan Ceule, Utrecht, ca.1660. Gewölbtes Schloss, graviert mit Blättern, Blumen, Vogelköpfen und einem Engel mit Inschriftband. Kantiger Lauf; Nussbaumschaft; Nussbaumladestock; teilweise gravierter Eisenbeschlag, u.a. zwei Plaketten auf jeder Seite des Kolbens.
Verzameling / Collection / Sammlung: SK Brahe-Bielke 12925.
Merken / Marks / Marken
Slotplaat / Lockplate / Schlossplatte:

JAN CEULE VTRECHT.
Lengte / Length / Länge: 1590mm.
Kaliber / Calibre / Kaliber: 10,1mm.

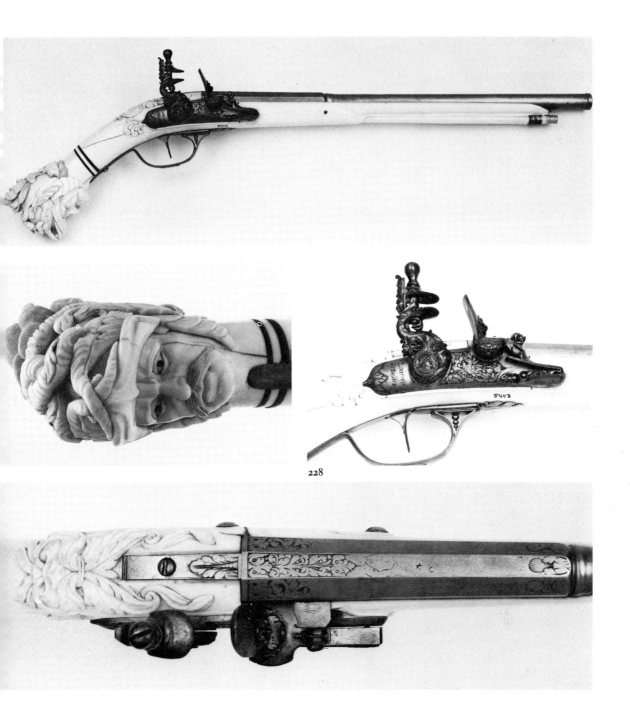

226-229.
Vuursteenpistool door Louroux, Maastricht, ca.1660. Bol slot, gegraveerd met vogels en bloemen, gestoken met lofwerk en maskers. Ronde, gedeeltelijk kantige loop met geprofileerde tromp; gesneden ivoren lade; ebbehouten banden om de kolfhals; ijzeren beslag. Eén van een paar.
Flintlock pistol by Louroux, Maastricht, c.1660. Convex lock, engraved with birds and flowers, chiselled with scrollwork and masks. Round, partly angular barrel with profiled muzzle; carved ivory stock; ebony bands around the small of the butt; iron mounts. One of a pair.
Steinschlosspistole von Louroux, Maastricht, ca.1660. Gewölbtes Schloss, graviert mit Vögeln und Blumen, gestochen mit Blattranken und Masken. Runder, zum Teil kantiger Lauf mit profilierter Mündung; geschnitzter Elfenbeinschaft; Ebenholzbänder rundum den Kolbenhals; Eisenbeschlag. Eine eines Paares.
Verzameling / Collection / Sammlung:
SK Wr. 5443.
Merken / Marks / Marken
Loop / Barrel / Lauf: Støckel 3220.
Slotplaat / Lockplate / Schlossplatte:
LOUROUX / a MAESTRICHT.
Lengte / Length / Länge: 578mm.
Loop / Barrel / Lauf: 380mm.
Kaliber / Calibre / Kaliber: 13,1mm.

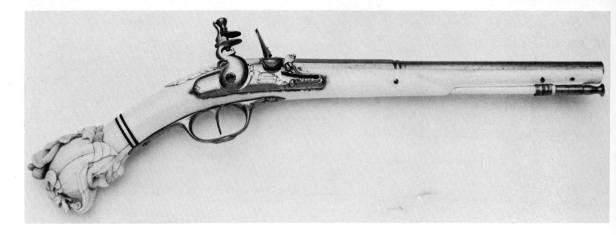

231

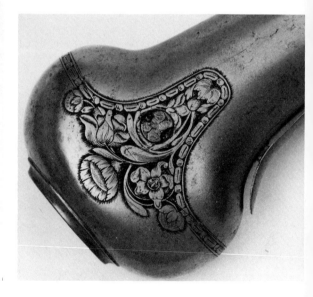

230, 231.
Vuursteenpistool door Leonhard Cleuter, Maastricht, ca.1660. Bol slot. Ronde, gedeeltelijk kantige loop; ivoren gesneden lade; twee ebbehouten banden rondom de kolfhals; ivoren laadstok; ijzeren beslag. Één van een paar.
Flintlock pistol by Leonhard Cleuter, Maastricht, c.1660. Convex lock. Round, partly angular barrel; carved ivory stock; two ebony bands around the small of the butt; ivory ramrod; iron mounts. One of a pair.
Steinschlosspistole von Leonhard Cleuter, Maastricht, ca.1660. Gewölbtes Schloss. Runder, zum Teil kantiger Lauf; geschnitzter Elfenbeinschaft; zwei ebenhölzerne Bänder rundum den Kolbenhals; elfenbeinerner Ladestock; Eisenbeschlag. Eine eines Paares.
Verzameling / Collection / Sammlung: LK 6988.
Merken / Marks / Marken
Loop / Barrel / Lauf: Stöckel 2260.
Slotplaat / Lockplate / Schlossplatte: LEONHARD CLEUTER.
Lengte / Length / Länge: 483mm

Loop / Barrel / Lauf: 293mm.
Kaliber / Calibre / Kaliber: 12,8mm.
Gewicht / Weight / Gewicht: 920g.

232-234.
Vuursteenpistool door Jan Cleuter, Grevenbroicht, 1650-1660. Bol slot van bijzondere constructie, gegraveerd met een cartouche, lofwerk met bloemen, een zeemeermin en een slang. Ronde, gedeeltelijk kantige loop; geheel ijzeren lade; ijzeren laadstok; ijzeren beslag. Één van een paar.
Flintlock pistol by Jan Cleuter, Grevenbroicht, 1650-1660. Convex lock of special construction, engraved with a cartouche, scroll-work with flowers, a mermaid and a snake. Round, partly angular barrel; completely iron stock; iron ramrod; iron mounts. One of a pair.
Steinschlosspistole von Jan Cleuter, Grevenbroicht, 1650-1660. Gewölbtes Schloss besonderer Fertigung, graviert mit einer Kartusche, Blattranken mit Blumen, einer Seenymphe und einer Schlange. Runder, zum Teil kantiger Lauf, ganz in Eisen geschäftet; eiserner Ladestock; Eisenbeschlag. Eine eines Paares.
Verzameling / Collection / Sammlung: SK Wr. 5698.
Merken / Marks / Marken
Slotplaat / Lockplate / Schlossplatte: *JAN CLOETER / a Grevenbroch.*
Lade / Stock / Schaft: C.F.V.A. onder kroon / under crown / unter Krone.
Lengte / Length / Länge: 565mm.
Loop / Barrel / Lauf: 377mm.
Kaliber / Calibre / Kaliber: 14,0mm.

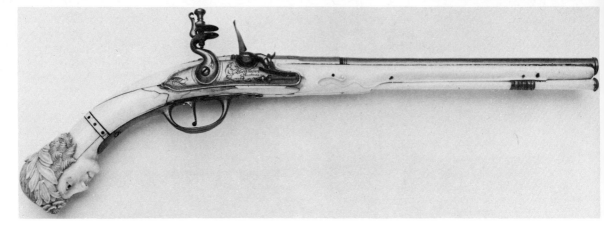

235-238.
Vuursteenpistool door Jacob Kosters, Maastricht, ca. 1660. Bol slot, gegraveerd met een vogel en een menselijke figuur met een slang. Ronde, gedeeltelijk kantige loop met geprofileerde tromp; gesneden ivoren lade; ebbehouten banden om de kolfhals; ijzeren beslag. Één van een paar.
Flintlock pistol by Jacob Kosters, Maastricht, c. 1660. Convex lock engraved with a bird and a human figure with a snake. Round, partly angular barrel with profiled muzzle; carved ivory stock; ebony bands around the small of the butt; iron mounts.

One of a pair.
Steinschlosspistole von Jacob Kosters, Maastricht, ca. 1660. Gewölbtes Schloss, graviert mit einem Vogel sowie einer menschlichen Figur mit einer Schlange. Runder, zum Teil kantiger Lauf mit profilierter Mündung; geschnitzter Elfenbeinschaft; Ebenholzbänder rundum den Kolbenhals; Eisenbeschlag. Eine eines Paares.
Verzameling | Collections | Sammlung: LK 4645.
Merken | Marks | Marken

Slotplaat | Lockplate | Schlossplatte: *JACOB KOSTERS | a Maestrich.*
Lengte | Length | Länge: 490 mm.
Loop | Barrel | Lauf: 325mm.
Kaliber | Calibre | Kaliber: 12,3mm.
Gewicht | Weight | Gewicht: 850g.

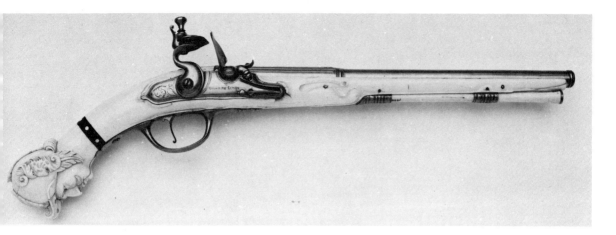

239-241.

Vuursteenpistool door Vivier, Maastricht (?), ca.1660. Bol slot, gegraveerde versiering. Ronde, gecanneleerde loop met geprofileerde tromp; gesneden ivoren lade; ebbehouten band om de kolfhals; ijzeren beslag. Eén van een paar.

Flintlock pistol by Vivier, Maastricht (?), c.1660. Convex lock; engraved decoration. Round, chamfered barrel with profiled muzzle; carved ivory stock; ebony band round the small of the butt; iron mounts. One of a pair.

Steinschlosspistole von Vivier, Maastricht (?), ca.1660. Gewölbtes Schloss, gravierte Verzierung. Runder, kannelierter Lauf mit profilierter Mundung; geschnitzter Elfenbeinschaft; Ebenholzband rundum den Kolbenhals; Eisenbeschlag. Eine eines Paares.

Verzameling / Collection Sammlung: LK 4661.
Merken / Marks / Marken
Slotplaat / Lockplate / Schlossplatte: *Vivier De Sedan.*
Lengte / Length / Länge: 468mm.
Loop / Barrel / Lauf: 300mm.
Kaliber / Calibre / Kaliber: 12,4mm.
Gewicht / Weight / Gewicht: 810g.

242, 243.
Vuursteenpistool door R. Nuwenhusen, Utrecht, ca.1665. Bol slot, gegraveerd met lofwerk. Ronde, gedeeltelijk kantige loop in notehouten lade; houten laadstok; ijzeren beslag. Één van een paar.
Flintlock pistol by R. Nuwenhusen, Utrecht, c.1665. Convex lock, engraved with scroll-work. Round, partly angular barrel in walnut stock; wooden ramrod; iron mounts. One of a pair.
Steinschlosspistole von R. Nuwenhusen, Utrecht, ca.1665. Gewölbtes Schloss, mit Blattranken graviert. Runder, zum Teil kantiger Lauf; Nussbaumschaft; hölzerner Ladestock; Eisenbeschlag. Eine eines Paares.
Verzameling / Collection / Sammlung: TMK B 630.
Merken / Marks / Marken
Loop / Barrel / Lauf: Støckel 2262 (?)
Slotplaat / Lockplate / Schlossplatte: *R. NUWENHUSEN / UTRECHT.*
Lengte / Length / Länge: 485mm.
Loop / Barrel / Lauf: 316mm.
Kaliber / Calibre / Kaliber: 13,8mm.
Gewicht / Weight / Gewicht: 860g.

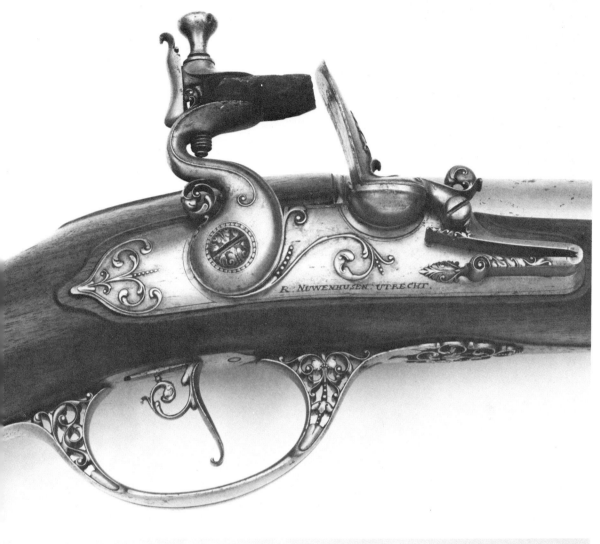

244, 245.
Vuursteengeweer door R. Nuwenhusen, Utrecht, ca.1660. Bol slot; gestoken met lofwerk en voluten. Ronde loop in notehouten lade; houten laadstok. Gestoken en gedeeltelijk opengezaagd ijzeren beslag.
Flintlock gun by R. Nuwenhusen, Utrecht, c.1660. Convex lock, chiselled with scroll-work and volutes. Round barrel in walnut stock; wooden ramrod. Iron mounts, chiselled and partly in openwork.
Steinschlossgewehr von R. Nuwenhusen, Utrecht, ca.1660. Gewölbtes Schloss mit gestochener Verzierung von Blattranken und Voluten. Runder Lauf; Nussbaumschaft; hölzerner Ladestock. Gestochener und teilweise durchbrochener Eisenbeschlag.

Verzameling / Collection / Sammlung: TMK B 628.
Merken / Marks / Marken
Loop / Barrel / Lauf: Støckel 1744; Støckel 5915.
Slotplaat / Lockplate / Schlossplatte: R. NUWENHUSEN UTRECHT.
Lengte / Length / Länge: 1540mm.
Loop / Barrel / Lauf: 1160mm.
Kaliber / Calibre / Kaliber: 18,4mm.
Gewicht / Weight / Gewicht: 4.230g.

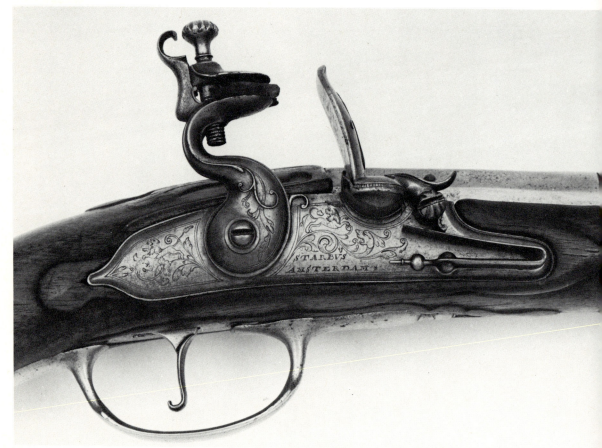

246, 247.
Vuursteenpistool door Pieter Starbus, Amsterdam, 1685-1687. Bol slot, gestoken en gegraveerd met lofwerk en twee leeuwen. Ronde, gedeeltelijk kantige loop in notehouten lade; ijzeren beslag. Één van een paar.
Flintlock pistol by Pieter Starbus, Amsterdam, 1685-1687. Convex lock, chiselled and engraved with scroll-work and two lions. Round, partly angular barrel in walnut stock; iron mounts. One of a pair.
Steinschlosspistole von Pieter Starbus, Amsterdam, 1685-1687. Gewölbtes Schloss, gestochen und graviert mit Blattranken und zwei Löwen. Runder, zum Teil kantiger Lauf; Nussbaumschaft; Eisenbeschlag. Eine eines Paares.

Verzameling / Collection / Sammlung: TMK B 936.
Merken / Marks / Marken
Slotplaat / Lockplate / Schlossplatte: *STARBVS AMSTERDAM.*
Lengte / Length / Länge: 507mm.
Loop / Barrel / Lauf: 337mm.
Kaliber / Calibre / Kaliber: 15,4mm.
Gewicht / Weight / Gewicht: 910g.

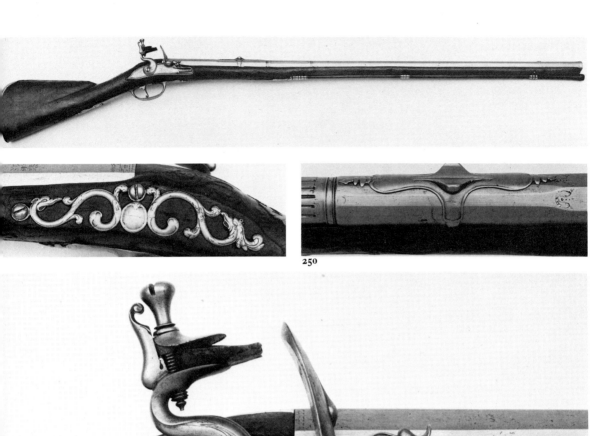

250

248-251.
Vuursteengeweer door Coster, Utrecht, ca.1688. Bol slot, gegraveerd met lofwerk eindigend in menselijke figuren. Ronde, gedeeltelijk kantige loop met vizierring; notehouten lade; houten laadstok; ijzeren beslag.
Flintlock gun by Coster, Utrecht, c.1688. Convex lock, engraved with scrollwork terminating in human figures. Round, partly angular barrel with ring-sight; walnut stock; wooden ramrod; iron mounts.
Steinschlossgewehr von Coster, Utrecht, ca.1688. Gewölbtes Schloss, graviert mit in Menschenfiguren endenden Blattranken. Runder, zum Teil kantiger Lauf mit Ringvisier; Nussbaumschaft; hölzerner Ladestock; Eisenbeschlag.
Verzameling / Collection / Sammlung: TMK B 930.
Merken / Marks / Marken
Slotplaat / Lockplate / Schlossplatte: COSTER UTRECHT.
Lengte / Length / Länge: 1288mm.
Loop / Barrel / Lauf: 937mm.
Kaliber / Calibre / Kaliber: 17,8mm.

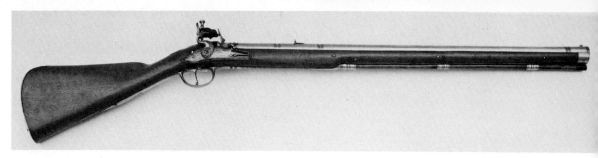

252, 253.
Vuursteenbuks door Jan van Solingen, Amsterdam, ca.1690. Bol slot, gestoken en gegraveerd met lofwerk, een slang en een groteske figuur. Ronde getrokken loop in notehouten lade; houten laadstok; ijzeren beslag. Deze buks heeft toebehoord aan Rosencreûtz (†1708).
Flintlock rifle by Jan van Solingen, Amsterdam, c.1690. Convex lock, chiselled and engraved with scroll-work, a snake and a grotesque figure. Round rifled barrel in walnut stock; wooden ramrod; iron mounts. This rifle belonged to Rosencreûtz (died 1708).
Steinschlossbüchse von Jan van Solingen, Amsterdam, ca.1690. Gewölbtes Schloss, gestochen und graviert mit Blattranken, einer Schlange und einer Groteske. Runder, gezogener Lauf; Nussbaumschaft; hölzerner Ladestock; Eisenbeschlag. Diese Büchse hat Rosencreûtz gehört (†1708).
Verzameling / Collection / Sammlung:
TMK B 938.
Merken / Marks / Marken
Slotplaat / Lockplate / Schlossplatte:
IAN. VAN. SOOLINGEN AMSTERDAM.
Lengte / Length / Länge: 1105mm.
Loop / Barrel / Lauf: 730mm.
Kaliber / Calibre / Kaliber: 13,2mm.
Gewicht / Weight / Gewicht: 4.090g.

Appendices

Ordre op de Wapeninghe 1599-1639

Ordre op de wapeninghe van de Compaignien Ruyteren Cuirassiers van dese Landen / voerende corte-roers.

I

In den eersten sullen gheen Ruyteren (wtbesondert de Paerden vande Officieren) ghepasseert worden / dan die selve meester sijn / sonder dat eenighe dienaers goet ghedaen sullen worden / aelwaert dat sy ghemonteert / ghewapent ende totte wapenen bequaem waren.

II

Sullen voorts ghehouden sijn te hebben een salade oft hooftwapen / Op verbeurte van vier gulden.

III

Item een gorgerijn mettet voorste en achterste van de rustinge / Op pene van gheheel gecasseert te werden.

IV

Item beyde gardes oft schouderwapenen / en de die int gheheel met twee brassaten / Op verbeurte van elcke garde oft schouderwapen / Ooc niet als halff schouderwapen sijnde / van twee gulden / ende van elck brassaet oock twee gulden.

V

Item een gantelet oft wapenhantschoe voorde hant vanden Toom / op verbeurte van een daelder.

VI

Item een cort Roer oft Pistolet / waer van den Loop sal wesen twee ghemeene mans voeten / meerder noch minder / volghende t' patroon / Op verbeurte van twee gulden / indien t' roer volgende tselve patroon niet en is / ende gheen roer hebbende / sal niet ghepasseert worden.

VII

Item een cort sweert bequaem tot houwen ende steken / insghelijcx volgende de mate ende patroon / Off by faulte van dien te verbeuren twee gulden alst niet conform de selve mate is / ende gheen swaert hebbende / sal niet ghepasseert worden.

VIII

Ende sullen die Peerden niet minder moghen sijn / als vijfthien groote mans palmen / ende volghende de mate daer aff gearresteert / te meten met een coorde van ghelijcke dicckte vande hiele vanden voorsten voet / ende voorts huyghens opgaende tot boven opt schouderblat aent haer daer de manen beginnen vuyt te wassen / off by faulte van dien sal de Ruyter niet gepasseert worden.

IX

De Cuirassiers / geappointeert tot bagagie peerden sullen boven alle de voorschreven stucken gewapent sijn van de riem tot aende knyen met beyde de tassetten / ende beyde de knyestucken oft gaillardeaux / en oock versien wesen van culotes / ende van noch een tweede cort roer nae t' voorschreven patroon / insgheliex het voorste ende achterste van de rüstinghe / ende het casquet draghen schootvry van een cort roer / Sullen oock boven haer peerdt wesende opte groote / alsvore / noch hebben een bagagie peerdt ende een jonghen / hem naevoerende het derde cort roer / insghelicks aen t' voorschreven patroon / ende gheen tassetten / knyestucken oft culoten hebbende / sal hem voor elcke tassette / knyestuck oft culote affghetogen worden twee gulden / Oock niet versien wesende vant tweede Roer / sal verbeuren twee gulden. Van ghelijcken den Dienaer onversien sijnde vant derde Roer / ende gheen dienaer oft bagagiepeert hebbende / sal ghecort worden thien gulden.

X

Oock en sullen gheen Merrie-peerden tot bagagie peerden ghepasseert worden.

XI

De Ritmeester / Lieutenanten oft Cornetten vande Compaignien sullen ghewapent en ghemonteert zijn / als de voorschreven gheappoincteerde Cuirassiers.

XII

Sulten mede soo wel die Ritmeesters / Lieutenanten ende Cornetten van de Compaignien / als andere Officiers ende Ruyteren ghehouden sijn te draghen Casacquen off Wapenrocken / van alsulcken fatsoene als de Lanciers ghewoon zijn te draghen. Op verbeurte van sesse gulden voor elcke Casacq.

XIII

Ende sullen die Commissarissen int doen van monsteringhe pertinente notitie stellen op yder Ruyter van sijne defecten van peerdt oft wapen / Indien daer enich is / sulcx sy tselve op haer eedt sulten willen staende houden / omme die penen Voorschreven aende ghebrekighe cortten tot prouffijt vant Landt / sonder conniventie.

Ordonnantie volghende de welcke ghewapent / ghemonteert en gheequipeert sullen wesen die Compaignien Ruyteren Harquebousiers.

I

Sullen draghen een Casquet oft hooftwapen vooren open / oft by faulte van dien salmen aftrecken vier gulden.

II

Item een gorgerijn ende het achterste ende voorste vande Rustinghe / op pene van niet ghepasseert te worden.

III

Item een cort sweert bequaem tot houwen ende steken / ende een roer oft Carabijn / waer van den Loop niet en sal mogen corter zijn dan drie groote mans voeten / alle volghende die patroon / daer van over te geven by zijne Ex^{cie}. Op pene soo sy in ghebreecke zijn van te hebben de voorschreven gheweren in conformiteyt van den patroon / dat hun sal affghetrocken worden twee gulden voor elck Sweert oft Roer / ende die gheen Sweert of Roer en heeft / en sal niet ghepasseert worden.

IV

Sullen oock de harquebousiers gheen minder Peerden hebben als van vijfthien groote mans palmen / te meten van de hiele vanden voorsten voet / tot boven opt schouderblat aent hayr daer de manen beginnen wt te wassen / volghende die mate den Capiteynen daer van te gheven / Oft by faulte van dien en sal den Ruyter niet ghepasseert worden.

V

En sullen oock geenssints aen de voorschreven Compaignien voor heur eyghen monture ghepasseert worden eenighe Merrie-Peerden.

VI
Ende en sal inde voorschreven Compaignien gheen Ruyter ghepasseert worden selver Meester wesende / soo dat gheen Ruyter en sullen moghen ghepasseert worden twee of meer Peerden / al waer den dienaer oft jonghen die sy daer op setten bequaem ter wapenen / den alleenlijck aen den Ritmeester / Lieutenant ende Cornette.
VII
Sullen voortaen alle de Ritmeesteren ofte Capiteynen heure Lieutenanten / Officieren ende alle die Ruyteren van de voorschreven Compaignien / ghehouden zijn te draghen Casacken oft wapenrocken / wesende de selve Casacken van alsulcken fatsoene als die Lanciers in dese landen ghewoon zijn te draghen / oft bij faulte van dien / sal den Ruytere alleenlijck voor elcke Casacke affghetrocken worden ses gulden.

Ordre op de wapeninghe van t' Voetvolck van dese Landen.
Spiessen:
I
In den eersten sullen de Spiesdraghers ghehouden zijn te draghen een Stormhoet / op verbeurte van thien stuvers.
II
Item een gorgerijn metten voorste en achterste van de rustinghe / op pene van gheroyeert te worden.
III
Sullen oock dragen een sweert of rappier / op verbeurte van een gulden.
IV
Sullen insghelijcx draghen heele Spiessen / ten minsten van achthien houtvoeten / en niet halve Spiessen / op verbeurte van een gulden.
V
Ende op dat de Compaignien te beter ghewapent zijn / sal in elcke Compaignie het vierde paert vande Spiessen / te weeten die hoochste tractementen treckende / boven de voorgaende stucken noch ghewapent zijn tot aende ellebogen met garden / ende beneden met breede tassetten / oft by faulte van dien verbeuren voor elke garde oft tassette een halven gulden.
Musquettiers:
VI
De musquettiers sullen ghehouden zijn te draghen een Morillon oft Stormhoet / Op verbeurte van een halve gulden / Item een Rappier / op verbeurte van een gulden.
VII
Item een musquet gheboort op thien Coghels int pondt / hoewel schietende een loopende Coghel van twaelff int pondt / op verbeurte van twee gulden indien hij minder musquet heeft.
VIII
Item een Forquet / Op verbeurte van eenen halven gulden.
Schutten:
IX
De Schutten oft Harquebousiers sullen oock ghehouden zijn te draghen een Stormhoet / Op verbeurte van een halve gulden. Item een Rappier / op verbeurte alsvooren.
X
Item een goet Caliber gheboort op twintich Cogels int pondt / hoewel schietende een loopende Coghel van vierentwintigh int pondt / op verbeurte van twee guldens indien die minder is
XI
Sonder daer onder ghepasseert te worden eenighe vuerroers
XII
Ende sullen die Commissarissen int doen van de Monsteringhe pertinente aenteyckeninghe doen op yder soldaet van syne defecten van wapenen / indien daer eenich is / sulcx sy tselve op haer eedt sullen willen staende houden / op privatie van haer officie / omm die penen aende gagien vande ghebrekighen te cortten tot prouffijt van t Landt / sonder eenighe conniventie.

Aldus ghearresteert byden Heeren Generale Staten der Vereenichden Nederlanden / met voorgaende advijs van Zijne Excellentie / ende ter Relatie van den Rade van State Actum den sesten Februarij vijfthienhondert neghen-ende-tneghentich.

Dit reglement werd op 22 october 1639 voor wat de vuurwapens betreft als volgt gewijzigd.

Ordre op de Wapeninge van 't krijghs volck te Peerde ende te Voete | in dienste van de Vereenigde Nederlanden wesende Eerst: Van de Compagnien Ruyteren Curassiers, voerende korte Roers.
Item sullen hebben twee korte Roers ofte Pistolen / waer van den Loop sal wesen langh twintig Rijnlandsche Roe-duymen / ende schietende een een Kogel van twee-en-dertigh rollende / ende dertigh stuytende in 't pondt / opte verbeurte van twee gulden / indien de Roers niet desen conform zijn Ende geen Roers hebbende / sal niet gepasseert werden.
Ordre volgens de welcke gewapent / gemonteert / ende ge-equipeert sullen wesen de Compagnien Ruyteren Harquebousiers
Item sullen hebben een Roer / ofte Carabijn / waer van der Loop niet en sal mogen korter zijn / dan dertigh Rhynlandtsche Roe-duymen / schietende een Kogel van achtien rollende ende sestien stuytende in 't pondt; Ende twee Pistolen / waer van den Loop sal zijn twintigh Rhynlandtsche Roe-duymen / schietende een Kogel van twee-en-dertigh rollende / ende dertigh stuytende in 't pondt / op poene / soo sy in gebreecke zijn van te hebben de voorsz Geweeren / conform dese ordre / dat hem sal afgetrocken werden twee gulden voor elck Roer; Ende geen Roers hebbende / sullen niet gepasseert werden.
Ordre op de Wapeninge van 't Voet-volck | van dese Landen.
Musquettiers:
Item een Musquet / gheboort op thien Kogels in 't pondt / hoewel schietende een lopende Kogel / van twaelf in 't pondt / op de verbeurte van twee gulden / indien hy minder Musquet heeft / de Loop langh vier Rhynlandtsche voeten.

Item een Forquet / op de verbeurte van eenen halven gulden. Sullen geen Vier-roers mogen gepasseert werden.

Geweer met halfspannerslot, ca. 1640.
Gun with half-cock lock, c. 1640.
Flinte mit Halbspannschloss, ca. 1640.

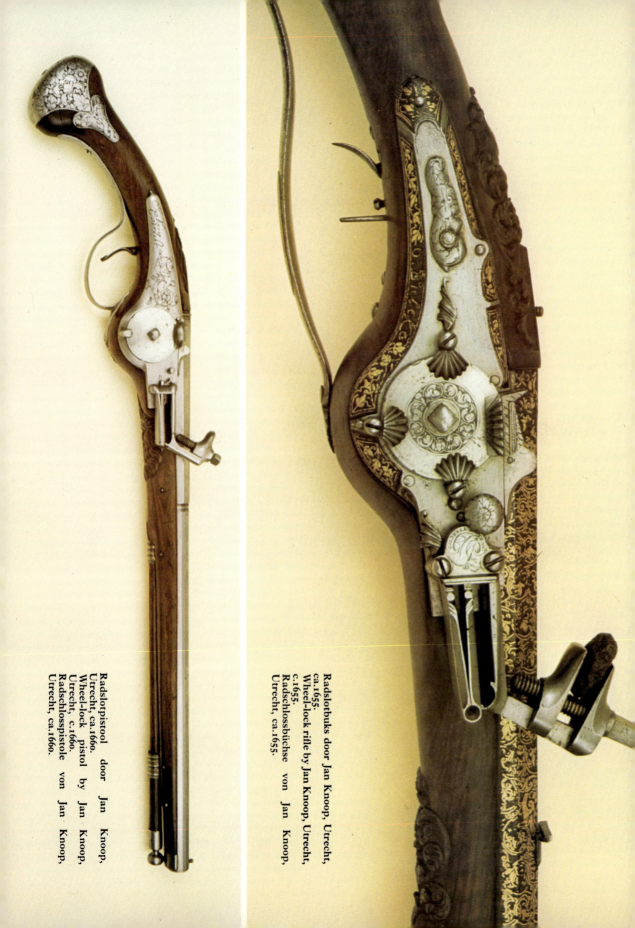

Radslotpistool door Jan Knoop, Utrecht, ca. 1660.
Wheel-lock pistol by Jan Knoop, Utrecht, c. 1660.
Radschlosspistole von Jan Knoop, Utrecht, ca. 1660.

Radslotbuks door Jan Knoop, Utrecht, ca. 1655.
Wheel-lock rifle by Jan Knoop, Utrecht, c. 1655.
Radschlossbüchse von Jan Knoop, Utrecht, ca. 1655.

1. Regulations on armament 1599-1639

The original Dutch texts of the Regulations of 1599 and 1639 are rendered in an abridged translation. Only the articles concerning firearms are translated literally.

Regulations on the armament of the companies of Horsemen Cuirassiers of these Lands carrying short guns.

I
No horsemen will be passed who are not master of their own horses or servants even if they are armed.
II
They must have a helmet.
III
They must have a gorget and a front- and back-plate.
IV
They must have pauldrons and vambraces.
V
They must have one gauntlet.
VI
They must have a short gun or pistol with a 2-foot long barrel more or less following the model.
VII
A short sword fit for cut and thrust, following the pattern.
VIII
The horses shall not be smaller than 15 large men's palms.
IX
The cuirassiers appointed to the luggage-horses must be armed from the belt to the knees, with both tassets and both poleyns or gaillardeaux / they must also be equipped with 'culotes' and a second short gun after the model / also front- and back-plates / and wear a helmet shot-proof for a short gun / the horse must be as large as described before / and having a luggage-horse with a boy / who carries a third short gun after him / also of the prescribed model / having no tassets / poleyns or 'culotes'.
X
No mares shall be allowed as luggage-horses.
XI
The captain / lieutenants or cornets of these companies shall be armed and equipped / as the aforementioned cuirassiers.
XII
Captains / lieutenants and cornets will be held to wear tunics of the pattern worn by the Lancers.
XIII
The inspecting Commissioners will take notice of the defects of horse and armament of each horseman.

Regulation on the armament of the Companies of Horsemen Harquebusiers.

I
They must have a helmet open in front.
II
They must have a gorget and a front- and back-plate.
III
A short sword fit for cut and thrust / and a gun or carbine with a barrel not shorter than 3 feet, all according to the pattern / to be given by his Ex.^{cie}

IV
The harquebusiers shall have no lesser horses than 15 great men's palms.
V
The aforementioned companies shall have no mares for mounts.
VI
No horsemen shall be passed who are not master of their own horses or servants even if they are armed.
VII
From now on, all captains their lieutenants / officers and all horsemen of the aforementioned companies shall be held to wear tunics of the pattern worn by the Lancers of these Lands.

Regulation on the armament of foot soldiers of these Lands.
Pikemen:
I
Pikemen must have a helmet.
II
They must have a gorget and front- and back-plates.
III
They must have a sword or rapier.
IV
They must have also whole pikes / at least 18 feet / and not half pikes.
V
And to make the companies better armed / a fourth part of each company of the Pikes / those who draw the highest pay / must be armed above the aforementioned pieces with guards to the elbows / and broad tassets.
Musketeers:
VI
Musketeers will be held to wear a morion.
VII.
They shall have a musket with a bore of 10 bullets in the pound shooting a rolling bullet of 12 in the pound.
VIII
They must have a musket-rest.

Shot:
IX
The Shot or Harquebusiers will be held to wear a morion / also a rapier.
X
They shall have a good caliver with a bore of 20 bullets in the pound shooting a rolling bullet of 24 in the pound.
XI
No wheel-lock guns (vuurroers) shall be passed.
XII
The inspecting Commissioners will take notice of the defects of the armament of each soldier.

Attested by the Lords Estates General of the United Netherlands on advice of his Ex.^{cie} and the Council of State. 6th February 1599.

1. Vorschriften über die Bewaffung

This regulation was modified on 22nd October 1639 as follows:

Armament of the Companies of Horsemen Cuirassiers carrying short guns:
They shall have two short guns or pistols the barrel of which shall be 20 inches long / shooting a bullet of 32 rolling and 30 standing in the pound /

Armament of the Companies Horsemen Harquebusiers:
They shall have a gun / or carbine / the barrel of which shall not be shorter than 30 inch / shooting a bullet of 18 rolling and 16 standing in the pound; and two pistols / the barrel of which shall be 20 inch / shooting a bullet of 32 rolling / and 30 standing in the pound.

Armament of Foot soldiers of these Lands:
Musketeers:
They shall have a musket / bored at 10 bullets in the pound / although shooting a running bullet of 12 in the pound / also a musket-rest / no wheel-lock guns shall be passed.

Der holländische Originaltext der unten erwähnten Waffenvorschriften von 1599 und 1639 ist hier nur im Sinne übersetzt und kurz wiedergegeben. Die in fast jedem Artikel aufgenommenen Buss- und Strafbedingungen sind fortgelassen. Nur die Titel der verschiedenen Vorschriften, somit einige wichtige oder interessante Textteile, sind buchstäblich übersetzt.

Verordnung zur Bewaffnung der mit kurzen Rohren armierten Kürassier-Reiterkompanien dieser Länder vom 6. Februar 1599.
I
Es werden nur die Reiter zugelassen, die selbst ein eigenes Pferd besitzen. Ihre Diener dürfen keines besitzen, selbst dann nicht, wenn sie montiert, bewaffnet und geschult in der Hantierung der Waffen sind.
II
Die Reiter sollen einen Schallern oder Kopfschutz tragen.
III
Sie sollen einen Halskragen sowie Brust- und Rückenstücke tragen.
IV
Sie sollen zwei volle Schulterblatten (sic) mit Armschienen (Brassaten) tragen.
V
Sie sollen auf der Zaumhand einen Eisenhandschuh tragen.
VI
Sie sollen ein kurzes Rohr oder eine Pistole tragen, deren Lauf eine Länge von zwei Gemeinfuss hat, und zwar nicht mehr oder weniger, gefertigt nach dem Muster.
VII
Sie sollen ein Kurzschwert, das zum Hieben und Stechen geeignet ist, tragen; gefertigt nach dem Muster.
VIII
Vorschrift über die Mindesthöhe der Pferde.
IX
Die Kürassiere, welche den Lastpferden zugewiesen werden, müssen ausser mit den vorhergehend bereits genannten Stücken, ebenfalls mit Tasseten Oberschenkelstücken vom Riemen bis an die Kniee, und weiters mit Kniestücken und Küloten (Schürzen bewaffnet sein). Weiterhin tragen sie ein zweites kurzes Rohr nach dem vorgeschriebenen Muster sowie Halbharnische, vorne und hinten, und einen gegen Kugeln eines kurzen Rohres gewappneten Helm. Ihr Pferd sollte die bereits eher vorgeschriebene Grösse haben, und weiterhin müssen sie noch ein Lastpferd und einen Burschen mit einem dritten kurzen Rohr, ebenfalls nach vorgeschriebenem Muster, führen.
X
Es werden keine Stuten als Lastpferde zugelassen.
XI.
Die Rittmeister, Leutnante und Kornette der Kompanien müssen wie die bereits vorher genannten Kürassiere bewaffnet sein.
XII.
Die under XI genannten Personen wie auch die restlichen Offiziere und Reiter, müssen Kasacke oder Waffenröcke

desselben Musters wie die Lanziere tragen.
XIII
Die Beauftragten müssen bei Inspektionen streng auf mögliche Mängel an Pferd und Ausrüstung eines jeden Reiters achten.

Verordnung, nach welcher die Kompanien Reiter und Arkebusiere bewaffnet, montiert und ausgerüstet werden sollen.
I
Sie sollen ein Kaskett oder einen Kopfschutz, vorne offen, tragen.
II
Sie sollen einen Halskragen sowie ein Rücken- und Bruststück tragen.
III
Sie sollen ein Kurzschwert, welches zum Hieben und Stechen geeignet ist, tragen; weiters ein Rohr oder einen Karabiner, deren Läufe nicht kürzer als zwei grosse Mannsfüsse sind; alles nach den seiner Exzellenz übergebenen Mustern.
IV
Vorschrift über die Mindestgrösse der Pferde der Arkebusiere.
V
Die im Vorhergehenden genannten Kompanien dürfen in keinem Falle Stuten verwenden.
VI
Es werden nur Reiter zugelassen, die selbst ein Pferd besitzen; zwei Pferde je Reiter sind nicht zugelassen, selbst dann nicht, wenn sie ihren Diener oder Burschen, geschult in der Hantierung der Waffen, aufs zweite Pferd setzen; diese Bestimmung gilt nicht für die Rittmeister, die Leutnants und die Kornetten.
VII
Alle Rittmeister oder Kapitäne, deren Leutnante, die Offiziere und alle Reiter sollen einen Kasack oder Waffenrock tragen, und zwar nach dem für die Kürassiere hierzulande üblichen Muster.

Verordnung über die Bewaffnung des Fussvolkes dieser Länder.
Spiessträger:
I
Erstens sollen die Spiessträger einen Sturmhut tragen.
II
Sie sollen ebenfalls einen Halskragen sowie Rücken- und Bruststücke tragen.
III
Sie sollen auch ein Schwert oder Rapier tragen.
IV
Sodann sollen sie einen ganzen Spiess von zumindest 18 Fuss Länge tragen; halbe Spiesse sind nicht zugelassen.
V
Damit die Kompanien besser bewaffnet sind, wird in einer jeden der vierte Teil der Spiessträger, d.h. diejenigen mit dem höchsten Traktement, über die vorher beschriebenen Stücke, bis an den Ellbogen mit Garden und unterhalb mit breiten Tasseten ausgestattet sein.

Musketiere:
VI
Die Musketiere sollen einen Morion oder Sturmhut und ein Rapier tragen.
VII
Sie sollen eine Muskete führen, welche zu zehn Kugeln aufs Pfund gebohrt ist, jedoch eine laufende Kugel von zwölf aufs Pfund schiesst.
VIII
Sie sollen auch eine Fourquet (Musketengabel) führen.

Schützen:
IX
Die Schützen oder Arkebusiere sollen ebenfalls einen Sturmhut und ein Rapier tragen.
X
Sie sollen ein gutes Kaliber führen, welches zu zwanzig Kugeln aufs Pfund gebohrt ist, jedoch eine laufende Kugel von vierundzwanzig aufs Pfund schiesst.
XI
Es werden keine Feuerrohre (Radschlossgewehre) zugelassen.
XII
Die Beauftragten müssen bei Inspektionen streng auf vorhandene Mängel an den Waffen bei jedem Soldaten achten.

Diese Vorschrift wurde an 22. Oktober 1639 in Bezug auf die Feuerwaffen folgendermassen geändert:

Verordnung über die Bewaffnung des Kriegsvolkes zu Pferde und zu Fuss im Dienste der Vereinigten Niederlande, zuerst: Von den Kürassier-Reiterkompanien, welche mit kurzen Rohren ausgerüstet sind:
Sie sollen zwei kurze Rohre oder Pistolen haben, deren Lauf zwanzig Zoll lang ist und eine rollende Kugel zu zweiunddreissig aufs Pfund und eine schliessende Kugel zu dreissig aufs Pfund verschiesst.

Verordnung, nach welcher die Arkebusier-Reiterkompanien bewaffnet, montiert und ausgerüstet werden sollen:
Sie sollen ein Rohr oder einen Karabiner führen, deren Lauf nicht kürzer als dreissig Zoll sein darf; die Waffe verschiesst eine rollende Kugel zu achtzehn aufs Pfund und eine schliessende Kugel zu sechzehn aufs Pfund. Weiter zwei Pistolen mit einem Lauf von zwanzig Zoll Länge, der eine rollende Kugel zu zweiunddreissig aufs Pfund und eine schliessende zu dreissig aufs Pfund verschiesst.

Verordnung über die Bewaffnung des Fussvolkes dieser Länder.
Musketiere:
Die Muskete soll zu zehn Kugeln aufs Pfund gebohrt sein und eine laufende Kugel zu zwölf aufs Pfund verschiessen; der Lauf soll eine Länge von vier Zoll haben; weiters sollen sie ein Fourquet führen.
Feuerrohre (Radschlossgewehre) werden nicht zugelassen.

2. Patenten

De inventiviteit en ondernemingslust van de bewoners der Noordelijke Nederlanden blijkt onder meer uit een groot aantal patenten voor een uitzonderlijke verscheidenheid van uitvindingen. De patenten, die de uitvinders het alleenrecht van toepassing van hun vinding voor een bepaalde tijdsduur verleenden, werden geregistreerd bij notarissen en de griffiers van de Staten van Holland en de Staten-Generaal. De officiële registratie maakt het ons nu nog mogelijk de patenten te raadplegen; het valt hierbij op dat speciaal in de eerste helft van de 17e eeuw een groot aantal aanvragen voor patenten op wapens werd ingediend. Wij laten hieronder een aantal van deze patenten volgen, waarbij niet de volledige tekst is weergegeven, maar alleen die delen waarin de uitvinding beschreven wordt.

Octrooi voor Christiaen Micker uit Hoorn, 8 juni 1601
/ sekere nieuwe maniere van musketten noyt in dese Landen geuseert. Te weeten achter met een conduit, met een Lontslot ter zyden aff te trecken / mitsgaeders een fourquetstock / om te gebruycken voor Stamper / ende Kretsser / Ende dat tselve musket zijn Ex^tie / ende eenige vande Heeren Staten van Hollant verthoont geweest zijnde / tselve seer propis hadden bevonden /[58]

Octrooi voor Andries Scholtes uit 's-Gravenhage, 28 juli 1601
/ een nieuwe ende te vooren ongebruyckte conste om loopen van pistoletten / roers / ende musketten / ende oock groff geschut te maken vuyt een massyff geheel / ende wel gesmeet yser / twelck hij met boren / draeyen / oft drielen / sonder heet te maken is holmakende / die veel lichter van yser / ende nochtans veele beter / stercker ende versekerder waeren dan de gene, die opde oude maniere werden gesmeet, gelyck hyj by t' opmaken van eenige pistoletten alreede hadde gethoont /[59]

Het boren van lopen uit massief ijzer zou inderdaad een belangrijke vereenvoudiging en werkbesparing betekend hebben, het was echter in het begin van de 17e eeuw technisch nog niet mogelijk om dit voldoende zuiver te doen, zodat we van deze werkwijze verder niets meer vernemen.

Octrooi voor Hans Henricus van Erfort uit Leeuwarden, 26 februari 1632
/ inhoudende int selver sijn ampt mede tragtende yet goets te effectueren. – gepractiseert ende gevonden hadde een seecker roer ende een pistool waermede met eene ladinge connen gedaen worden vyff schooten, ende vyffen twintich schoten inde tyt van een quartier uurs doende mede vyftien scheuten tegens een musquetter drie scheuten.[60]

Het octrooi van Henricus van Erfort betreft één van de talrijke pogingen om meerschotswapens te construeren. Er bestonden reeds langer vuurwapens waarmee verscheidene schoten achtereen konden worden gelost, maar dit betrof meestal systemen met achter elkaar in de loop geplaatste ladingen, waarbij het onmogelijk was het afvuren te stoppen voordat de gehele loop leeggeschoten was.

Evenals bij de twee volgende patenten gaat het hier waarschijnlijk om een magazijnwapen dat wel in één keer geladen wordt, maar waarbij steeds één lading en één kogel door een mechaniek in de loop gebracht worden.

Octrooi voor Pieter Calthoff 10 juni 1641
/ nieuwe Inventie van een roer daermede men met eene Ladinge eenentwintich schoten can schieten.[61]

Octrooi voor Hendrick Baertmans uit 's-Gravenhage, 19 december 1641
eene seer schoone ende dienstige const, van te maecken een roer met twelcke men dertig schoten schieten konde sonder tselve soo veel maelen te Laeden, maer eens de dertich cogels en enen soo veel cruijt als tot het Loot van nooden is daer in te doen. doch door twee verscheyde plaetsen en dan met eenig draey des beugels, de welcke compt ordinaris onder alle andere roers, hetselve roer terstont geladen en gespannen waerdich was om te schieten en geschoten hebbende niet meer te doen als den beugel te verdrayen wederom gereet was ende soo voorts tot de dertich be scheijde reysen toe, seer vaerdich ende ophouden als hij wil (Pl. 24, 25).[62]

Van de uitvindingen van Calthoff en Baertmans is ons toevallig meer bekend, omdat van beiden magazijngeweren bewaard zijn gebleven.[63]

Het oudste ons bekende magazijngeweer bevindt zich in het Tøjhusmuseum in Kopenhagen en draagt het stempel van Hendrick Baertmans, maar het is wel waarschijnlijk dat hij niet de oorspronkelijke uitvinder van dit systeem was. Vermoedelijk is het idee door Pieter Calthoff uit Duitsland meegebracht. Hoewel hij in Nederland patent had aangevraagd voor zijn magazijngeweer, ging hij hier vermoedelijk niet tot produktie over. Dit gebeurde pas na 1645, toen hij zich in Denemarken had gevestigd en grote series 'kunstbuksen' voor de lijfwacht van de Deense koning ging vervaardigen. Van Hendrick Baertmans zijn geen andere gesigneerde wapens bekend dan de bovengenoemde magazijnbuks. Wel is een aantal ongesigneerde magazijnbuksen met snaphaansloten bekend, die ongetwijfeld in Nederland zijn gemaakt in de periode dat Hendrick Baertmans' patent nog gold. Het is waarschijnlijk dat deze wapens ook door hem zijn vervaardigd.

De levensvatbaarheid van het Calthoff-Baertmans-patent blijkt uit het feit dat het nog tientallen jaren later werd toegepast door geweermakers als Cornelis Coster en Jan Flock in Utrecht. De als gevolg van het gecompliceerde mechaniek bijzonder hoge prijs schijnt de kopers niet te hebben afgeschrikt. Jan Flock liet in 1668 door de notaris vastleggen dat hij tienschotsmagazijnroers vervaardigde, die verkocht werden voor 260 gulden 't stuk. Dit bedrag was blijkbaar geen bezwaar voor Markus Kock, een Luikse kopersmelter die zich in Zweden had gevestigd, daar carrière had gemaakt en ten slotte onder de naam Cronström in de Zweedse adelstand verheven werd. Na zijn dood in 1679 liet hij Flocks magazijngeweer aan Koning Karel XI na. In 1686

2. Patents

wordt het roer voor het eerst in de inventaris van de Livrustkammeren vermeld (Pl. 28, 29).

Octrooi voor Theodore Crepu, 24 april 1636
/ Seeckere nieuwe inventie van pistolen by hem gevonden op een besondere alsulcke maniere als nooit in dese Landen en is gesien noch gehoort synde deselve pistolen veel habylder ende bequamer als andere ordinarise pistolen ende nochtans wel 25 stucken minder aenhebbende als andere ordinarise pistolen ende veel lichter om te voeren ende noogtans oock stercker ende beter om te onderhouden ende vele andere verscheiden goede saecken medebrengende /[64]

Het is mogelijk dat dit patent van Theodore Crepu betrekking heeft op het vuursteenslot, dat immers veel minder onderdelen telt dan zowel het radslot als het snaphaanslot (al is het verschil dan misschien niet 25 stuks).

The great number of patents issued during the seventeenth century bears witness to the inventiveness of the inhabitants of the Netherlands. These patents granted to the holders the sole right of application of their invention for a stipulated period of time. Patents were registered with public notaries and the Clerks of the Estates of Holland and the Estates General; and many of these officially registered patents are still in existence. A great many patents for firearms were registered, especially in the first half of the 17th century. The descriptions of some of the inventions in these patents are quoted here.

Patent for Christiaen Micker from Hoorn, 8th June 1601.
/ Certain new manner of muskets never used in these Lands. That is behind with a conduit, with a matchlock pulled from the side / with a musket-rest / to use as ramrod / and scratcher / and the same musket having been shown to his Ex.^{cy} and some of the Gentlemen Estates of Holland / found it very useful /[58]

Patent for Andries Scholtes from The Hague, 28th July 1601.
/ A new and so far unused art to make barrels for pistols / calivers / and muskets / and also ordnance from a massive whole / well-wrought by turning / drilling / without heating / with a much lower weight of iron / still much better / stronger and more certain than those made in the old way, like he has shown already in the making of some pistols.[59]

The boring of barrels from massive iron would indeed have meant a great advance. It seems, however, that it was not yet feasible at the beginning of the seventeenth century, so nothing more was heard of this invention.

Patent for Hans Henricus van Erfort from Leeuwarden, 26th February 1632.
/ While trying to do something useful in his work he has invented a certain gun and a pistol capable of shooting five times with one load, and twentyfive shots in a quarter of an hour also delivering fifteen shots against a musketeer's three.[60]

Henricus van Erfort's patent concerns one of the numerous attempts to construct multiple-shot firearms. Superimposed load firearms already existed but they had the disadvantage that once firing had started it could not be stopped before the barrel was empty. Van Erfort's invention was probably a magazine-gun with a mechanism to bring only one charge of gunpowder and one bullet at a time into the barrel.

Patent for Pieter Calthoff, 10th June 1641.
/ A new invention of a gun firing twenty-one shots with one loading /[61]

Patent for Hendrick Baertmans, The Hague, 19th December 1641.
/ A very beautiful and useful art of making a gun firing thirty shots without being loaded so many times, but being loaded in one time with thirty bullets and so much gun-

2. Patente

powder as is needed for the lead but in two different places and then with some turning of the trigger-guard, which is normally fitted to all other guns, the same gun is instantly loaded and cocked ready to shoot and having shot no more is needed than turning the trigger-guard up to thirty times, very adroit and may stop firing at will (plates 24, 25).[62]

Some of the guns made by Calthoff and Baertmans still exist.[63] The oldest known magazine-rifle, in the collection of the Tøjhusmuseum in Copenhagen, bears Hendrick Baertman's stamp. But he was probably not the original inventor of this system. It is more likely that Peter Calthoff took the idea from his native Solingen, in Germany, to Holland. And although he patented it there, he probably did not manufacture any of these guns in the Netherlands. Only after 1645, when he had settled in Denmark, did he start to make a series of magazine-rifles for the bodyguard of the King of Denmark. No other signed guns by Hendrick Baertmans are known; but a number of unsigned magazine-rifles with snaphance-locks, undoubtedly made in Holland, could well be his work since they must have been made in the period when Baertmans' patent was valid. The viability of the Calthoff/Baertmans patents is evident from the fact that Utrecht gunmakers like Cornelis Coster and Jan Flock were still making such guns decades later (plates 11, 12). Their high price, as a consequence of their complex mechanism, does not seem to have deterred buyers. In 1668 a public notary registered that Jan Flock manufactured 10-shot magazine-guns at a price of 260 guilders each. This sum was no obstacle to Markus Kock, a brass-founder from Liège who had made a career in Sweden. He left a Flock magazine-gun to King Karl XI of Sweden, to whom it went after Kock's death in 1679. The gun is mentioned for the first time in the 1686 inventory of Livrustkammaren (plates 28, 29).

Patent for Theodore Crepu, 24th April 1636.
/ A certain new invention of pistols as were never seen in these Lands nor heard of, much more practical than other ordinary pistols, still having twenty-five parts less than other ordinary pistols and much lighter to carry but stronger and easier to maintain and with many other advantages /[64]

It is possible that Theodore Crepu's patent refers to pistols with flintlocks. Both wheel-locks and snaphance-locks consisted of many more parts than flintlocks. But the difference of twenty-five parts seems somewhat exaggerated.

Der Erfindergeist und die Unternehmungsfreude der Bewohner der nördlichen Niederlande lassen sich u.a. auch aus einer grossen Anzahl Patente für eine ausser-gewöhnliche Verschiedenheit von Erfindungen ersehen. Die Patente, welche den Erfindern das Alleinrecht der Anwendung ihrer Erfindung für eine bestimmte Zeitspanne sicherten, wurden bei Notaren und Protokollführern der Staaten von Holland und den Staaten-General registriert. Die offizielle Registrierung ermöglichte es uns jetzt diese Patente einzusehen; es fällt hierbei auf, dass besonders in der ersten Hälfte des 17. Jahrhunderts eine grosse Anzahl Anfragen für Patente auf Waffen eingereicht wurden. Wir lassen untenstehend eine Reihe von diesen Patenten folgen, wobei nicht der vollständige Text wiedergegeben wurde, sondern nur die Teile in welchen die Erfindung beschrieben wird.

Die Patentbeschreibungen sind vereinfacht. Der Originaltext ist im holländischen Teil wiedergegeben.

Patent für Christiaen Micker aus Hoorn vom 8. Juni 1601
Eine neue Art Muskete, nie zuvor in diesen Landen gebraucht. Hinten ausgerüstet mit einem (? geleider) und mit einem Luntenschloss, welches an der Seite abgezogen wird. Weiterhin eine Musketengabel, welche ebenfalls als Ladestock und als Kratzer zu gebrauchen ist.[58]

Patent für Andries Scholtes aus Den Haag vom 28. Juli 1601
Eine neue, bisher ungebräuchliche Methode zum Anfertigen von Läufen für Pistolen, Rohren, Musketen und auch für die Herstellung von grossen Geschützen aus massivem Schmiedeeisen, welche drehend und ohne zu glühen ausgebohrt werden. Diese Läufe sind bedeutend stärker und sicherer als die auf die alte Weise geschmiedeten Läufe, wie bereits anhand einiger Pistolen bewiesen ist.[59]

Patent für Hans Henricus van Erfort aus Leeuwarden vom 26. Februar 1632
Beim Versuch etwas Gutes in seinem Fach zu leisten, hat er ein Rohr und eine Pistole erfunden und damit experimentiert. Mit dieser Waffe kann man mit einer Ladung fünf Schüsse abfeuern. Man kann damit 25 Schüsse im Zeitabschnitt einer Viertelstunde abfeuern, im Gegensatz zu einem Musketier, der in derselben Zeitspanne nur 3 Schüsse abzufeuern in der Lage ist.[60]

Patent für Pieter Calthoff vom 10. Juni 1641
Neue Erfindung eines Rohres, mit welchem man eine Ladung zu einundzwanzig Schuss abfeuern kann.[61]

Patent für Hendrick Baertmans vom 19. Dezember 1641
... Ein Rohr, mit welchem man dreissig Schüsse abfeuern kann, ohne jedesmal erneut laden zu müssen. Dies ist nur ein einziges Mal mit der benötigten Menge Pulver und Blei an zwei verschiedenen Stellen erforderlich. Die Waffe wird jedesmal durchgeladen und durch das Drehen des Abzugsbügels gespannt (Abb. 24, 25).[62]

Von den Erfindungen Calthoffs und Baertmans ist uns zufälligerweise mehr bekannt, weil von beiden Magazingewehre bewahrt geblieben sind.[63]

Das älteste uns bekannte Magazingewehr befindet sich im Kopenhagener Tøjhus-Museum und trägt den Stempel des Hendrick Baertmans, es ist jedoch dennoch wahrscheinlich, dass er nicht der ursprüngliche Erfinder dieses Systems war. Vermutlich ist die Idee von Peter Calthoff aus Deutschland mitgebracht worden. Obwohl er in den Niederlanden für sein Magazingewehr ein Patent beantragt hatte, hat er dort vermutlich nicht damit begonnen, solche Waffen anzufertigen. Dies geschah erst nach 1645, nachdem er sich in Dänemark niedergelassen hatte und damit anfing, eine grosse Reihe von 'Kunstbüchsen' für die Leibgarde des dänischen Königs herzustellen. Wohl ist eine Anzahl unsignierter Magazinbüchsen mit Schnapphahnschlössern bekannt, die zweifelsohne in den Niederlanden gefertigt wurden, und zwar in der Periode, in welcher Hendrick Baertmans' Patent noch Geltung hatte. Es ist wahrscheinlich, dass diese Waffen ebenfalls von ihm gefertigt worden sind.

Die Lebensfähigkeit des Calthoff-Baertmans Patentes geht aus der Tatsache hervor, dass es noch einige Jahrzehnte später von Büchsenmachern wie Cornelis Coster und Jan Flock in Utrecht angewandt wurde. Der durch die komplizierte Mechanik bedingte besonders hohe Preis scheint die Käufer nicht abgeschreckt zu haben. Jan Flock liess im Jahre 1668 durch den Notar festlegen, dass er zehnschüssige Magazinflinten herstellte, die für 260 Gulden das Stück verkauft wurden. Diese Summe war offenbar kein Hindernis für Markus Kock, einen Lütticher Kupferschmelzer, der sich in Schweden niedergelassen und dort Karriere gemacht hatte; schliesslich wurde er unter dem Namen Cronström in den schwedischen Adelsstand erhoben. Nach seinem Tode im Jahre 1679 hinterliess er dem König Karl XI. Flocks Magazingewehr.

Sieben Jahre danach wird die Flinte zum ersten Mal im Inventar der Livrustkammaren erwähnt (Abb. 28, 29).

Patent für Theodore Crepu vom 24. April 1636
Eine neue Erfindung betreffend Pistolen. Noch nie zuvor in diesen Landen gehört und gesehen. Diese Pistole ist viel bequemer als alle gewöhnlichen Pistolen. Sie hat 25 Unterteile weniger als die gewöhnlichen Pistolen, ist leichter zu führen und trotzdem stärker, besser zu warten und hat noch viele andere gute Eigenschaften.[64]

Es ist möglich, dass das Patent von Crepu sich auf das Steinschloss bezog, wenn man sich vergegenwärtigt, dass sowohl ein Radschloss als auch ein Schnapphahnschloss aus viel mehr Teilen als einem Steinschloss zusammengestellt war, wenn auch der Unterschied nicht 25 betrug.

3. Benamingen van onderdelen en beslag / Gun parts and furniture / Benennung der Teile und des Beschlags

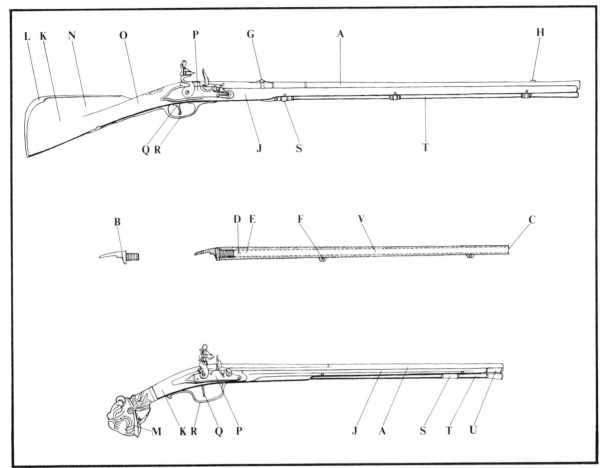

A. loop.	A. barrel.	A. Lauf.
B. staart.	B. tang.	B. Schwanzschraube.
C. tromp.	C. muzzle.	C. Mündung.
D. zundgat.	D. touch-hole.	D. Zündloch.
E. kamer.	E. chamber, breech.	E. Kammer.
F. haft.	F. lug.	F. Haft.
G. vizier.	G. backsight.	G. Kimme.
H. korrel.	H. foresight.	H. Korn.
J. lade.	J. stock.	J. Schaft.
K. kolf.	K. butt.	K. Kolben.
L. kolfplaat.	L. butt-plate.	L. Kolbenplatte.
M. kolfkap, knop.	M. butt-cap, pommel.	M. Kolbenkappe.
N. kolfwang.	N. comb of butt.	N. Kolbenrücken.
O. kolfhals.	O. small of butt.	O. Kolbenhals.
P. slot.	P. lock.	P. Schloss.
Q. trekker.	Q. trigger.	Q. Abzug.
R. trekkerbeugel.	R. trigger-guard.	R. Abzugsbügel, Handbügel.
S. laadstokpijpje.	S. ramrod pipe.	S. Ladestockrohr.
T. laadstok.	T. ramrod.	T. Ladestock.
U. ladeband.	U. fore-end cap.	U. Nasenband.
V. ziel.	V. bore.	V. Seele.

4. Slotmechanismen / Gun-lock mechanisms / Schlossmechanismen

Hollands lontslot ca.1625 (1: buitenkant; 2: binnenkant)
De functie van het lontslot is het pankruit tot ontbranding te brengen door middel van een gloeiende lont (A). De lont is hiertoe vastgeklemd in het gespleten uiteinde van de haan of serpentine (B). De haan, die via een tuimelaar (C) aan het ene eind van de stang (D) bevestigd is, wordt door opwaartse druk aan de staart (E) omlaag gebracht in de pan (F).

A. lont
B. haan
C. tuimelaar
D. stang
E. staart
F. pan

G. slotplaat
H. slotschroeven
J. pandeksel
K. vuurscherm, panscherm
L. stangveer

Dutch matchlock, c.1625 (1: exterior; 2: interior)
The function of the matchlock is the ignition of the priming powder by means of a glowing slow-match (A) which is held in the jaws of the cock (B). The latter, being linked by a tumbler (C) to the one end of the sear (D), is tipped into the pan (F) by upward pressure on the sear-lever (E).

A. slow-match
B. cock
C. tumbler
D. sear
E. sear-lever
F. pan

G. lockplate
H. lock screws
J. pan-cover
K. flash-guard, fence
L. sear-spring

Holländisches Luntenschloss um 1625 (1: Aussenseite; 2: Innenseite)
Das Luntenschloss soll das Zündkraut mittels einer glimmenden Lunte (A) zum Entflammen bringen. Dazu ist die Lunte in die Klemmbacken des Hahnes (B) eingeklemmt. Der Hahn, der durch eine Nuss (C) an der einem Seite der Stange (D) befestigt ist, wird durch das Hochdrücken der Abzugsstange (E) in die Pfanne (F) getippt.

A. Lunte
B. Hahn
C. Nuss
D. Stange
E. Abzugsstange
F. Pfanne

G. Schlossplatte
H. Schlossschrauben
J. Pfannendeckel
K. Pulverschirm
L. Stangenfeder

153

Hollands radslot ca.1650 (3: buitenkant; 4: binnenkant)
De functie van het radslot is een in de haan (A) geklemd stuk zwavelkies (B) tegen een ijzeren rad (C) in de bodem van de pan (D) te raspen, zodat de daardoor ontstane vonken het pankruit doen ontbranden. Hiertoe wordt het rad met een sleutel (E) op de nok van de spil (F) een kwart slag aangedraaid, waardoor een drieschalmige ketting (G) de slagveer (H) onder spanning brengt; een aan de stang (J) bevestigde pin, die door de slotplaat (K) steekt, houdt het rad vast door middel van een zich daarin bevindende uitholling (L). Voor het afvuren draait men de haan neer tot op het gesloten pandeksel (M); de haanveer (N) drukt het stuk zwavelkies daarop vast. De druk van de trekker tegen de staart (O) doet de stang zwenken, waardoor het rad wordt losgelaten.

A. haan
B. zwavelkies
C. rad
D. pan
E. sleutel
F. spil
G. ketting
H. slagveer
J. stang
K. slotplaat

L. uitholling
M. pandeksel
N. haanveer
O. staart
P. stoedel
Q. drukknop tot sluiting van het pandeksel
R. pandekselveer
S. geleider, klem
T. haanstoedel

Dutch wheel-lock, c.1650 (3: exterior; 4: interior)
The function of the wheel-lock is the ignition of the priming powder by means of a shower of sparks made by the striking of a piece of pyrites (B) to the rim of a rotatable wheel (C) projecting through the bottom of the pan (D). A spanner or key (E) fitted over the square end (F) of the wheel-spindle turns the wheel one-quarter of a revolution winding up a three-linked chain (G) and lifting the free end of the mainspring (H); a sear at the end of a lever (J) engages in a recess (L) in the inner side of the wheel through a hole in the lockplate (K), so retaining it. To fire, the cock (A) is pulled down, whereby the cock-spring (N) presses the pyrites on the pan-cover (M). Pressure of the trigger against the sear-lever (O) pivots the lever (J) horizontally, freeing the wheel.

A. cock
B. pyrites
C. wheel
D. pan
E. spanner, key
F. end of spindle
G. transition chain
H. mainspring
J. retaining lever
K. lockplate

L. recess
M. pan-cover
N. cock-spring
O. sear-lever
P. bridle
Q. pan-cover button
R. pan-cover spring
S. support
T. cock bridle

Holländisches Radschloss um 1650 (3: Aussenseite; 4: Innenseite)
Das Radschloss erzeugt Feuerfunken, die das Zündpulver zum Entflammen bringen. Dazu wird ein Stück Schwefelkies (B), das in die Haltelippen des Hahnes (A) eingeschraubt ist, gegen den geriffelten Rand eines Rades (C), das oben mit einem Teil durch einen Durchbruch am Boden der Pfanne (D) in diese hineinragt, gedrückt. Das Rad wird mittels eines Schlüssels (E) auf dem vierkantigen Zapfen (F) der Rotationswelle 1/4 Schlag aufgedreht, wodurch eine dreigliedrige Kette (G) die Schlagfeder (H) spannt; ein Zapfen an der Stange (J) dringt durch die Schlossplatte (K), springt in eine Vertiefung (L) des Rades und hält dieses in Spannstellung. Vor dem Abfeuern legt man den Hahn so weit um, bis der Schwefelkies durch die Kraft der Hahnfeder (N) auf den Pfannenschieber (M) drückt. Die Kraft des Abzuges gegen die Abzugsstange (O) zieht durch Hebelübertragung den arretierenden Zapfen aus dem Rad hinaus, das dadurch frei wird.

A. Hahn
B. Schwefelkies
C. Rad
D. Pfanne
E. Schlüssel
F. Zapfen
G. Kette
H. Schlagfeder
J. Stange
K. Schlossplatte

L. Vertiefung
M. Pfannenschieber
N. Hahnfeder
O. Abzugsstange
P. Studel
Q. Drucktaste z. Pfannenschieber
R. Pfannenschieberfeder
S. Radstudel
T. Hahnstudel

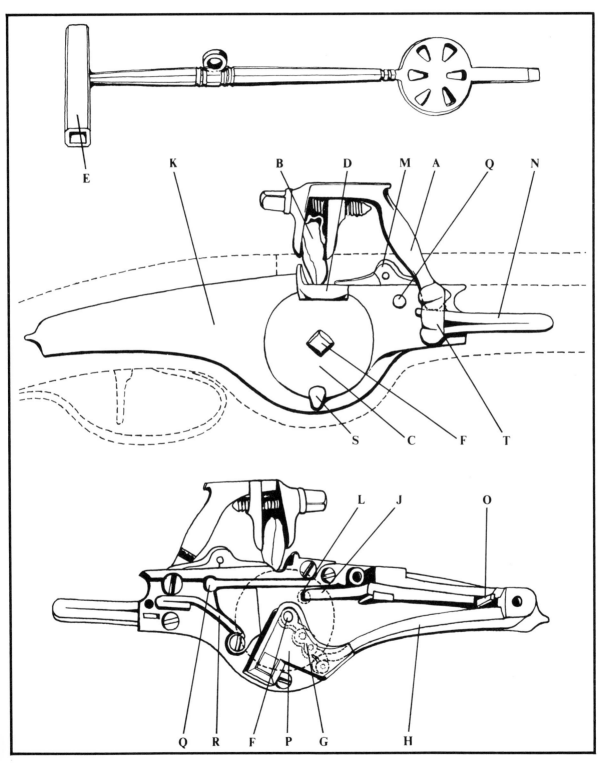

Hollands snaphaanslot ca.1630 (5: buitenkant, ontspannen; 6: binnenkant)
Kenmerkend voor het snaphaanslot is dat de vonk *geslagen* wordt door de haan (A) tegen het staal (B). Tussen de haanlippen (C) is een stuk zwavelkies of een vuursteen (D) geklemd. De vonken van deze vuursteen vallen in de pan (E), terwijl het pandeksel (F) gelijktijdig wordt opengeschoven door de pandekselstang (G), die via de overbrenging (H) aan de tuimelaar (J) vastzit. Bij het drukken van de trekker tegen de staart (K) zwenkt de aftrekstang (L) zodanig dat de daaraan bevestigde pin (M), die door de slotplaat (N) steekt, uit de haanrust (O) wordt genomen. Daarna slaat de haan door de werking van de slagveer (P) via de tuimelaar met kracht naar voren.

A. haan
B. staal
C. haanlippen
D. vuursteen
E. pan
F. pandeksel
G. pandekselstang
H. overbrenging
J. tuimelaar
K. staart
L. stang
M. pin

N. slotplaat
O. haanrust
P. slagveer
Q. stootblok
R. stangveer
S. vuurscherm, panscherm
T. schelp
U. staalstoedel
V. staalveer
W. voet
X. steenschroef

Dutch snaphance, c.1630 (5: exterior disengaged; 6: interior)
Typical of the snaphance is that the cock (A) *strikes* the steel (B), making a shower of sparks. Between the jaws (C) of the cock is a piece of pyrites or flint (D). The sparks are struck into the pan (E), and the pan-cover (F) slides open simultaneously by the action of the pan-cover arm (G) which, in turn, is moved by the lever (H) connected to the tumbler (J). Pressure against the sear-lever (K) causes the sear (L) to move laterally, so disengaging the pin (M) projecting through the lockplate (N) over the heel (O) of the cock. The latter sweeps downwards, under the action of the mainspring (P), through the tumbler.

A. cock
B. steel
C. jaws
D. flint
E. pan
F. pan-cover
G. pan-cover arm
H. lever
J. tumbler
K. sear-lever
L. sear
M. pin

N. lockplate
O. heel
P. mainspring
Q. buffer
R. sear-spring
S. flashguard, fence
T. fence
U. bridle
V. steel-spring
W. arm
X. jaw-screw

Holländisches Schnapphahnschloss um 1630 (5: Aussenseite; 6: Innenseite)
Kennzeichnend für das Schnapphahnschloss ist, dass die Funken durch einen *Schlag* des Hahnes (A) gegen den Feuerstahl (B) gezündet werden. Zwischen die Hahnlippen (C) wird ein Stück Schwefelkies oder ein Flintstein (D) gespannt. Die Funken des Steines schlagen in die Pfanne (E), während gleichzeitig der Pfannenschieber (F) mittels des Pfannenschieberhebels (G) aufgeschoben wird. Letzterer wird durch die an der Nuss (J) befestigte Stange (H) bedient. Der Druck des Abzuges gegen die Abzugsstange (K) zieht durch Hebelübertragung den an der Stange (L) befestigten, quer durch die Schlossplatte (N) gehenden, arretierenden Stangenzahn (M) aus seinem Spannrast hinter der Ferse (O) des Hahnes. Durch die Wirkung der Schlagfeder (P) schlägt ('schnappt') der Hahn mittels der Nuss mit Kraft in die Zündpfanne.

A. Hahn
B. Feuerstahl
C. Hahnlippen
D. Flintstein
E. Pfanne
F. Pfannenschieber
G. Pfannenschieberhebel
H. Stange zu G
J. Nuss
K. Abzugsstange
L. Stange
M. Stangenzahn

N. Schlossplatte
O. Ferse
P. Schlagfeder
Q. Hahnstütz
R. Stangenfeder
S. Pulverschirm
T. Seitlicher Pulverschirm
U. Studel
V. Stahlfeder
W. Fuss
X. Lippenschraube

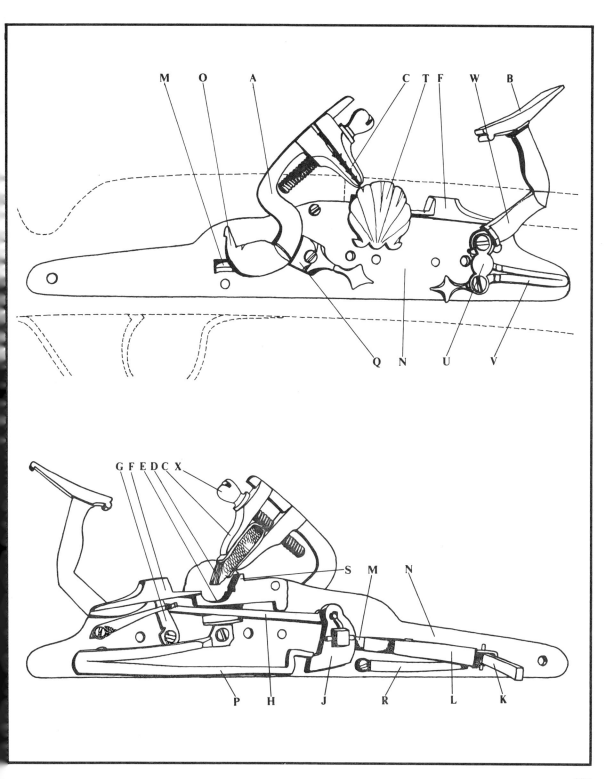

Hollands vuursteenslot met platte vormen, zonder stoedel, ca. 1650 (7: buitenkant, in ruststand; 8: binnenkant)
Hollands vuursteenslot met bolle vormen en hele stoedel, ca.1690 (9: buitenkant, halfgespannen, batterij gesloten; 10: binnenkant, halfgespannen, batterij open; 11: tuimelaar)
De werking van het vuursteenslot is in beginsel gelijk aan die van het snaphaanslot. Bij dit slottype echter zijn staal (A) en pandeksel (B) gecombineerd tot een zgn. *batterij*; wanneer de vuursteen tegen het staal slaat, klapt tevens het pandeksel open. Een tweede kenmerk is dat de stang (C) op en neer beweegt en niet langer horizontaal zwenkt. In de tuimelaar (D) zijn drie rusten gesneden, die de haan ontspannen, halfgespannen (E) of gespannen (F) houden. De tand (G) van de stang valt in deze rusten. Sedert ca.1660 treft men aan de binnenkant van de slotplaat (H) een stoedel (J) aan, waardoor de tuimelaar tweezijdig gesteund wordt en het geheel steviger van constructie.

A. staal
B. pandeksel
C. stang
D. tuimelaar
E. halfgespannen
F. gespannen
G. tand
H. slotplaat
J. stoedel
K. haan
L. stift
M. schouder

N. bovenlip
O. onderlip
P. steenschroef
Q. haanschroef
R. pan
S. staalveer
T. slagveer
U. vuurscherm, panscherm
V. staart
W. tuimelaarschroef
X. stangveer

Dutch flintlock with flat surfaces, without bridle, c.1650 (7: exterior disengaged; 8: interior)
Dutch flintlock with convex surfaces and fully developed bridle, c.1690 (9: exterior, half-cock, battery closed; 10: interior, half-cock, battery open; 11: tumbler)
The principle of the flintlock is the same as that of the snaphance. In the flintlock, however, the steel (A) and the pan-cover (B) have been combined into a *battery*; when the flint hits the steel, the pan-cover hinges forward to open. A second characteristic is that the sear (C) now moves vertically instead of horizontally. The tumbler (D) features three notches for disengaged cock, half-cock (E) and full cock (F) in which the toe (G) of the sear engages. From c.1660, the inner side of the lockplate (H) features a bridle (J) which supports the tumbler on both sides and further strengthens the construction.

A. steel
B. pan-cover
C. sear
D. tumbler
E. half-cock
F. full cock
G. toe
H. lockplate
J. bridle
K. cock
L. spur
M. shoulder

N. upper jaw
O. lower jaw
P. jaw-screw
Q. cock-screw
R. pan
S. steel-spring
T. mainspring
U. flashguard, fence
V. sear-lever
W. tumbler-screw
X. sear-spring

Holländisches Steinschloss mit abgeflachten Formen, ohne Studel, um 1650 (7: Aussenseite, in Ruhrast; 8: Innenseite)
Holländisches Steinschloss mit runden Formen und ganzem Studel, um 1690 (9: Aussenseite, halbgespannt, Batterie geschlossen; 10: Innenseite, halbgespannt, Batterie geöffnet; 11: Nuss)
Die Wirkung des Steinschlosses ist im Prinzip gleich der des Schnapphahnschlosses. Bei diesem Schlosstyp jedoch sind Feuerstahl (A) und Pfannendeckel (B) zu einer sog. *Batterie* kombiniert; wenn der Feuerstein gegen den Stahl schlägt, klappt zur gleichen Zeit auch der Pfannendeckel auf. Ein zweites Merkmal ist, dass die Stange (C) sich senkrecht anstelle von waagerecht bewegt. In die Nuss (D) sind drei Rasten geschnitten, die den Hahn entspannt, halbgespannt (E) oder in Spannrast (F) halten. Der Zahn (G) der Stange greift in diese Rasten ein. Seit etwa 1660 findet sich an der Innenseite der Schlossplatte (H) ein Studel (J), durch welchen die Nuss doppelseitig gestützt wird und welcher zur gleichen Zeit die Konstruktion verstärkt.

A. Stahl
B. Pfannendeckel
C. Stange
D. Nuss
E. Halbspannrast
F. Spannrast
G. Zahn
H. Schlossplatte
J. Studel
K. Hahn
L. Stift
M. Hahnstütz

N. Oberlippe
O. Unterlippe
P. Lippenschraube
Q. Hahnschraube
R. Zündpfanne
S. Battereifeder
T. Schlagfeder
U. Pulverschirm
V. Abzugsstange
W. Nussschraube
X. Stangenfeder

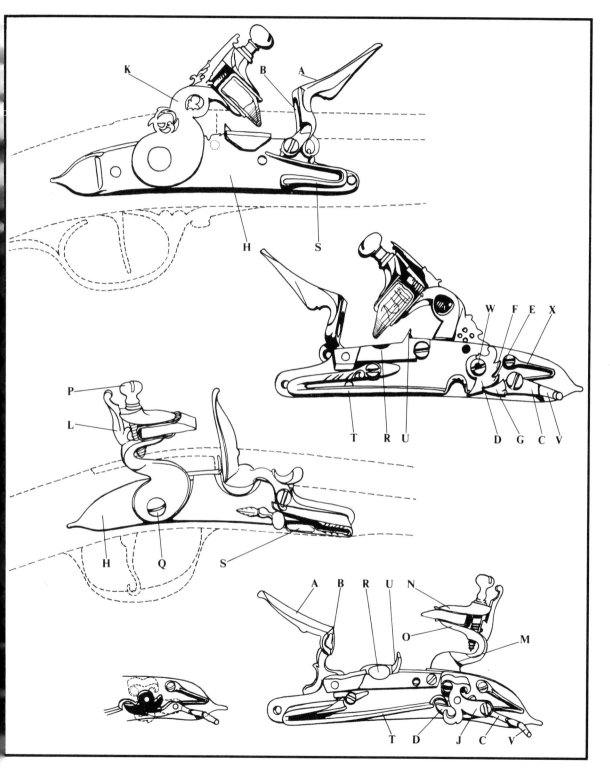

5. Kolfvormen / Butt shapes / Kolbenformen

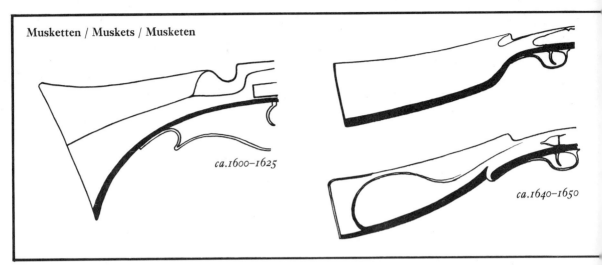

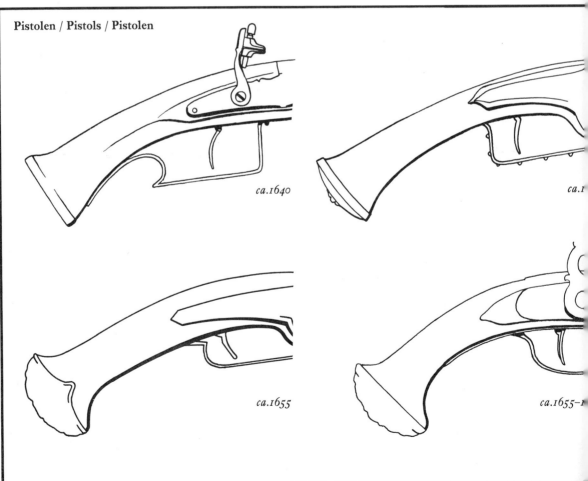

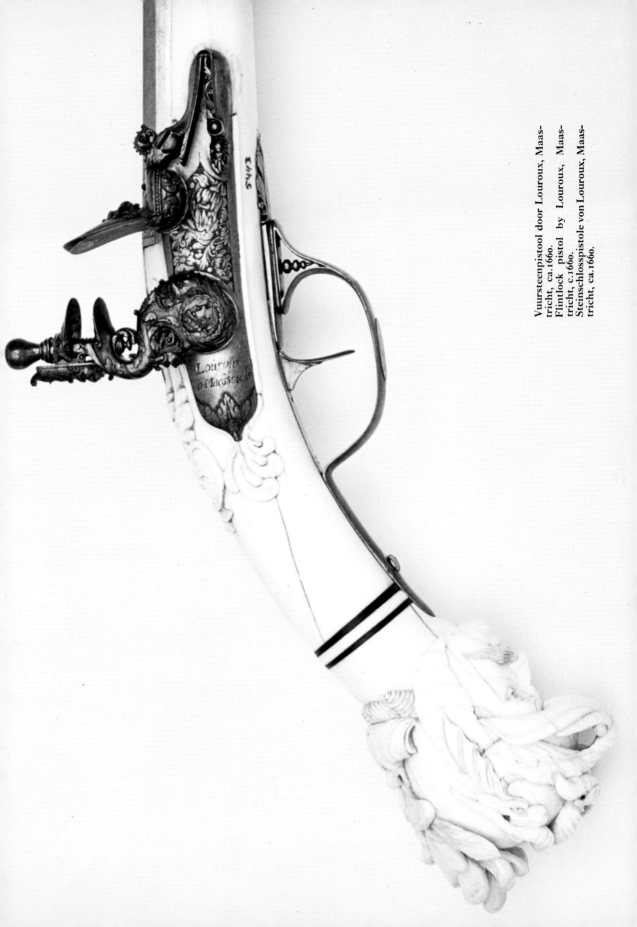

Vuursteenpistool door Louroux, Maastricht, ca.1660.
Flintlock pistol by Louroux, Maastricht, c.1660.
Steinschlosspistole von Louroux, Maastricht, ca.1660.

Vuursteenpistool door Jan Cleuter, Grevenbroicht, 1650-1660.
Flintlock pistol by Jan Cleuter, Grevenbroicht, 1650-1660.
Steinschlosspistole von Jan Cleuter, Grevenbroicht, 1650-1660.

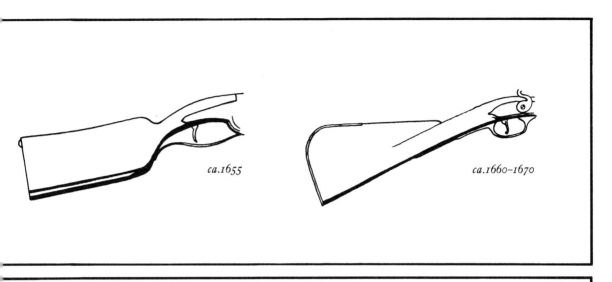
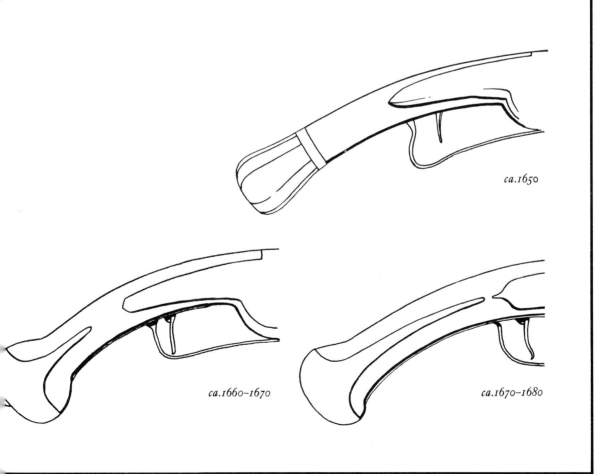

6. Proefmerken / Proof marks / Prüfzeichen

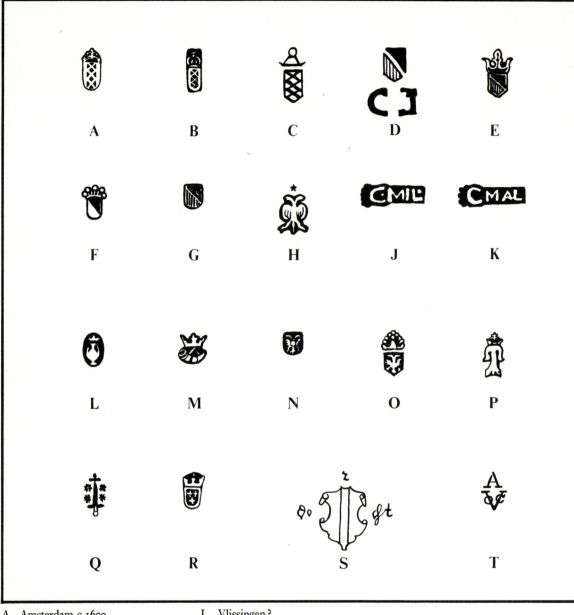

A. Amsterdam c.1600.
B. Amsterdam (Støckel 1271).
C. Amsterdam (Støckel 1261).
D. Utrecht 1628–67.
E. Utrecht 1667– (Støckel 1744, 1746).
F. Utrecht 1667– .
G. Utrecht 1667– .
H. Maastricht (Støckel 1561).
J. Maastricht? (Lenk p.72).
K. Maastricht? (Støckel 2259).
L. Vlissingen?
M. Hoorn (Støckel 5231).
N. Nijmegen? (Støckel 6150).
O. Nijmegen?
P. 's-Hertogenbosch?
Q. Haarlem
R. Bergen op Zoom (Støckel 6093).
S. Dordrecht 1603– .
T. Verenigde Oostindische Compagnie, kamer /chamber / Kammer Amsterdam.

7. Geweermakers en lademakers steden in de Noordelijke Nederlanden gedurende de 17e eeuw.
Gunmakers and stockmakers in cities of the Northern Netherlands during the seventeenth century.
Büchsenmacher und Schäfter in nordniederländischen Städten des 17. Jahrhunderts.

1. Naam en voornaam in oorspronkelijke spelling.
2. Plaats van herkomst.
3. Jaar van eerst- en laatstgevonden vermelding in documenten.
4. Beroep; indien niets anders wordt vermeld betreft het Roermakers.

1. Name and surname in original spelling.
2. City of origin.
3. Mentioned in documents.
4. Profession: gunmaker, if not otherwise stated.

1. Vor- und Nachname in Originalbuchstabierung.
2. Herkunftsort.
3. Jahr der erstgenannten sowie letztgenannten Erwähnung in Dokumenten.
4. Beruf; falls nichts Anderes erwähnt, handelt es sich um Büchsenmacher.

1	2	3	4
Amsterdam			
Aartsz, Hendrick	uit Utrecht	1655	lademaker
Acheson, Michell	uit Schotland	1635	lademaker
Adriaansz, Fabritius	uit Amersfoort	1681	lademaker
Albertse, Allert	uit De Rijp	1626	lademaker
Alderss, Eldert	uit Oldenburg	1635	
Allertsen, Allert		ca.1643	
Alexander, Jean	uit Mais	1618	lademaker
Alofs, Jacob	uit De Kamp	1673	lademaker
Andriesz, Christoffel	uit Dortmundt	1680	lademaker
Arckens, Frans	uit Stolberg	1654, ca.1685	
Arentss, Govert	uit Aken	1647	lademaker
Barenss, Hendric	uit Esens	1667	
Barentss, Henrick	uit Deventer	1618	lademaker
Barentss, Pieter	uit Meulleste	1648	lademaker
Barents, Roeter		1690	lademaker
Bark, Jan Jansz	uit Utrecht	1686	lademaker
Bellequin, Jeremie	uit Metz	1621	lademaker
Belter, Jan		gest. ca.1648	
Berentss, Alef	uit Haselumen	1614	lademaker
Berge, Dirck Claess		1699	
Bison, Bartholomeus	uit St. Lorain	1649	
Boeckman, Dirck	uit Paderborn	1658	
Boschdijk, Arent Juriaens	uit Hoorn	1690	
B(r)en(s), Christian		1691, 1699	
Brian, Isaac	uit Hasdam	1662	
Brocxs, Willem		1698	lademaker
Brukman, Jan	uit Osnabrück	1678	
Brul, Mathijs	uit Luik	1668	
Burgh, Cornelis van der		1692, 1703	
Burgh, Lubbertus van der	uit 's-Gravenhage	1691, 1692	
Caemitsz, Claas		1672	lademaker
Cant (of Kant), Cornelis		ca.1685, ca.1730	
Chardet, Abraham	uit Sedan	1698	
Claess, Claes	uit Ter Heijde	1640	lademaker
Claesz, Claes	uit Ter Harderhouw	1638	
Claesz, Dirck		1694	lademaker
Cloppenborch, Barent Jansz		ca.1630	
Cloppenborch, Thijs Jansz		ca.1626, ca.1630	
Colijn, Thomas Janss	uit Luik	1631	lademaker
Cooren, Jan Hendricksz	uit Hessen	1674	lademaker
Cornelisz, Harmen	uit Utrecht	1684	lademaker
Cromelin, Jan		1675	lademaker

1	2	3	4
Croonenburgh, Steven Pieters	uit Solingen	1655	
Daenieless, Paulus	uit Utrecht	1676	
Decker, Harmanus		1698	lademaker
Diecx, Heijndrick	uit Londen	1632	
Dimrot, Jacob	uit Essen	1643	lademaker
Dinckels, Isac (ook in Utrecht)		ca.1635	
Dircksen, Jan	uit Niebroek	1649	lademaker
Dirckx, Jillis		1644	lademaker
Dircxs, Martin		1629	lademaker
Dirx, Warnaar		1682	
Dircksen, Jan	uit Deventer	1646	lademaker
Dret, Johannes		1652	lademaker
Drost, Jan	uit Hamburg	1678, 1714	
Duysburg, Fredrik	uit Duisburg	1684	lademaker
Eilders, Hendrik	uit Leer	1691	
Elderss, Goossen		1642	
Engelse, Jan		1673	
Ennen, Baerent	uit Norden	1630	
Esens, Aelbert Lucasz van		ca.1640	
Esens, Caspar Han van		ca.1655, ca.1660	
Essen, Hendrik van		ca.1689	
Essen, Johannes van	uit Utrecht	1682	
Essen, Willem van De Jone	uit Utrecht	1675, 1678	
Evers, Dirck		1662	lademaker
Evertss, Rutger	uit Essen	1624	lademaker
Exlard, Jan	uit Oxfordshire	1604	
Flock, Matthijs	uit Utrecht	1690	
Folkertsz, Olfert	uit Jemgum	1603	
Gasten, Willem	uit Aken	1643	
Gelein, Abraham		ca.1624	
Gerritse, Willem	uit Jever	ca.1625, ca.1630	
Gerritss, Casper	uit Helsingør	1653	lademaker
Gerritsz, Dirck	uit Gelder	1638	
Gerritsz, Jan	uit Groningen	1602	lademaker
Gerritsz, Luybert	uit Masewour (?)	1681	lademaker
Gerritzen, Henrick	uit Osnabrück	1679	lademaker
Gessen, Cornelis Janss		1695	
Gigons, Pierre	uit Guise	1687	
Gilgeirt, Johannes	uit Utrecht	1671	lademaker
Gilles, Herman	uit Luik	1611	lademaker
Gijsen, Jelis	uit Aken	1637, ca.1679	
Groen, Hans	uit Gommersbach	1602	
Gutters, Jan	uit Keulen	1630	
Harmanss, Jan	uit Emden	1616	
Heijde, Fabritius	uit Amersfoort	1694	lademaker
Heijnberge, Johannes		1675	
Hendricks, Jan	uit Utrecht	1672	lademaker
Hendricksen, Jacob		1660	lademaker
Hendricksz, Hendrick	uit Utrecht	1678	lademaker
Hendricx, Johannis	uit Utrecht	1668	
Hendricxe, Bastian	uit Utrecht	1669	lademaker
Hendrix, Jan	uit Botjaerland	1682	
Hendrix, Servaes	uit Nijmegen	1681	lademaker
Hendrixse, Hendrick		1640	lademaker
Hermansz, Heinrick	uit Wezep	1595	lademaker
Hertle, Mathijs	uit Zwolle	1639	
Heurman, Vincent Barentss	uit Dorsten	1644	
Hicnar, Jacques	uit Sedan	1691	
Hillegers, Jan	uit Utrecht	1681	lademaker
Honthorst, Michiel Cornelliss van		1666	lademaker
Hooft, Marcus		ca.1643	
Huijbertss, Mathijs	uit Aken	1642	

1	2	3	4
Huijgen, Jan	uit Landsmeer	1654	lademaker
Huytes, Wincke		1689	lademaker
Hyndrixs, Aerent	uit Kampen	1624	lademaker
Jacobs, Marten	uit Witmont	1677	
Jacobsz, Symon	uit Woldendorp	1633	
Jansen, Willem		1656	lademaker
Janss, Broer	uit Lindewijt	1653	
Janss, Dirck		1672	lademaker
Janss, Harmen	uit Wanneperveen	1690	
Janss, Jan	uit De Ocht	1645	lademaker
Janss, Jan	uit Hasselt	1605	
Janss, Luijcas	uit Groningen	1635	lademaker
Janss, Pieter	uit Utrecht	1651	lademaker
Janss, Tierck	uit Leeuwarden	1636	lademaker
Janss, Tierck	uit Keulen	1638	lademaker
Janssen, Hans	uit Antwerpen	1597	lademaker
Jansz, Arent	uit Schermbeeck	1632	
Jansz, Barent	uit Aelssum	1613	lademaker
Jansz, Coen		1600	
Jansz, Coenraat		ca.1643	
Jansz, Dierik	uit Utrecht	1602	lademaker
Jansz, Gerrit	uit Norden	1634	lademaker
Jansz, Hans	uit Zwolle	1627	lademaker
Jansz, Jan		1660	
Jansz, Jan	uit Wesel	1629	lademaker
Jansz, Lucas		1643	
Jansz, Thomas		1643	
Jansz, Volkert	uit Zwolle	1606	
Jansz, Willem		ca.1610	
Jeuriaans, Caspar	uit Bolve	1623	
Jeuriaenss, Ellert	uit Steenhuizen	1635	
Jeuriaenss, Hans	uit Van der Heide	1620	
Jochem, Jurrian		1674	lademaker
Jochemsz, Jurrian		1662	
Joncheer, Jacob de	uit Gent	1647	lademaker
Joriss, Matijs	uit Dortmundt	1652	lademaker
Joostensz, Jurriaen		1679	lademaker
Jorissen, Jan		1698	lademaker
Joyemye, Jurriaen		1665	lademaker
Jurgens, Christiaen	uit Boekom	1696	
Kornelisse, Jan	uit Kampen	1704	lademaker
Krael, Jan	uit Kampen	1703	lademaker
Kynberg, Andris		1694	lademaker
Lambertsz, Cornelis	uit Leiden	1638	lademaker
Lamblin, Daniel	uit Metz	1604	lademaker
Lammert, Jan van	uit Aken	1661	
Leeuwen, Jan Gerritsz van		1686	lademaker
Le Blanc, Isaäc		1653	lademaker
Le Feber, Daniel		1659, 1691	
Le Fevre, Daniel	uit Esdan	1645	lademaker
Lens, Pieter	uit Iedstein	1642	lademaker
Lents, Pieter		gest. ca.1695	
Lippel, Greger Peeter	uit Maagdeburg	1686	lademaker
Lipstadt, Jan Jansz van der		na 1657	
Loffelt, Peter Henrichsz van		na 1647	
Malkus, Harmen	uit Altena	1693	
Matijss, Huybert	uit Utrecht	1686	
Meyndertsen, Hendrick	uit Jever	1622	
Mijns, Metske	uit Boerum	1616	lademaker
Minet, Jean (ook: Utrecht)		1687	
Minet, Pierre (ook: Utrecht)		1687	
Mo(e)nen, Jan		1660, 1685	

1	2	3	4
Mo(e)nen, Marten	uit Aken	1639	lademaker
Moenen, Jan	uit Nijmegen	1646	lademaker
Moor, Arnoldus		1694	lademaker
Moor, Johannes		1690	
Nacken, Geurt		1649, na 1680	
Nacken, Geurt	uit Aken	1659	lademaker
Nacken, Willem		1678, na 1732	
Nagel, Jan	uit Wesel	1685	
Oldenburg, Harme Jansz. van		1698	
Olfers, Claas		1630	lademaker
Oortman, Hendrik	uit Essen	1651	lademaker
Oortman, Hendrick		1658	
Oostrum, Jan van		1698	
Ottesz, Jan	uit Leeuwarden	1619	
Outmans, Claas	uit Jemgum	1632	
Oxmans, Jacob	uit Aken	1668	lademaker
Pans, Rutger Evertsz		ca.1643	
Philips, Jonas	uit Malmedy	1626	
Pieterse, Claes	uit Brunsbuttel	1655, 1660	
Pieterss, Claes	uit Hamburg	1630	
Pieterss, Jan	uit Vollenhoven	1637	lademaker
Pieterss, Marcetus	uit Solingen	1641	
Poppen, Eybert	uit Leer	1611	
Portier, Isaak		1701	lademaker
Raet, Jacobus	uit Aken	1646	lademaker
Reyerse, Jan	uit Veenhuizen	1673	
Reyerss, Gerrit	uit Harderwijk	1642	
Rijckere, Jan de		ca.1624	
Roe, Jacobus de Jr.		1693	
Roervinck, Jan Reynderss	uit Jever	1668	
Rondeau, Daniel	uit Sedan	1703	lademaker
Roos, Gerrit Janss	uit Utrecht	1688	
Rutgers, Claes	uit Utrecht	1643	lademaker
Rutgersz, Laurens		1602	lademaker
Salomonsz, Mattheus		1680	lademaker
Sanders, Sander	uit Kampen	1603	lademaker
Schallenkamp, Jacob	uit Rees	ca.1679	
Scholl, Cornelis	uit Aken	1626	
Schupen, Jan	uit Wesel	1641	lademaker
Schut, Bruyn		1659, ca.1671	
Schut, Jacob	uit Esens	1668	
Schuurman, Gerrit	uit Meurs	1696	
Sijmonss, Cornelis		1638	lademaker
Simonsz, Cornelis		1643	
Sleetmans, Jan Heijndrix van	uit Ekeren	1641	lademaker
Sluyter, Jan		gest. vóór 1670	
Smids, Johannes			
Snideker, Gerret	uit Lenningen	1673	
So(o)(h)lingen, Jacobus van		1694, 1727	
So(o)(h)lingen, Johannes Mathyss	uit Utrecht	1676	
Starbus, Pieter		1684, 1687	
Stiefel, Gerrit Jansz	uit Utrecht	1625	lademaker
Stoffels, Dirk	uit Bentheim	1672	
Stoffelsz, Albert	uit Minden	1687	lademaker
Straet, Abraham		1656	lademaker
Strijthout, Albert Albertsz		1676, 1692	lademaker
Sullen, Jan van		ca.1680	
Swanick, Laurens	uit Utrecht	1700	
Swart, Bartholomeus de	uit Nijmegen	1650	lademaker
Ten Hogen, Dirck Evertse	uit Utrecht	1661	lademaker
Teunisz, Henrich	uit Rijssen	1637	lademaker
Thijmansz, Jan		ca.1643	

1	2	3	4
Thomasz, Jan	uit Wener	1612	lademaker
Timmerman, Jeremias	uit Sedan	1690	
Uytdenbogart, Cornelis		1699	lademaker
Veenhuijs, Hendrick Albertsz	uit Alkmaar	1684	
Vel, Claes	uit Mongean	1643	
Vettman, Adam	uit Osnabrück	1689	
Vilain, Servaes	uit Quesnoy	1615	lademaker
Visscher, Michiel		1632	
Vlock, zie Flock			
Voetvrist, Hendrick	uit Utrecht	1698	
Volckerss, Abraham		1642	
Volckertss, Jan		1639	
Volckertsz, (W)Olfert		ca.1614, vóór 1657	
Voyenne, Daniel le		ca.1643	
Vuurboter, Frerick		1698	
Welmeer, Ernst	uit Hoffbraeck	1673	
Welters, Jan		ca.1643	
Westenburgh, Gerardus		1694	
Westerdorp, Jan Janse	uit Utrecht	1656	lademaker
Wetter, Jan	uit Aken	1625	lademaker
Wijnants, Wolfert	uit Nijkerk	1680	
Wijnants, Hendric	uit Nijkerk	1681	lademaker
Wilkes, Dirck	uit Warrelt	1643	lademaker
Willems, Ariaen	uit Utrecht	1602	lademaker
Willemsz, Jan	uit Kalkar	1689	
Willemsen, Gerrit		ca.1624	
Willemsen, Jan		1622	lademaker
Wit, Isaac de		1643, 1669	lademaker
Wouters, Harmen		1674	lademaker
Zuylen, Joannes van	uit Utrecht	1690	lademaker

Bergen op zoom

1	2	3	4
Fouchier, Bartram de		vóór 1674	
Janssen, Willem	van Dortmund	1638	
Noordt, Gerrit van		ca.1596	
Vleugels, Diderick		ca.1599	

Breda

1	2	3	4
Jacobs, Peeter		1614	
Micharius, Johann		1674, gest.1712(?)	
Vervoort, Jan Peeters		1667, gest.1689	
Vervoort, Peeter Joosten		1641	

Delft

1	2	3	4
Andriesz, Lenaert		ca.1600	
Ariensz, Job		ca.1574	
Boom, Lenaert van der		ca.1601	
Cornelisz, Lambrecht		ca.1610	
Dickmans, Gerrit		ca.1599	
Evertsen, Isaac		ca.1614	
Gerritsz, Gerrit		ca.1636	
Glabbeek, Jan Proost van		ca.1600	
Hees, Abel Jansz. de		ca.1608	
Hendricxz, Aert		ca.1617	
Hermansz, Jan		ca.1603	
Hermansz, Pieter		ca.1611	
Proot, Cornelis		ca.1600	

Dordrecht

1	2	3	4
Aelbertsz, Jan		1e helft 17e eeuw	
Aken, Jeronimus van		1638	
Danielsz, Abraham	van Malderees	1614	
Es(sche), Jan van		1617 (oud 44 jaar)	

1	2	3	4
Evertsz, Isack		1613 (oud 28 jaar)	
Hermans, Marcel		1e helft 17e eeuw	
Jacquesz, Jacques		1613 (oud 40 jaar)	
Jansz, Aelbert		1613 (oud 41 jaar)	
Jansz, Jan		1e helft 17e eeuw	
Kempen, Jan van		1e helft 17e eeuw	
Penris, Bartholomeus		1639 (oud 46 jaar)	
Penris, Jan Bartholomeusz		1e helft 17e eeuw	
Pietersz, Theunis		1624 (oud 60 jaar)	
Robertsz, Robert	uit Engeland	1602 (oud 30 jaar)	
Veer, Aert Menert		1612	
Venrick, Adriaen		1613 (oud 42 jaar)	
Willemsz, Engel		1e helft 17e eeuw	

's-Gravenhage

1	2	3	4
Baertman, Hendrick	van Sittard	1621, 1673	pistoolmaker
Baertman, Jacob		1645, 1670/1680	pistoolmaker
Batenburch, Philips Gerritsz. van	uit land van Gulick	1620	pistoolmaker
Blom, Henderick		1680, 1682	pistoolmaker
Borisz, Jacob		1610/1619	buswerker
Bra, Harman Pietersz. de		1610/1619	bussemaker
Bra, Reynier Bastiaensz. de		1633, 1635	pistoolmaker
Crepu, Theodore		1626	
Di(e)tmeyer, J(oh)an		1645, 1651/1660	pistoolmaker
Di(e)tmeyer, Melchior		1669, 1687	pistoolmaker
Duffel, Jacob Lodewijksz. van	van Sittard	1618, 1641/1649	pistoolmaker
Duyts, Cornelis		1610/1620	haakmaker
Emans, Antony		1638	pistoolmaker
Flipsen, Henderick		1627, 1660	pistoolmaker/bussemaker
Flipsen, Jurriaen		1658	pistoolmaker
Gerritsz., Philips		1621/1630, 1631/1640	pistoolmaker
Gilthuysen, Jan		1644, 1651/1660	lademaker
Gommersbach, Engel Willemsz.	van Dordrecht	1627, 1630/1640	pistoolmaker
Grootvelt, Willem		1681/1690	roermaker
Hairlem, Jan	van Breda	1631	lademaker
Hanlo, Jan	van Dorsten	1644	pistoolmaker
Hendricks, Dirck	van Dortmund	1626	pistoolmaker
Humbert, Jan	van Luik	1626	pistoolmaker
Hureau, Isaac		1667, 1723	pistoolmaker
Huygen, Willem	van Ouwerrecken	1611/1620, 1630/1640	buswerker
Incoer, Jacob			pistoolmaker
Incoer, Jan		1641, 1715 (?)	pistoolmaker
Incoer, Thomas		1664	pistoolmaker
Jacobsz., Michiel		1621/1630	haakmaker
Janssoen, Emont		1637, 1643	pistoolmaker/bussemaker
Janssoen, Evert		1626	pistoolmaker
Jansz., Hendrick		1621/1630, 1631/1640	haakmaker
Jentert, Bastiaen		1625	pistoolmaker
Joosten, Hans		1611/1620, 1631/1640	haakmaker
Kempen, Mathijs Andriesz. van		1631, 1644	kolfmaker
Lamaire, Hendrick		1635	pistoolmaker
Leendertsz., Bastiaen		1611/1620	loopsmid/loopmaker
Loffvelt, Hendrick Harmensz		1644	pistoolmaker
Loffvelt, Henderick Pietersz.		1626, 1645	pistoolmaker
Mels, Jacob		1611/1620, 1631/1640	haakmaker
Monsoye, Bartholomeus Antonisz. van		1643, 1671/1680(?)	pistoolmaker
Numan(s), Wijnant		1626	pistoolmaker
Pasquyer, } Reynier Passchier, }		1611, 1621/1630	pistoolmaker/bussemaker
Phillips, Claes			pistoolmaker
Phillipsz, Jan			pistoolmaker
Pieck, Christoffel Claesz		1615, 1621/1630	lademaker

1	2	3	4
Pietersz, Antony		1641/1649	lademaker
Pietersz, Gregorius		1614	pistoolmaker/bussemaker
Pietersz, Henrick		1616, 1641/1649	pistoolmaker
Pietersz, Herman		1611/1620, 1641/1649	pistoolmaker
Pin, Gregorius Pietersz		1630, 1661/1670	pistoolmaker
Pin, Leendert			pistoolmaker
Rhijn, Willem Jansz. van		1636, 1681/1690	buswerker
Roer, Mathijs Arentsz. van der	van Gulick	1637, 1655	pistoolmaker
Sauvage (Zie: Wilt)			
Scholtes, Andries		ca.1601	
Sterck, Huybert Janssoen		1624, 1645	lademaker
Sterck, Jan			lademaker
Sterck, Peeter			pistoolmaker
Turc, Isaacq			pistoolmaker
Wachtels, Abraham	vaken Ak	1620, 1631/1640	lademaker
Willems, Engel		1631/1640	pistoolmaker
Wilt, Crijn	van Luik	1620, 1641/1649	lademaker
Wilt, Pieter de	van Luik	1642, 1681/1690	pistoolmaker/lademaker
Wilt, Quirijn de	van Luik		pistoolmaker
Wilt, Thomas de		1644	pistoolmaker
Wilten, Jan		1626	lademaker

Groningen

1	2	3	4
Alberts, Lambert		1614, 1629	lademaker
Appell, Ulrich	uit Schwobach	1609	
Arens, Albert		1629	
Borch, Berent van der		1628	
Calmis, Hindrick		1605	
Calmis, Lucas		1612, 1663	
Ensingh, Jan	uit Coevorden	1694	
Geerts, Evert		1639, 1663	lademaker
Groeve, Hindrick Jansen de		1634	
Groeve, Johan de		1615	
Hindricks, David		1615, 1631	lademaker
Hindricks, Johan		1621	
Jansen, Luijtien		1633	
Jansen, Hindrick (I)		1625	
Jansen, Hindrick (II)		1628	
Janss, Wijllem		1609	
Kiers, Heino		1642	
Lomkens, Symon		1633	
Luijtiens, Jan		1632	
Lunsman, Hendrick Geerts		1646	lademaker
Masman, Jan	uit Emden	1636, 1656	
Nasden, Joriaen	uit Essen	1631	
Peters, Matthias	uit Gulik	1638, 1675	
Roermaker, Johan		1605	
Sluiter, Arent		1663, 1682	
Thorne, Jan	1679, 1693		
Warners, Reiner		1601, 1637	lademaker
Weijer, Johan de		1602	
Willems, Herman	uit Assen	1653	
Willems, Johan		1609, 1650	lademaker
Wittinck, Luirt		1610, 1637	

's-Hertogenbosch

1	2	3	4
Aelbaert		1594	
Aelberts, Symon		1617, 1625	
Antonis, Wauter		1607, 1609	
Claessen, Frans		1630, 1632	
Clase, Geret		1626/1627	
Class, Andries		1628/1629	

1	2	3	4
Einmal, Antoni		1630, 1654	
Evaerts, Jan		1607/1608	
Gheeraerts, Claes		1607/1607	
Goeyaerts, Gheryt		1621/1622	
Hendricks		1637/1638	
Heuligaert, Jonckheit		1637/1638, 1648	
Hommere, Jan van		1675, 1678	
Jacob		1641/1642	
Janson, Goert		ca.1593	
Janssen, Aert	van Wickge	1645/1646	
Jonckheit, Helger		1641, 1643	
Leivens, Leiven		1619, 1648	
Lieser, Peter		1677/1678	
Longree, Lourens		1648	
Lourenss, de Jongre		1619/1620	
Mertgens, Hendrick		1649, 1655	
Meurs, Hendrick van		1657, 1678	
Momme, Bartolomeus	van Breda	1630, 1632	
Monia, Bartolomeus		1637, 1640	
Symeyn, Antoni		1671, 1678	
Tielens, Nicolaas		1630, 1632	
Toor, Aert van		1599	
Weytens, Frans		1632/1633	

Hoorn

1	2	3	4
Meynertsz, Lucas		ca.1590	
Micker, Christiaen		1601	

Leeuwarden

1	2	3	4
Beucker, Caspar		1635	
Erfort, Hans Henricus van		1632	
Fonck, Claas		1688, 1705	
Gerrijts, Abel		1654, 1694	
Hecker, Willem		1624	
Hicknar		ca.1687	
Janssen, Thijs		1637, 1638	
Ottes, Abraham		1646	
Penterman, Gerrit		1684, 1720	
Sekt, Willem		1624	
Sorgakker, Sybe Upke		1618	
Stoffels, Gerryt		1607	
Strigenits, Hans		1e helft 17e eeuw	
Tammes, Baucke		1624	

Leiden

1	2	3	4
Bos, Jan		ca.1670, ca.1680	

Maastricht

1	2	3	4
Aerts, Jan		ca.1647, 1675	
Aerts, Jacob		ca.1675	
Becker(s), Mathieu		1690, 1731	
Clerk, le		eind 17e eeuw	
Cleuter, Leonard		ca.1670, ca.1690	
De La Haye, F.		ca.1650	
De La Pierre		ca.1650, ca.1690	
Fabri, Charles		midden 17e eeuw	
Froomen (Vroomen), Jan		1640	
Froomen (Vroomen), Peter		voor 1667	
Jans, Paes		ca.1583	
Kitsen, Jan		ca.1640, ca.1660	
Kitsen, Sievardt		ca.1660	
Koster(s), Jacob		ca.1680, ca.1710	

1	2	3	4
Krans, Jan		ca.1675, ca.1720	
Lewenig, Jacob van		ca.1670	
Louroux, J(e)an		ca.1660, ca.1670	
Pelser, Martin		ca.1650	
Wilkin, J.		ca.1685, 1698	

Nijmegen

1	2	3	4
Aecken, Jeronimus	uit Mullum	na 1616	
Clausen, Coenradt	uit land v. den Berch	na 1644	
Crauthausen, Goert	uit Aken	na 1618	
Daniels, Johan		1630	
Eenmaal, Anthony van	uit Aken	na 1627	
Eijl, Gerrit		1665, 1709	
Eijl, Jan van		1637, 1644	
Hermans, Matthijs		1644	
Jansen, Henderick	uit Essen	na 1639	lademaker
Jegerlingh, Gerrit	uit Kleef	na 1623	
Jordans, Jan	uit 's-Hertogenbosch	na 1596	
Linsen, Gerhardt	uit Aken	na 1616	
Moenen, Jacob	uit Aken	na 1615	
Nurfonteyne, Jan		na 1609	
Pouls, Frans		1647	
Pouwels, Frans	uit Wijkraat	na 1638	
Schops, Jacob	uit Stralen	na 1674	lademaker
Slacht, Caspar van der	uit Aken	na 1625	
Toenis, Matthijs	uit Venlo	na 1644	
Vaesen, Jan		1621	roerpolijster
Vucht, Jan van		1644	

Utrecht

1	2	3	4
Abbevillen, ?		einde 17e eeuw	
Andriesz, Balthasar		na 1626	loopsmid
Batenburch, Jan van		na 1629	
Beugen, Pieter van		1673, ca.1690	
Bos, Cornelis Cornelisz	uit Aken	na 1624	
Bosch, Jan Meyndertsz		na 1659	
Cachen, Caspar		na 1652	loopsmid
Carmichel, Sander		na 1688/1689	
Casterop, Haerman van		ca.1660	
Ceule, Jan		ca.1650, 1669	
Claesz, Stans	uit Tilburg	na 1595	
Clemensz, Matijs	uit Aken	na 1617	
Coer, Jan	uit Essen	na 1627	loopsmid
Coop, Theodorus		ca.1680	
Cornelisz, Cornelis	uit Aken	na 1623	
Corster, Jan Jansen	uit Aken	na 1640	
Coster, Cornelis		ca.1650, 1688	
Court, Jan	uit Essen	na 1626	loopsmid
Courten, Joost	uit Kielberg	na 1628	
Crijnen, Daniel	uit Solingen	na 1659	
Daelhuysen, Court	uit Stel	na 1627	
Daret, Gregorius		na 1586	lademaker
Davitsz, Andries		voor 1642	lademaker
Deck, Steven	uit Wels	na 1626	vuurslotmaker
Delbroek, N.		ca.1680	loopsmid
Dinckels, Caspar		ca.1660, ca.1670	
Dinckels, Isaak			
Dinckers, Joest	uit Aken	na 1624	loopsmid
Dirckss, Harman	uit Essen	na 1633	
Doncker, Dirck Willemsz		na 1659	
Droogbrood, Wernand		ca.1690	
Flock, Jan (ook in Amsterdam)	uit Solingen	ca.1650, 1673	

1	2	3	4
Gerritsz, Ger	uit Montsieu	na 1624	
Gillesz, Antonius	uit Culemborg	na 1621	
Hellendael, ?		ca.1680, ca.1700	
Hendrickss, Peter	uit Loffvelt	na 1647	
Hensberch, Jan Tielemans		na 1625	loopsmid
Hermans, Peter	uit Loffvelt	na 1677	
Hermanss, Henrich		na 1659	loopsmid
Holman, Peter	uit Aken	na 1626	
Humbert, Bastiaen		na 1647	
Jacobszen, Adrian		1601	
Jansen, Abraham		1642, 1665	
Janss, Philips	uit Londen	na 1624	loopsmid
Janss, Willem	uit Kampen	na 1624	
Janss, Willem		na 1647	
Jeliss, Antonius	uit Culemborg	na 1622	
Joriss, Antony	uit Formenteau	na 1622	loopsmid
Knoop, Jan	uit Dordrecht	1637, 1688	lademaker/bussemaker
Lasonder, Gerrit		voor 1687	
Lasonder, Gerrit		ca.1691, ca.1737	
Laurensen, Dirk		1655	
Leenerts, Bastian	uit Sommaigne	na 1624	loopsmid
Leer, Hendrick van		1691	
Lipstadt, Jan Janss van der		na 1657	
Lusinck, ?		eind 17e eeuw	
Meesen, Peter		ca.1655/1660	
Meyndertss, Jan		na 1647	
Moor, Edward de		ca.1660	
Nelleman, Jan Jansz		1643 voor 1690	
Nelleman, Nicolaas		1648, 1689	
Norden, Joriaen	uit Essen	1631	
Nuwenhusen, Rutger		ca.1660, ca.1670	
Penterman, Barend		1679/80, 1723	
Penterman, Gerrit Sr.		1677, 1684	
Petersz, Evert	uit Essen	na 1626	loopopmaker
Petersz, Martin	uit Vleuten	na 1587	
Pieterss, Laurens		na 1659	
Pietersz, Jacob		1630	loopsmid
Pome, Steven		na 1629	loopsmid
Quercu, B. A.		c.a.1680	
Rachreau, Bastiaen van		1630	loopsmid
Ravestein, Peter van		1601	
Reyniersz, Abraham	uit Aken	na 1629	lademaker
Schijnen, Jan		na 1623	
Schiven, E.		1642	
Schulten, Andries	uit Gorsselen	na 1587	lademaker
Severijns, Antonius	uit Homerich	na 1625	
Solingen, Casper Aelbertsz van		1608, 1634	
Solingen, Casper Jansz van		1661, voor 1688	
Solingen, Jan Jansz van		1624, 1661	
Solingen, Nicolaas van		1667	
Solingen, Pieter van		1689	
Solingen, Wolphert Hendricksz van		1644	
Spuyt, Laurens	uit Hooghuizen	na 1657	
Stalborch, Geert Pauelsen van		na 1623/24	bussemaker/lademaker
Stalburg, Jacobus van		1674	
Stepel, Jan	uit Reckelinghuizen	na 1601	
Strabeeck, Hendryck		voor 1687	
Sweers, Hendrick	uit Deutekom	na 1593	
Tenckingh, Egbert		na 1652	
Tielemans, Jan	uit Hensberg	na 1624/25	loopsmid
Tusschenbroek, Philips Cornelis van		1667	
Tyss, Peter	uit Sittard	na 1633	

1	*2*	*3*	*4*
Vendt, de		17e eeuw	
Vese, Adolph van		na 1647	
Waerdenberch, J. C. van		1642	
Willemsz, Jan	uit Essen	na 1626	loopsmid
Willemsz, Wimmer		na 1626	
Woutersz, Jan	uit land v. Gulik	na 1625	loopsmid

Zutphen

1	*2*	*3*	*4*
Abrams, Sybart		1669, 1674	bussemaker
Binckhorst, Gerrit van		1615	bussemaker
Binckhorst, Telleman van		1619, 1633	bussemaker
Binckhorst, Willem Gerrits		1605, 1617	bussemaker
Bussemaker, Gosen		1605, 1636	bussemaker
Clemens, Simon Jansz		na 1627	bussemaker
Ceulen, Derck van		1656	bussemaker
Claes, Willem		1626, 1631	bussemaker
Eeys, G. Guert van		1680	bussemaker
Go(e)s(s)ens, Hendrick		1631	bussemaker
Hain, Jacob	uit Maaseik	1608, 1618	bussemaker
Haselbroeck, Gerrit Tonnissen de Jonge		1623, 1638	bussemaker
Herverde, Joost van		1633, 1634	bussemaker
Micharius, Johan		1666	bussemaker
Micharius, Thomas	uit Zuidtloen	1636	bussemaker
Momme, Hans	van Brunswijk	1607, 1629	bussemaker
Sande, Harmen van den		1681	bussemaker
Sande, Jan van den		1650, ca.1688	bussemaker
Schops, Jacob		1684	bussemaker
Schuirhoff, Gerrit		ca.1674	bussemaker
Warnnsinck, Berndt		ca.1562	bussemaker

Zwolle

1	*2*	*3*	*4*
Stokebrand, Hendrick		1685, 1723(?)	

Noten / Notes / Anmerkungen

1. J. W. Wijn
   Het Krijgswezen in den Tijd van Prins Maurits
   Utrecht 1934
2. P. W. Klein
   De Trippen in de 17e eeuw
   Assen 1965
3. P. W. Klein
   De Trippen in de 17e eeuw
   Assen 1965
4. Amsterdam Gemeente Archief
   NA 662 pak 3 fol. 92 v
5. P. W. Klein
   De Trippen in de 17e eeuw
   Assen 1965
6. Amsterdam Gemeente Archief
   NA 2205 / 411
7. Appendix
8. Jacob de Gheijn
   Wapenhandelinghe van Roers musqvetten ende Spiessen
   's-Gravenhage 1607
9. Appendix I
10. Amsterdam Gemeente Archief
    Ordonnanties van diverse Gilden (1767)
    bibl. N 1402 p. 40–41
11. Bergen op Zoom Gemeente Archief
    Keur van het Smidsgilde 1587
    inv. nr. 1223
12. Utrecht Gemeente Archief
    Gildeboek Smeden 11-2-1601
13. Dordrecht Gemeente Archief
    Ampliatie van de Ordonnantie op de Smeden 12-11-1626
    inv. no. 832
14. Utrecht Gemeente Archief
    Groot Placaetboek 1729 p. 744–745
    inv. no. 1903
15. Utrecht Gemeente Archief
    Gildeboek Smeden 9-5-1638
16. Leiden Gemeente Archief
    Gerechtsdachboek
    FF 1657 f. 282 ev.
17. Amsterdam Gemeente Archief
    Ordonnanties van diverse Gilden p. 40
    inv. N 1402
18. Maastricht Stadsarchief
    Raadsresolutie 23-6-1708
    inv. no. 92 p. 175–176
19. Utrecht Gemeente Archief
    Gildeboek Smeden 21-9-1711
20. Nijmegen Gemeente Archief
    Raadsignaten 16-7-1749
21. Amsterdam Gemeente Archief
    Ordonnanties van diverse Gilden
    St. Josephsgilde PA.36 p. 66
22. Maastricht Stadsarchief
    Raadsresolutie 23-6-1708
    inv. no. 92 p. 175–176
23. Amsterdam Gemeente Archief
    Ordonnantie van het Smitsgilde
    Gilde Archieven 1440 / GA lett. 2 no. 8a
24. W. F. H. Oldewelt
    Amsterdamse archiefvondsten
    p. 114 ev.
    Amsterdam 1942
25. Utrecht Gemeente Archief
    Groot Placaetboek 1729 p. 744
    inv. no. 1903
26. Dordrecht Gemeente Archief
    Ordonnantie op het keuren van geweerlopen 9-6-1603
    inv. no. 831
27. Amsterdam Gemeente Archief
    Handvesten (Noordkerk) 6-1-1624
    K fol. 35
28. Amsterdam Gemeente Archief
    NA 696 A 83 7-9-1638
29. 's-Gravenhage Algemeen Rijksarchief
    KA 253 Res XVII 2-5-1659 fol. 492
30. Amsterdam Gemeente Archief
    Handvesten (Noordkerk) 31-1-1695
    R fol. 46 p. 1093
31. Utrecht Gemeente Archief
    Groot Placaetboek 1729 p. 745–746
    inv. 1903
32. R. Cederström
    Den aldre Livrustkammaren
    Stockholm 1930
33. L. Tarassuk
    Russian pistols in the seventeenth century
    London 1968
34. Torsten Lenk
    The Flintlock: its origin and development
    J. F. Hayward ed. London 1965
    Chapter Three
35. Johan F. Støckel
    Haandskydevaabens Bedømmelse
    København 1943
36. Livrustkammaren No. 1608
    Torsten Lenk
    The Flintlock: its origin and development
    J. F. Hayward ed. London 1965 pl. 20:2
37. C. A. Hartmans
    Bossche Wapensmeden uit de 16e en 17e eeuw
    Livrustkammaren IX p. 105 ev.
38. 's-Hertogenbosch Gemeente Archief
    Register van Teickens 1648
    Archief Ambachtsgilden inv. no. 27
39. Inventaris C. G. Wrangel 1653–1654
40. 's-Gravenhage Gemeente Archief
    O.A. 4942
41. Amsterdam Gemeente Archief
    NA 1095 / 194
42. Torsten Lenk
    The Flintlock: its origin and development
    J. F. Hayward ed. London 1965
    Chapter Six
43. François Marcou
    Plusieurs Pieces d'Arquebuzerie
    Paris 1657 (?)
44. Livrustkammaren No. 1608
    Torsten Lenk
    The Flintlock: its origin and development
    J. F. Hayward ed. London 1965 pl. 20:2
45. Theodore A. Wertime
    The coming of the age of steel
    Chicago–Leiden 1962
46. Arne Hoff
    Jan Knoop
    Vaabenhistoriske Aarbøger Va
    København 1946
47. Utrecht Gemeente Archief
48. Torsten Lenk
    The Flintlock: its origin and development
    J. F. Hayward ed. London 1965 pl. 19:2
49. Torsten Lenk
    The Flintlock:
    its origin and development
    J. F. Hayward ed. London 1965 pl. 58
50. Utrecht Gemeente Archief
51. Utrecht Gemeente Archief
52. Torsten Lenk
    The Flintlock: its origin and development
    J. F. Hayward ed. London 1965 pl. 80:1
    80:2
53. Eldon G. Wolff
    Air Guns
    Milwaukee 1958
    Arne Hoff
    Airguns and other Pneumatic Arms
    London 1972
54. Utrecht Gemeente Archief
    Resolutieboek Vroedschap 1661–1676
    fol. 277
55. Emil Ilgner
    Maastrichter Elfenbeinpistolen
    Zeitschrift f. Historische Waffen- u. Kostümkunde
    1931 p. 210–214
    A. Kessen
    Over de Wapenindustrie te Maastricht in vroeger tijden
    De Maasgouw 56 (1936) p. 18–21
    A. A. M. N. de Jong
    De Ivoorsnijder Jean Mansel
    Dieppe – Amsterdam – Maastricht
    De Maasgouw 79 (1960) p. 47–57
    Eugen von Philippovitch
    Zeitschrift f. Historische Waffen- u. Kostümkunde
    1963 Heft 2 p. 96 ev.
    Torsten Lenk
    The Flintlock: its origin and development
    J. F. Hayward ed. London 1965
    Chapter Seven
56. Jean Berain

    Diverses pièces très utile pour les Arquebuzières
    Paris 1659
57. Claude Simonin
    Plusieurs pièces et ornements darquebuzerie
    Paris 1685
58. 's-Gravenhage Algemeen Rijksarchief Archief Staten-Generaal inv. no. 3328 fol. 351^v 957
59. 's-Gravenhage Algemeen Rijksarchief Archief Staten-Generaal inv. no. 3328 fol. 366 G 59
60. 's-Gravenhage Algemeen Rijksarchief Archief Staten-Generaal inv. no. 3334 fol. 101^v G 327
61. 's-Gravenhage Algemeen Rijksarchief Archief Staten-Generaal inv. no. 3336 fol. 176^v G 399
62. 's-Gravenhage Algemeen Rijksarchief Archief Staten van Holland inv. no. 1599
63. Arne Hoff
    Aeldre Dansk Bøssemageri
    København 1951
64. 's-Gravenhage Algemeen Rijksarchief Archief Staten-Generaal inv. no. 3335 fol. 28 G 377

Litteratuurlijst / Select Bibliography / Literaturauswahl

BAASCH, E., 'Der Verkehr mit Kriegsmaterialen aus und nach den Hansestädten', *Jahrbuch Nationalökonomie und Statistik*, CXXXVII-Jena 1932.

BRUIN, G. de, *Buscruytmaeckers. Ervaringen en lotgevallen van een merkwaardig bedrijf in Holland*, Amsterdam, 1952.

CEDERSTRÖM, R., *Den aldre Livrustkammaren 1654*, Stockholm, 1930.

DILLEN, J. G. van, *Bronnen tot de geschiedenis van het bedrijfsleven en het gildewezen van Amsterdam*, Den Haag, 1929-33.

GEISWEIT v.d. NETTEN, *Onderricht wegens het Schiet- en Zijdgeweer zedert het jaar 1813 ten dienste van het Koninklijk Nederlandsche Leger*, 's-Gravenhage en Amsterdam, 1815.

GRANCSAY, Stephen V., *Master French Gunsmiths' Designs of the Mid-Seventeenth Century*, reproduced in facsimile, with preface, New York, 1950.

HARTMANS, C. A., 'De wapensmedenfamilie van Solingen'; *Livrustkammaren, Journal of the Royal Armoury*, Stockholm, Vol. V, blz. 30 e.v.

HARTMANS, C. A., 'De geweermakersfamilie Penterman'; *Livrustkammaren, Journal of the Royal Armoury*, Stockholm, Vol. V, blz. 49 ev.

HARTMANS, C. A., 'De geweermakersfamilie Lasonder'; *Livrustkammaren, Journal of the Royal Armoury*, Stockholm, Vol. V, blz. 208 ev.

HARTMANS, C. A., 'Bossche wapensmeden uit de 16de en 17de eeuw'; *Livrustkammaren, Journal of the Royal Armoury*, Stockholm, Vol. IX, blz. 105 ev.

HAYWARD, J. F., *The Art of the Gunmaker*, London, Vol. I 1962; Vol. 2 1963.

HAYWARD, J. F., 'Designs for ornament on gunstocks'; *Livrustkammaren, Journal of the Royal Armoury*, Stockholm, Vol. V, blz. 109 ev.

HOFF, Arne, 'Jan Knoop, En hollandsk bøssemager omkring 1650z70', *Vaabenhistoriske aarboger*, V, København, 1946.

HOFF, Arne, 'Luftbøsser fra 1600-årene', *Svenska Vapenhistorisk Sällskap Skrifter*, 2 IV, blz. 35 e.v.

HOFF, Arne, *Airguns and other Pneumatic Arms*, London, 1972.

HOFF, Arne, *Aeldre dansk bøssemageri*, København, 1951.

HOFF, Arne, *Feuerwaffen*, 2Tle, Braunschweig, 1969.

ILGNER, Emil, 'Maastrichter Elfenbeinpistolen um 1700', *Zeitschrift für historische Waffen- und Kostümkunde*, Bd. XII, Berlin, 1929/31, blz. 68-69; Bd. XIII, Berlin, 1932/34, blz. 19.

JONG, A. A. M. N. de, 'De ivoorsnijder Jean Mansel. Dieppe-Amsterdam-Maastricht'. *De Maasgouw, Tijdschrift voor Limburgse geschiedenis en oudheidkunde* 79, Maastricht, 1960, blz. 47-57.

KEMPERS, R. T. W., *Antieke Vuurwapens*, Bussum, 1973.

KLEIN, P. W., *De Trippen in de 17e eeuw*, Assen, 1965.

LENK, Torsten, Två bösser av Thuraine et Le Hollandois i Tøjhusmuseet', *Vaabenhistoriske aarboger*, I, København, 1934, blz. 12-24.

LENK, Torsten, 'De äldsta flintlåsen, deras dekoration och dekoratörer', *Konsthistorisk tidskrift*, Årg. 3, Stockholm, 1934, blz. 121-139.

LENK, Torsten, 'Zur Frage der holländischen Büchsenmacher', *Zeitschrift für historische Waffen- und Kostümkunde*, Bd. XIII, Berlin, blz. 239-241.

LENK, Torsten, *Flintlåset dess uppkomst och utveckling*, Stockholm, 1939.

LENK, Torsten, *The Flintlock: its origin and development* (vertaling van Flintlåset enz. door G. A. Urquhart), London, 1965.

LENK, Torsten, 'De franska hjullåsvapnen. En provisorisk översikt', *Vaabenhistoriske aarboger*, III, København, 1942.

MEYERSON, Å., *Vapenindustrierna i Arboga*, Stockholm, 1939.

OTTEMA, N., *De geweer- en pistoolmakers; Gedenkboek Leeuwarden 1435-1935*, Leeuwarden, 1935, blz. 69 ev.

PHILIPPOVITCH, E. von, 'Elfenbeinpistolen: Waffen- und Kostümkunde', *Zeitschrift der Gesellschaft für historische Waffen- und Kostümkunde*; Heft 2, Wien, 1963, blz. 96-98.

POTIER, O., *Führer durch die Rüstkammer der Stadt Emden*, Emden, 1903.

STÖCKLEIN, Hans, *Meister des Eisenschnittes*, Esslingen, 1922.

STØCKEL, Johan F., *Haandskydevaabens Bedømmelse*, København, I 1938; II 1943.

TARASSUK, L., *Antique European and American Firearms at the Hermitage Museum*, Leningrad 1972.

TARASSUK, L., *Russian Pistols in the Seventeenth Century*, London, 1968.